全国农村合作金融机构业务培训教材

金融风险与管理

主　编　卢亚娟
副主编　章建伟　孙　清

中国金融出版社

责任编辑：罗邦敏　张黎黎
责任校对：张志文
责任印制：陈晓川

图书在版编目（CIP）数据

金融风险与管理（Jinrong Fengxian yu Guanli）/卢亚娟主编．—北京：中国金融出版社，2012.1
（全国农村合作金融机构业务培训教材）
ISBN 978-7-5049-6211-9

Ⅰ.①金…　Ⅱ.①卢…　Ⅲ.①金融—风险管理　Ⅳ.①F832.0

中国版本图书馆CIP数据核字（2011）第263173号

出版发行　中国金融出版社
社址　北京市丰台区益泽路2号
市场开发部　(010)63266347，63805472，63439533（传真）
网上书店　http://www.chinafph.com
(010)63286832，63365686（传真）
读者服务部　(010)66070833，62568380
邮编　100071
经销　新华书店
印刷　利兴印刷有限公司
尺寸　185毫米×260毫米
印张　15.75
字数　348千
版次　2012年1月第1版
印次　2012年7月第2次印刷
定价　31.00元
ISBN 978-7-5049-6211-9/F.5771

《全国农村合作金融机构业务培训教材》
丛书编委会

总　序

农村信用社自1951年成立以来，历经60年艰辛发展历程，走过了一条不平凡的发展之路。在党中央、国务院正确领导下，农村信用社以服务“三农”为宗旨，自身实力迅速壮大，已成为我国金融系统的重要力量，是名副其实的农村金融主力军。特别是以2003年6月国务院颁布《深化农村信用社改革试点方案》为标志，新一轮农村信用社改革全面展开，农村信用社深化改革和经营发展进入了快车道。几年来，以产权制度为核心的改革成绩斐然，农村信用社、农村合作银行、农村商业银行（以下简称农村合作金融机构）并存，声名鹊起，共襄盛举，共同发展，共同繁荣。

截至2011年6月末，全国农村合作金融机构营业网点近8万家，从业人员78万人，资产12.04万亿元，负债11.37万亿元，存款9.58万亿元，贷款6.43万亿元。存款、贷款规模攀居全国银行业金融机构第4位和第2位，成为我国城乡金融机构网点最多、分布最广、“三农”贷款投放最多、农村普惠金融服务贡献度最大的金融机构。

银行业的竞争和发展，归根结底是人才的问题，才兴业兴，才尽业衰，已昭示了银行发展的永恒真理。伴随农村合作金融机构发展的突飞猛进，面对经营管理、创新的多重压力，员工素质、能力不适应的矛盾日益突出，已成为农村合作金融机构走向现代银行之路的瓶颈，“短板效应”为业界所共识。但是，囿于现有管理体制的现状，员工培训合力不够，层次不高，且缺乏系统性和全面性，培训效果不佳，难以达到规范化、标准化。针对这种现状，我们以服务股东及成员单位为宗旨，充分利用自身优势，组织全国部分高等院校专家、教授，编写《全国农村合作金融机构业务培训教材》丛书(以下简称《丛书》)一套18种。该《丛书》具有以下几个特点：一是覆盖面广。《丛书》内容涉及会计、信贷、财务、管理、审计、营销、法律、科技、新兴业务、人力资源、服务礼仪、应用写作等各专业、各个方面，可谓包罗万象，几近百科。二是实用性强。《丛书》体例新颖，线条清晰，通俗易懂，适合农村合作金融机构员工自学和培训，特别是每种教材附有若干套试题，存放于农信银远程学习系统，供员工自学与培训时自考自检。三是方便自学。《丛书》课件在农信银远程学习系统上将陆续推出，员工登录系统后即可学习，不受时间和场地限制，解决了员工自学培训中的工学矛盾。

汇通城乡，服务股东，普惠“三农”，成就梦想，是农信银资金清算中心永恒不变的价值理念。组织编写《丛书》是我们所尽的菲薄之力，相信它是撬动支点之力，必将推动全国农村合作金融机构的诺亚方舟。让员工培训、人才培养的大戏高潮迭起，演绎辉煌！

《全国农村合作金融机构业务培训教材》丛书编委会

2011 年 11 月 25 日

前　言

2008年美国金融危机的爆发以及在全球的迅速蔓延，导致大量金融机构陷入困境甚至破产倒闭。2009年美国有超过140家银行倒闭，2010年更是达到了157家。如何防范和化解金融风险，加强对金融风险的管理成为理论界和实务领域共同关注的焦点。大家达成了共识，随着金融全球化和经济全球化的发展，金融风险日趋复杂化和多样化，金融风险管理的重要性就愈加突出。

这轮源自美国的金融危机对国内的金融机构的直接影响不大，但却给国内金融业及金融机构的运营敲响了警钟。我国金融机构经过多年的改革开放在金融风险管理方面有了长足的进步，但与发达国家的金融机构相比差距依然巨大，尤其是以农村信用社为代表的农村合作金融机构更是如此。

基于上述背景，我们认为迫切需要加强对金融机构，尤其是农村合作金融机构在金融风险管理方面的培训，通过培训提升全员在金融风险的辨识、度量、管理方面的能力，是本教材编写的主要目的。

本教材总共分为三大部分共十一章。第一部分是基础篇，主要阐述金融风险以及金融风险管理的基本原理，包括第一章到第三章的相关内容。第一章主要对金融风险的内涵及特征进行了分析，并进一步分析了金融风险的效应以及金融风险形成的内在机理。第二章介绍了金融风险辨识与度量的内容及基本方法。第三章则对金融风险管理的一般性原理进行了介绍，并建议探讨金融风险管理的流程及方法。第二部分是风险篇，具体阐述了商业银行在经营过程中面临的四大风险，包括第四章到第七章的内容，各章分别对信用风险、市场风险、操作风险与流动性风险的管理和计量方法进行了系统的讲解。第三部分是监管篇，其中第八章重点介绍商业银行内部控制的内涵及基本框架，并结合商业银行内部控制评价方法探讨了基于ERM的商业银行内部控制体系的构建。第九章对金融监管的含义、目标、原则及体制进行讲述。第十章和第十一章则具体对银行业监管以及农村信用社监管进行了阐述。

本教材主要供商业银行、农村合作金融机构等金融机构职工业务培训及自学之用，同时也可以供高等学校金融专业教学使用。

本教材编写的具体分工是：主编卢亚娟教授，负责全书的策划并承担第一章和第四章的编写工作，副主编章建伟副教授主要负责第八章和第九章的编写工作，副主编孙清教授主要负责第六章以及第二章第四节的编写工作，杨芳副教授主要负责第十章和第十一章的编写工作，刘妍博士主要负责第三章和第七章的编写工作，曹源芳博士主要负责第二章第一至第三节和第五章的编写工作。

在本教材的编写和出版过程中，我们得到了农信银资金清算中心和中国金融出版社相关人员的热情关心和大力支持，在此，一并向他们表示衷心感谢！

编者

2011 年 11 月

目　录

1　**第一章　金融风险概述**
2　第一节　金融风险的概念与种类
2　一、风险的含义
2　二、金融风险的含义
3　三、金融风险的特征
4　四、金融风险的类型
7　第二节　金融风险的效应分析
7　一、金融风险的微观经济效应
8　二、金融风险的宏观经济效应
8　三、金融风险的政治效应
8　四、金融风险的社会效应
9　第三节　金融风险的内在生成机理
9　一、金融机构的内在脆弱性理论
11　二、金融市场的内在脆弱性理论
12　三、金融风险的传染性理论
13　四、金融“脆弱—危机”的演化机理

15　**第二章　金融风险辨识与度量**
16　第一节　金融风险辨识的概念和原则
16　一、金融风险辨识的概念
16　二、金融风险辨识的基本原则
17　第二节　金融风险辨识的基本内容
17　一、金融风险辨识的基本要求
19　二、金融风险辨识的主要内容
20　第三节　风险辨识的基本方法
20　一、指标监控法
21　二、财务报表分析法
21　三、专家意见法
22　四、故障树分析法
22　五、风险度方法

22 六、风险值方法
23 七、层次分析法
23 第四节 风险度量的统计基础
23 一、均值
23 二、标准差
24 三、偏度
24 四、峰度
24 五、标准概率密度函数
26 六、相关系数与协方差

28 第三章 金融风险管理的基本原理
29 第一节 金融风险管理概述
29 一、金融风险管理的内涵和意义
31 二、金融风险管理的发展历程
34 三、金融风险管理的工程化特征
35 第二节 金融风险管理的流程
35 一、有效风险管理流程的评判标准
36 二、金融风险管理的流程
38 第三节 金融风险管理的方法
38 一、金融风险管理的定性方法
40 二、金融风险管理的定量方法
42 第四节 我国金融风险管理策略
42 一、我国金融风险的表现形式与金融风险管理产生的根源
43 二、我国金融风险管理的策略研究

47 第四章 信用风险与管理
48 第一节 信用风险概述
48 一、信用风险的含义
48 二、信用风险的分类
49 三、信用风险产生的一般原因
50 第二节 信用风险的识别
50 一、单一法人客户信用风险的识别
53 二、集团客户信用风险识别
54 三、个人客户信用风险识别
55 第三节 信用风险的度量
55 一、客户信用评级
59 二、债项评级

61 第四节 《巴塞尔新资本协议》关于信用风险管理的基本框架
61 一、《巴塞尔新资本协议》与信用风险评估
62 二、内部评级法的技术要求
63 三、内部评级在信用风险管理中的作用

69 **第五章 市场风险与管理**
70 第一节 市场风险的概念以及测度的一般方法
70 一、市场风险的含义
71 二、市场风险测度的一般方法
79 第二节 风险度量模型
79 一、VaR 模型
81 二、ARCH 模型及其家族
82 三、信度模型
84 第三节 监管机构与市场风险
84 一、金融监管的基本框架
85 二、金融市场风险的监管
86 三、金融监管机构的市场风险监管
87 第四节《巴塞尔新资本协议》和我国银行业对市场风险计量的要求
87 一、加强市场风险管理：原因分析
88 二、我国商业银行加强市场风险管理的主要原因
89 三、中国商业银行风险管理水平与《巴塞尔新资本协议》规定的差距

94 **第六章 操作风险与管理**
95 第一节 操作风险概述
95 一、操作风险的定义
96 二、操作风险的特征
97 三、操作风险的分类
99 第二节 操作风险管理的总体框架
99 一、操作风险管理组织结构
99 二、操作风险管理战略和政策
100 三、操作风险管理过程
102 第三节 《巴塞尔新资本协议》对操作风险的度量方法
102 一、基本指标法
103 二、标准法
105 三、高级衡量法

110 第四节 国内操作风险管理的实践
110 一、监管当局对操作风险的管理实践
110 二、商业银行对操作风险的管理实践

114 第七章 流动性风险与管理
115 第一节 流动性风险的概念
115 一、流动性的定义
116 二、流动性风险的定义
117 第二节 流动性风险的成因、特征与分类
117 一、流动性风险的成因
119 二、流动性风险的特征分析
120 三、流动性风险的分类
121 第三节 流动性风险的度量与管理
121 一、流动性风险的度量
127 二、流动性风险的管理

133 第八章 商业银行内部控制
134 第一节 商业银行内部控制内涵及其框架
134 一、商业银行内部控制的演变及内涵
139 二、商业银行内部控制的基本框架
142 第二节 商业银行内部控制评价
142 一、商业银行内部控制评价的作用
143 二、商业银行内部控制评价目标
143 三、商业银行内部控制评价的原则
144 四、商业银行内部控制评价体系内容
147 第三节 构建基于ERM导向的商业银行内部控制体系
148 一、全面风险管理的基本框架
149 二、我国商业银行内控体系存在的问题
150 三、构建基于ERM导向的商业银行内部控制体系

155 第九章 金融监管导论
156 第一节 金融监管的内涵
156 一、金融监管的定义
156 二、金融监管的演进
158 三、金融监管的必要性
162 四、金融监管的一般理论
164 第二节 金融监管的目标与原则

164 一、金融监管的目标
166 二、金融监管的原则
168 第三节 金融监管体系
168 一、集中监管体制和分业监管体制
170 二、机构监管和功能监管
172 三、主要国家监管体制的比较
176 四、我国金融监管的组织体系

178 **第十章 银行业监管**
179 第一节 市场准入监管
179 一、银行业市场准入监管的基本内容
181 二、我国商业银行设立和开业的程序
182 第二节 日常经营监管
182 一、银行日常经营监管政策
191 二、现场监管与非现场监管
193 三、风险评估与监管评级
199 第三节 市场退出监管
199 一、对危机银行的处理
201 二、银行市场退出监管
202 第四节 巴塞尔协议在我国的实施
202 一、《巴塞尔新资本协议》要点概述
203 二、《巴塞尔协议Ⅲ》要点概述
205 三、我国银行业新监管标准的主要内容
207 四、我国银行业实施新监管标准的战略意义

212 **第十一章 农村信用社监管体系**
213 第一节 农村信用社监管概述
213 一、合作金融的产生与发展
214 二、我国农村信用社的发展沿革
215 三、我国农村信用社面临的主要风险
216 四、农村信用社监管原则
217 第二节 农村信用社内部监管
217 一、内部控制的含义
219 二、我国农村信用社的内部控制
222 第三节 农村信用社行业监管
222 一、行业自律组织的内涵
223 二、行业自律组织的功能

223 三、我国农村信用社的行业自律
225 第四节 农村信用社外部监管
225 一、中国银行业监督管理委员会对农村信用社的监管
228 二、中国人民银行对农村信用社的监管
229 三、省级人民政府对农村信用社的监管
231 四、省信用联社对农村信用社的监管
232 五、社会监督

全书架构图

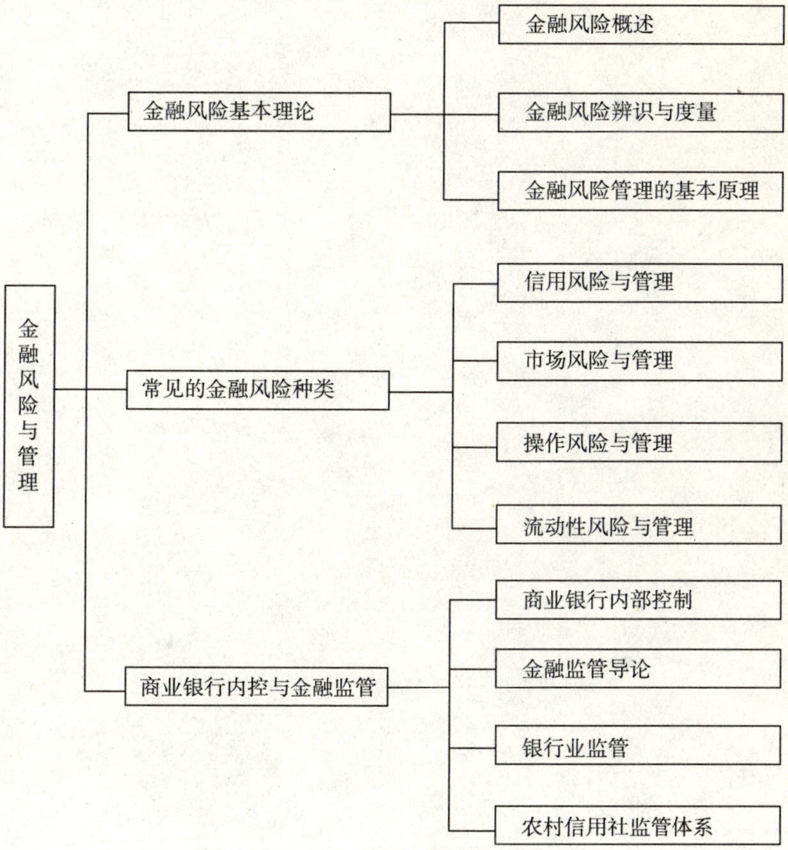

金融风险与管理
金融风险基本理论
金融风险概述
金融风险辨识与度量
金融风险管理的基本原理
常见的金融风险种类
信用风险与管理
市场风险与管理
操作风险与管理
流动性风险与管理
商业银行内控与金融监管
商业银行内部控制
金融监管导论
银行业监管
农村信用社监管体系

第一章 金融风险概述

【本章概要】

金融风险是指由于金融变量的变动所引起的资产组合的未来收益偏离其期望值的可能性和幅度。根据不同的标准可以把金融风险划分成不同的类型。金融风险有可能带来许多不良影响，集中体现在经济效应、政治效应与社会效应等方面。金融风险的成因主要在于金融机构和金融市场的内在脆弱性，外部传染性也是金融风险诱发的重要因素，严重的金融风险甚至演化为金融危机，对一国的经济带来严重影响。

【要点提示】

1. 金融风险是指由于金融变量的变动所引起的资产组合的未来收益偏离其期望值的可能性和幅度。金融风险具有客观性、隐蔽性、扩散性、可控性、相关性和周期性等特征。

2. 根据不同的标准可以把金融风险划分成不同的类型。按金融风险的主体分类，金融风险可以分为金融机构风险、企业金融风险、居民金融风险、政府金融风险。按金融风险的性质分类，金融风险可以分为系统性金融风险和非系统性金融风险两大类。按金融风险的层次分类，金融风险可分为宏观金融风险和微观金融风险。按诱发风险的原因，巴塞尔委员会将金融风险划分为信用风险、市场风险、操作风险、流动性风险、国家风险、法律风险、声誉风险以及战略风险八大类。

3. 金融风险可能会给经济、政治和社会带来不良影响，应及时采取有针对性的防控和管理金融风险的措施。

4. 金融风险是一个历史范畴，从根源上看，金融风险的产生是因为社会分工与交易的多样化，同时也是金融业自身发展内在矛盾的必然结果。金融机构的内在脆弱性理论、金融市场的内在脆弱性理论、金融风险的传染性理论、金融“脆弱—危机”的演化机理分别从不同角度分析了金融风险产生的内在机理。

【内容架构图】

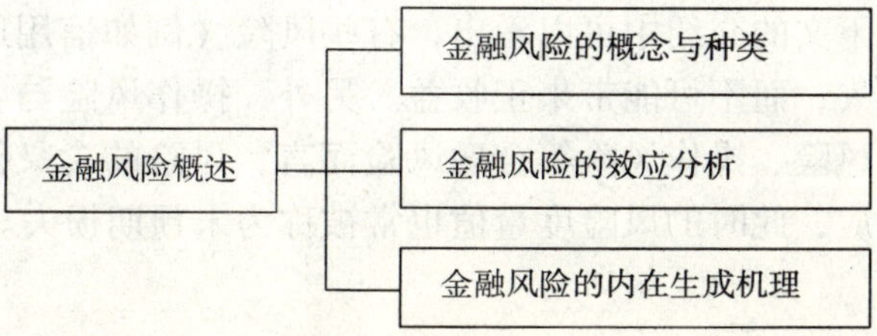

金融风险是一个既古老又崭新的课题。说其古老，因为它与金融活动相伴相生。金融活动从起源之日起便充满了种种不确定性，充满了种种风险；说其崭新，因为自20世纪70年代以来，金融全球化的浪潮、金融创新的兴起、金融运行环境的变化使得金融体系的稳定性下降，金融危机迭起。2007年由美国次贷危机引起的全球金融市场动荡，不仅导致众多金融机构破产，更使全球财富大幅度缩水，全球经济陷入长期衰退的泥淖。因此，深入研究金融风险，探索金融风险的管理理论和方法显得极为重要。

第一节　金融风险的概念与种类

一、风险的含义

风险是一个常用而宽泛的词汇，频繁出现在经济、政治、社会等领域。目前，风险的定义主要有以下三种：(1) 风险是未来结果的不确定性；(2) 风险是损失的可能性；(3) 风险是未来结果对期望的偏离，即波动性。

上述三种含义本质上差异并不大，均反映出风险是事物未来发展变化的本质属性。相比而言，第一种含义较为抽象，符合政治、经济、社会等几乎所有领域对于风险的理解。第二种含义只将风险与损失联系起来，符合目前金融机构特别是金融监管当局对风险管理的思考模式。第三种含义没有限定结果的偏离方向，认为任何方向的偏离都是风险的表现，不仅损失的可能性是风险，盈利的可能性同样是风险。相比较于传统的定义，这种对风险的理解更加符合现代金融风险管理理念，即风险既是损失的来源，同时也是盈利的基础。充分理解风险和收益的关系，一方面有助于商业银行对损失可能性和盈利可能性的平衡管理，防止过度关注损失的可能而忽视机构的盈利和发展；另一方面也有利于其在经营管理活动中采用经济资本配置、经风险调整的业绩评估等现代风险管理方法，因为这些方法的逻辑依据是盈利来自于风险承担，即只有风险可能产生足够的盈利或回报才值得去承担。

二、金融风险的含义

金融风险是指由于金融变量的变动所引起的资产组合的未来收益偏离其期望值的可能性和幅度。其中，定义中的期望收益（或称为预期收益）是可以预计的平均收益，因而具有确定性；金融风险则是指未来收益偏离预期收益的波动值或标准差，因而具有不确定性。因此，不能用期望收益来衡量金融风险。

根据定义，金融风险既可能包含高于预期收益的正偏差，也可能包含低于预期收益的负偏差。但是，从下文的介绍中可以看出，有些风险（例如信用风险）结果却是单向的，即只可能带来损失，而不可能带来正收益。另外，操作风险与收益也没有必然的联系。因此，对于信用风险、操作风险等金融风险而言，风险的含义往往仅表示未来损失的不确定性。与此对应，此时的风险度量值也常被称为未预期损失。

三、金融风险的特征

金融风险首先具有风险的一般特征，也有自身的特殊性。其主要特征表现在以下几个方面。

（一）客观性

只要有金融活动存在，金融风险就不以人的意志为转移而客观存在。这主要是由于以下三方面的因素：一是市场经济主体具有有限理性。由于市场信息的非对称性和主体对客观认识的有限性，市场经济主体作出的决策可能不是及时、全面和可靠的，有时甚至是错误的，从而在客观上可能导致金融风险的产生。二是市场经济主体具有机会主义倾向。人类的天性有一种道德上的冒险精神和趋利避害动机，因而某些人可能采用不正当的手段，诸如说谎、欺骗、违背承诺，以及尽可能钻制度、政策的空子以谋取私利。投机、冒险和各种钻营行为的客观存在导致金融风险不可避免。三是经济环境的不确定性。对于金融经营者来说，不确定性总是其从事金融活动时面临的现实问题。

（二）隐蔽性

金融风险往往并非在金融危机爆发时才存在，金融活动本身的不确定性损失很可能因信用特点而一直为良好的表象所掩盖。原因有三：一是信用有借有还、存款此存彼取、贷款此还彼贷，导致许多损失或不利因素被这种信用循环所掩盖；二是银行创造派生存款的功能，使本属即期金融风险的后果，被通货膨胀、借新还旧、贷款还息等形式所掩盖；三是银行垄断和政府干预或政府特权，使一些本已显现的金融风险，被人为的行政压抑所掩盖。

（三）扩散性

金融风险不同于其他风险的一个最显著特征是：金融机构的风险损失或失败，不仅影响自身的生存和发展，更突出的是导致众多的储蓄者和投资者的损失，从而引起社会的动荡。这就是金融风险的扩散性：一是金融机构作为储蓄和投资的信用中介组织，它一头联结着成千上万的储蓄者，另一头联结着众多的投资者，金融机构经营管理的失败，必然连锁造成众多储蓄者和投资者的损失；二是金融业不仅向社会提供信用中介服务，而且通过贷款可能创造派生存款。从这个意义上说，金融风险具有数量上成倍扩散的效应。因此，把握金融风险的特征，不仅要从单个层面上去认识，还要从多层面、全系统的角度去认识。

（四）可控性

尽管金融风险是客观存在的，但也是可控的。金融风险的可控性，是指市场金融主体依一定的方法、制度可以对风险进行事前识别、预测，事中化解和事后补救。原因如下：一是金融风险是可以识别、分析和预测的。人们可以根据金融风险的性质及其产生的条件，识别金融业务经营和管理过程中存在的各种可能导致风险的因素，从而为控制风险提供前提。二是人们可以依据概率统计及现代化的技术手段，建立各项金融风险的技术参数。例如人们依照历史上金融风险事件出现频率的稳定性即概率，来估计和预测金融风险在何种参数水平下发生，从而为金融风险的控制创造技术手段。三是现代金融制度（包括正式制度，如法规、条例、管理办法等；非正式制度，如道德、习惯等）是控制金融风险的有效手段。金融制度是约束金融主体行为、调节金融关系的规则。它的建立、健全与创新发展，使金融主体行为受规则的有效约束，从而把金融风险纳入可控的组织保证之中。正是因为金融风险是可控的，才使得建立健全现代金融制度具有重要的现实意义。

（五）相关性

金融风险从根本上说是非金融经济主体风险和经济运行风险对金融机构的转嫁，非金融经济主体经营好坏和信用程度如何，直接决定着金融风险的大小。若经济主体和经济运行没有风险，金融风险也就无从谈起。所以金融风险与非金融经济主体的经济行为，决策的科学性和宏观经济运行的宏观环境存在着高度的正相关关系。

（六）周期性

任何金融机构都是在既定的货币政策环境中运营的，而货币政策在周期规律的作用下，有宽松期、紧缩期之分。一般来说，在宽松期，放款、结算、投资等环节的矛盾相对缓和，影响金融机构安全性的因素逐渐减弱，金融风险相对就小；反之，在紧缩期，金融同业间以及金融、经济间的矛盾加剧，影响金融机构安全性的因素逐渐增强，金融风险就大。因此，货币政策宽松期，一般也是金融风险低发期；而货币政策紧缩期，往往也是金融风险多发期，特别是在两种货币政策交替期间，这种反应尤为明显。

四、金融风险的类型

由于认识金融风险的程度、角度、目的不同，再加上金融风险日趋复杂和多样化，人们提出了许多划分金融风险类型的标准和方法。

（一）按金融风险的主体或承担者分类

按金融风险的主体或承担者分类，金融风险可以分为金融机构风险、企业金融风险、居民金融风险、政府金融风险。

1. 金融机构风险。金融机构风险是指金融机构在业务经营过程中，由于决策失误、客观情况变化、内部管理不善或其他原因，其资金、财产、信誉有遭受损失的可能性。这就是通常所说的金融风险，即狭义金融风险。金融机构风险主要表现为信用风险、操作风险、市场风险、流动性风险等。

2. 企业金融风险。企业金融风险是指企业作为经济主体，在金融活动中面临的风险。它意味着企业是金融风险的承担者。企业金融风险主要表现为企业筹资风险、企业投资风险等。

3. 居民金融风险。居民金融风险是指居民作为经济主体，在金融活动中面临的风险。它意味着居民是金融风险的承担者。居民金融风险主要表现为居民持有的金融资产可能因为一些不确定性因素而造成损失。

4. 政府金融风险。政府金融风险是指政府作为经济主体，在金融活动中面临的风险。它意味着国家是金融风险的承担者。政府金融风险主要表现为财政风险、外债风险等。产生政府风险的因素很多，既有结构性因素、货币性因素，又有国内政治因素、外部经济因素和流动性因素等，各种因素相互影响，错综复杂。

（二）按金融风险的性质分类

按金融风险的性质分类，金融风险可以分为系统性金融风险和非系统性金融风险两大类。

1. 系统性金融风险，又称全局性金融风险，是指那些可能导致整个金融体系陷入支付危机、货币贬值危机以及内外投资者信心危机的可能性。系统性金融风险不能通过资产多样化来分散和回避，因此又被称为不可分散化风险。

2. 非系统性金融风险，又称个别金融风险，是指内部和外部的某些因素的影响，使个别经济主体（或金融机构）遭受损失甚至倒闭的可能性。非系统性金融风险可以通过分散化投资策略来规避，因此又被称为可分散化风险。

系统性金融风险和非系统性金融风险两者是相互联系的。非系统性金融风险积累到一定程度，也有可能转化为系统性金融风险。我们强调金融安全，主要任务就是要降低非系统性金融风险。

（三）按金融风险的层次分类

按金融风险的层次分类，金融风险可以分为宏观金融风险和微观金融风险。

1. 宏观金融风险，是指整个金融体系面临的风险。当可能性变为现实性时，宏观金融风险即演变为金融危机，对整个社会经济生活产生深刻的影响。

2. 微观金融风险，是指金融活动的参与者面临的风险。

微观金融风险与宏观金融风险是两个层面的风险，两者有着密切的联系。这一联系既表现为两者内在的一致性，又表现为两者相对的对立性。两个层次的一致性表现为当宏观金融风险加深时，大部分微观企业的金融风险局势也趋于恶化；反之，当许多金融机构或一些大的金融机构发生严重亏损时，宏观金融风险也会加剧，甚至爆发金融危机。但是，它们彼此独立，甚至有相对立的成分，微观层面有某些避险行为，如资金撤离高风险国家与地区，会加大这些地区的宏观金融风险，触发金融危机，或使之进一步恶化。反过来，为避免金融危机发生或加剧的宏观政策措施，也会给微观企业的运作带来一定的风险，如政府突然放弃固定汇率制（如东南亚金融危机中的泰国、韩国），或突然宣布实行外汇管制措施（如东南亚金融危机中的马来西亚），又或突然改变以前对国债管理作出的承诺（如俄罗斯）等。这些措施可能有助于在短期内控制宏观金融风险的进一步恶化，但却给一些企业带来了难以规避的风险。这些矛盾冲突近年来在国际金融动荡中时有表现。我们要深刻认识到金融风险在宏观层面与微观层面的既相一致又相矛盾冲突的辩证关系，在决策中更多地注意协调各经济主体之间的利益，制定更为全面与有效的风险管理措施，避免金融风险向金融危机转化。

（四）按金融风险的诱发原因分类

结合商业银行经营的主要特征，按诱发风险的原因，巴塞尔委员会将金融风险划分为信用风险、市场风险、操作风险、流动性风险、国家风险、法律风险、声誉风险以及战略风险八大类。

1. 信用风险。信用风险是指债务人或交易对手未能履行合同所规定的义务或信用质量发生变化，影响金融产品价值，从而给债权人或金融产品持有人造成经济损失的风险。

信用风险既存在于一切信用活动中，也存在于一切交易活动中。在货币银行学中，信用是指以偿还和付息为特征的借贷行为。在日常生活中，人们一般谈到信用时指的是对人的信任，这里的“人”既包括法人也包括自然人。存款、贷款、证券投资、保险等金融活动都是基于信任的行为，是授信方对受信方的信任。在有的金融业务中，金融机构是作为授信方，而在其他一些业务中，又作为受信方。

2. 市场风险。市场风险是由于市场价格（包括金融资产价格和商品价格）波动而导致商业银行表内、表外头寸遭受损失的风险，包括利率风险、汇率风险、股票风险和商品价格风险四大部分。由于目前我国银行从事股票和商品业务有限，因此其市场风险主要表现为利率风险和汇率风险。利率风险是整个金融市场中最重要的风险。

利率风险是指利率变动给经济主体造成损失的可能性。无论是金融企业还是非金融企业，只要其资产和负债的类型、数量及期限不一致，利率的变动就会对其资产、负债产生影响，使其资产的收益、负债的成本发生变动。利率的上升或下降，意味着利息支出或利息收入的增加或减少。利率的高低反方向影响着证券的价格，因此，利率的上升与下降，又会影响到买卖证券的差价收益。对金融机构来说，利率风险表现为利率可能发生的变动使金融机构的某些业务收益可能受到不利影响。存贷款业务、证券投资业务、长期寿险业务等都面临利率变动的风险。此外，利率的变动可能影响资产的市场价格，利率的变动还会影响汇率，进而给金融活动的当事人造成不利影响。

汇率风险又称外汇风险，是指汇率变动的不确定性可能给当事人带来的不利影响。在一个开放的国家，其银行、证券公司、保险公司等各类金融机构一般都有某些外汇业务。1973 年布雷顿森林体系崩溃，世界上大部分国家实行有管理的浮动汇率制度，加上国际社会国与国之间政治关系紧张，全球经济出现波动，使得主要汇率的波动越来越频繁，变幻莫测，汇率风险也越来越大。

3. 操作风险。操作风险又称运作风险，是指由于企业或金融机构内部控制不健全或失效、操作失误等原因导致的风险。操作风险的主要表现为以下几种情况：一是政策执行不当，这往往是由于有关信息没有及时传达给操作人员，或在信息传递过程中出现偏差，或者是操作人员没有正确领会上司的意图等原因造成损失；二是操作不当甚至违规操作，操作人员业务技能不高或偶然失误可能造成损失；三是交易系统或清算系统发生故障。操作风险造成的后果也可能是非常严重的，甚至是致命的。

4. 流动性风险。这里说的流动性是指金融资产便于在市场上出售变现而不至于有太多损失的能力以及金融机构方便地筹措到所需资金而不至于花费太多成本的能力。原来流动性好的资产有可能因某些因素发生了变化而成为流动性差的资产，而原来畅通的融资渠道也可能因某些因素变化而出现阻塞。金融机构在选择持有资产的形式时不能只考虑流动性，还要同时考虑收益性，这也增加了流动性风险对金融机构的困扰。

保持良好的流动性，是银行和企业经营管理的一项基本原则。但这并不是说流动性越高越好，也不是说流动性资产越多越好，因为流动性与盈利性是一对矛盾，流动性越高，往往盈利性越低。因此，银行和企业必须保持流动性与盈利性的平衡。但流动性需求具有很大的不确定性，从而使得企业特别是银行面临很大的流动性风险。流动性风险属于纯粹风险，只会给金融机构带来损失可能，而无获利机会。

5. 国家风险。国家风险是指经济主体在与非本国居民进行国际经贸与金融往来时，由于别国经济、政治和社会等方面的变化而遭受损失的风险。国家风险存在于国际间的经济贸易与金融交易活动中，由于债务人所在国家的政治、经济、社会等方面因素的意外变动而导致，这种风险通常超出了债权人的控制范围。

国家风险可分为政治风险、社会风险和经济风险三类。政治风险指的是一国投资者在另一国的资产，因该国政权、领土、法律及政策的变化而可能遭受的损失。社会风险是指由于某些原因造成特定国家的社会环境不稳定，从而使贷款商业银行不能把在该国的贷款汇回本国而遭受损失的风险。经济风险是指受特定国家直接或间接经济因素的限制，而不能把在该国的贷款等汇回本国而遭受损失的风险。

6. 法律风险。法律风险是指金融机构或其他经济主体在金融活动过程中因为无法满足或违反法律要求，导致商业银行不能履行合同、发生争议或其他法律纠纷而可能造成经济损失的风险。法律风险是一种特殊类型的操作风险，它包括但不限于因监管措施和解决民商事争议而支付的罚款、罚金或者惩罚性赔偿所导致的风险敞口。

7. 声誉风险。声誉风险是指由于意外事件、政策调整、市场表现或日常经营活动所产生的负面结果，可能对金融机构的无形资产造成损失的风险。商业银行通常将声誉风险看做是对其经济价值最大的威胁，因为商业银行的业务性质要求它能够维持存款人、贷款人和整个市场的信心，这种信心一旦失去，商业银行的业务及其所创造的经济价值将会失去。

8. 战略风险。战略风险是指商业银行在追求短期商业目的和长期发展目标的系统化管理过程中，不适当的未来发展规划和战略决策可能威胁商业银行未来发展的潜在风险。这种风险来自四个方面：商业银行战略目标缺乏整体兼容性，为实现这些目标而制定的经营战略存在缺陷，为实现目标所需要的资源匮乏，以及整个战略实施过程的质量难以保证。

第二节 金融风险的效应分析

前文已经提到，金融风险中利弊共存。在金融活动中，经济行为人首先需要充分认识、了解各类金融风险及其有可能带来的各种影响，尤其是不良影响，在此基础上做到未雨绸缪，及时采取有针对性的防控和管理金融风险的措施，才有可能从各类金融风险中获得最大利益。为此，我们在这里重点讨论金融风险有可能带来的不良影响。

一、金融风险的微观经济效应

金融风险的微观经济效应表现为以下三方面：第一，给经济主体造成经济损失，甚至威胁其生存与发展。金融风险的直接后果是可能给金融活动的参与者造成直接的经济损失，而且一般损失额巨大，甚至导致破产。第二，影响了投资者或存款人的信心和预期。维护投资者和存款人的信心对金融体系的稳定非常重要，金融风险则是引发信心危机的基本因素。如果投资者对金融市场失去信心，就会引起恐慌性抛售，导致证券价格或汇率的急剧下跌。第三，降低了资金利用率。由于金融风险的广泛存在和后果的严重性，以及资金流动性变化的不确定性，银行等金融机构难以准确安排备付金的数额，往往造成大量资金闲置。此外，由于金融风险的存在和对其的担忧，一些企业和居民不得不持有一定的风险准备金来应付金融风险，一些投资者和消费者也会持币观望，从而导致社会资金闲置，增大了机会成本，降低了资金的利用率。

二、金融风险的宏观经济效应

金融风险对宏观经济的影响程度也是不言而喻的，如果金融体系有重大风险，那么凡是与资金有联系的个人或组织，都将受到或多或少的困扰或实质性的不利影响，并且联系越密切，受到的牵连越大。其具体表现为以下三方面：第一，导致社会投资水平下降，致使经济增长速度放慢甚至出现负增长。这是因为企业为降低投资风险，不得不选择风险较低的投资组合，从而引起产出率和实际收益率下降。同样，由于未来收入的不确定性，企业和居民不得不改变其消费和投资决策，即消费者会保持较谨慎的消费行为，投资者会因为实际收益率下降和对资本安全的忧虑而减少投资，整个社会的投资水平因此而下降。第二，金融风险可能会造成产业结构畸形发展。金融风险还可能会扰乱信用秩序，严重破坏经济运行基础。如果某个金融机构因风险事件而出现经营不稳定局面，那么它的客户（企业）的融资环境就会变得糟糕，就势必在其经营上产生负面影响，产生连锁不良反应。金融风险的存在使大量资源流向安全性较高的部门，结果既导致边际生产力的下降，又导致资源配置不当，一些经济中的关键部门因为发展较慢，成为经济结构中的瓶颈。第三，影响一国的国际收支，危及国家经济安全。金融风险关系着一个国家的贸易收支，因为汇率的上升或下降影响着商品的进出口额。

三、金融风险的政治效应

当金融风险发生时，民众可能出于对政府采取的处置措施不满而游行示威，当权者被危急形势所迫一筹莫展或迫于社会舆论引咎辞职，引起政治危机，或者当金融风险发生时，最高领导层对负责处置风险的部门主管的业绩不满而采取罢免或更换，也可能引起政局不稳。所有这一切都将直接威胁到一国的政治安全和政局稳定。

四、金融风险的社会效应

金融业是一个高风险行业，同时也是一个特殊的行业，金融业与其他行业的一个重要区别就是金融业具有明显的社会性特征，社会公众与金融机构之间的关系是十分密切的，他们之间是一种依附型、紧密型的债权债务关系。如果金融机构经营不善甚至倒闭，就会损害存款人、投资人、被保险人的利益，引起社会动荡。如果金融机构不能清偿债务，就会给整个社会提供负面示范效应，造成整个社会经济秩序的混乱。

第三节 金融风险的内在生成机理

金融风险是一个历史范畴，它是商品货币经济发展到一定阶段的必然产物。因此，从根源上看，金融风险的产生是因为社会分工与交易的多样化，同时也是金融业自身发展内在矛盾的必然结果。造成金融风险的具体原因是多种多样的，有实质经济原因、道德方面原因、心理方面原因，还有社会、体制、管理等方面的原因。由于不同经济学家从不同角度来分析金融风险，从而对金融风险的成因也就作出了不同的解释，因而形成了不同的金融风险成因理论。

一、金融机构的内在脆弱性理论

一般而言，金融脆弱性是指金融制度、结构出现非均衡导致风险积聚，金融体系丧失部分或全部功能的金融状态。也就是说，金融脆弱性理论认为金融体系本身是不稳定的，具有内在脆弱性，因此金融风险是普遍存在的，金融危机是不可避免的。金融脆弱性有狭义和广义之分，狭义的金融脆弱性主要是指高负债经营的行业特点决定了金融业具有更容易失败的本性；广义上的金融脆弱性，则是指一种趋于高风险的金融状态。早期主要是从狭义上理解金融脆弱性，现在更多的是从广义上来理解。

（一）明斯基的金融脆弱性假说：企业角度

明斯基最先对金融内在脆弱性问题作了系统阐述，形成了金融脆弱性假说。金融脆弱性假说认为，私人信用创造机构特别是商业银行和其他相关的贷款人的内在特性，使得它们不得不经历周期性危机的破产浪潮，银行部门的困境又被传递到经济体的各个组成部分，产生经济危机。

明斯基将借款企业分为三类：

第一类是抵补性的借款企业（Hedge - Financed Firm）。抵补性企业的预期收入不仅在总量上大于债务额，而且在每一时期内，其预期的收入流也大于到期债务本息。因此，抵补性企业是最安全的借款人，它只根据自己未来的现金流量作抵补性的融资。

第二类是投机性的借款企业（Speculative - Financed Firm）。投机类企业的预期收入在总量上大于债务额，但在借款后的前一小段时期内（如 m 期），其预期收入小于到期债务本金（不过，这一小段时期内企业的预期收入仍大于到期债务利息，这使得该企业仍是履约企业）。过了 m 期之后的每一时期，企业的预期收入将足以偿还到期本息以及 m 期所欠的本金。

第三类是庞氏企业（Ponzi Firm）。庞氏企业的预期收入在总量上大于债务额，但从第 1 期到倒数第 2 期（$n-1$ 期），它每一时期的预期收入不仅小于到期债务本金，甚至还小于到期债务利息。直到最后 1 期（第 n 期），该企业的预期收入（常常是由于资产大幅度升值后变卖资产所得）才足以偿还前 $n-1$ 期及第 n 期的到期债务本息。显然，庞氏企业比投机类企业承担了更大的不确定风险。

在明斯基看来，商业周期的存在将诱使企业进行高负债经营。在一个新周期开始时，绝大多数企业都属于抵补性企业。随着经济的进一步繁荣，市场显现出一派利好气氛，企业预期收益上升，纷纷扩大借款，投机性企业和庞氏企业迅速增多。这样，在借款人中高风险的后两类借款人的比重越来越大，而安全的第一类借款人所占比重却越来越小，于是金融脆弱性愈来愈严重。然而资本主义经济的长波必然迎来滑坡，任何打断信贷资金流入生产部门的事件都将引起违约和破产，而这又进一步反馈影响金融体系。金融机构的破产迅速扩散，金融资产价格的泡沫也迅速破灭，金融危机就爆发了。

（二）克瑞格的“安全边界说”推理：银行角度

为了更好地理解明斯基的金融内在脆弱性，克瑞格（1997）引用了“安全边界”（Margins of Safety）这个概念。格雷厄姆（B. G.）和多德（D. L. Dodd）（1934）认为，利息承诺的收益保障是安全边界的最全面衡量手段。安全边界的作用在于，提供一种保护，以防不测事件使得未来没有重复过去的良好记录。对于贷款人和借款人来说，仔细研究预期现金收入说明书和计划投资项目承诺书，是确定双方都可以接受的安全边界的关键一环。银行家的信贷决定主要看借款人过去的信用记录，而不太关注未来预期。经济稳定扩张，使得有良好信用记录的借款人越来越多。

金融脆弱性的想法正是建立在安全边界的变化上。就是那些缓慢的、难以觉察的对安全边界的侵蚀，产生了金融脆弱性。当安全边界减弱到最低程度时，即使经济现实略微偏离预期，借款企业为了兑现固定现金收入流量承诺，也不得不改变已经计划好了的投资行为。这意味着拖延支付，或者另找借款。若不能实现，就只能推迟投资计划，或者变卖投资资产。结果，费雪债务紧缩过程开始了：价格下跌、实际债务负担加重和供求法则逆转（即价格降低导致供给增加、需求减少）。于是，金融危机发生。

（三）信息经济学的解释：信息不对称角度

金融机构的产生可以在一定程度上减少导致逆向选择和道德风险的根源——信息的不对称。当最终的贷款人（储蓄者）将他们的资金集中到某家金融机构中时，他们事实上委托了一个代理人来对不同的借款人进行筛选，并根据他们的相对风险大小来决定是否贷款，以及当贷款决定之后对贷款进行定价。这样就可以减少逆向选择。而且，相对于零散的储蓄者，金融机构也处于更有利的地位来监督和影响借款人在借款后的行为，从而可以限制道德风险。

然而，金融机构解决信息不对称问题的成效要受到两个前提条件的限制：第一个条件是储户对金融机构的信心；第二个条件是金融机构对借款人的筛选和监督是高效率的，并且是低成本的。当储蓄者对金融机构失去信心时，就会出现对金融机构的挤兑，单个储户的理性行为就是趁着金融机构还有支付能力时抢先提款，当人人都这样去做的时候，金融机构就被迫清偿其未到期的资产，并蒙受损失。同时，由于信息不完全，金融机构对借款人的筛选和监督并不能保证高效率，从而促使金融机构保持稳定的第二个条件并不总是存在。斯蒂格利茨和韦斯（1981）的研究证明，在信贷市场上，逆向选择和不当激励总是存在的。从历史经验来看，最容易诱使金融机构陷入困境的是那些在经济繁荣的环境下可能产生丰厚收益，但一旦经济形势逆转便会出现严重问题的投资项目（如房地产、股市、期市等），而这些项目常常很难用通常的统计方法来作出准确预测。

总之，尽管金融中介机构的产生可以在相当程度上解决金融市场上客观存在的信息不对称问题，但是，进一步的分析表明，储户的信心缺失以及金融机构资产选择过程中的内在问题也会使得金融风险不断产生和积累，最终可能引发金融危机，而这些问题也是由信息不对称产生的。

二、金融市场的内在脆弱性理论

金融市场上的脆弱性，往往从价格波动的角度来研究。金融资产价格的不恰当波动或过度波动历来是金融体系风险积累的重要来源。

（一）股市的过度波动性

传统的金融市场脆弱性主要来自于股市的过度波动性。经济学文献主要从三个方面解释了股市的过度波动性：（1）过度投机。该理论强调市场集体行为的非理性导致的过度投机对资产价格的影响（金德尔伯格，1979）。正如凯恩斯描绘的“乐队车效应”（Bandwagon Effect）一样，当经济的繁荣推动股价上升时，幼稚的投资人开始涌向价格的“乐队车”，使得股票价格上升得更快，以至于达到完全无法用基础经济因素来解释的水平。由于脱离了基础经济因素，市场预期最终会发生逆转，导致股市崩溃。（2）宏观经济的不稳定。与股市相比，宏观经济的波动通常比较缓和。但是，宏观经济运行的任何变动，哪怕只是显示了某种变动的迹象，都会对股市产生影响。这是因为，股票价格代表的是未来，因而任何可能对单个股票或整个股市的未来走势产生影响的事态，都会引致当前股市的波动，而股市的调整特征历来就是既快又剧烈的。（3）交易和市场结构的某些技术性特征。交易制度中的任何便利高买低卖的技术性特征都可能加剧股市的波动性。另外，20世纪70年代以来层出不穷的金融创新，例如各种衍生金融工具的发展、电脑决策的交易策略等，也都可能增大股市的不稳定性。

由于股市与真实经济的联系更为紧密，股市的波动对真实经济的影响也更为广泛而且深刻。我们看到，历史上经济大危机的直接原因，十之八九与股市崩溃有关。

（二）汇市的过度波动性

1971年后，随着浮动汇率制的广泛推进，汇率的过度波动性迅速成为金融市场脆弱性的另一个主要来源。汇率的过度波动性，是指市场汇率的波动幅度超出了真实经济因素所能够解释的范围。

对于汇率过度波动性的解释，最著名的当数多恩布什（Dornbusch）在1976年提出的汇率超调理论（Exchange Rate Overshooting）。该理论指出，浮动汇率制下汇率的剧烈波动和“汇率错位”的主要原因在于：面对某种初始的外部冲击，不仅资产的价格和商品的价格都可能过度反应，而且资产市场和商品市场的调整速度常常并不一致，这些问题集中反映到汇率上，就会使汇率过度波动。

（三）不同金融市场价格波动的关联性

问题的复杂之处还在于，金融市场上主要金融资产价格的波动不是独立的，而是具有很强的关联度。戈登模型（Gordon Model）揭示了股票价格、预期基期股息、贴现率和股息固定增长率之间的关系，用公式表示为

$$p = D/(i - g)$$

其中，p 为股票价格，D 为预期基期每股股息，i 为贴现率，g 为股息年增长率。

由于股票市场的投资风险一般大于货币市场，投资于股票市场的资金势必要求得到一定的风险报酬，使股票市场收益率高于货币市场，形成一种收益——风险相对应的较为稳定的比价结构，所以戈登模型中的贴现率 i 应包括两部分，其一是货币市场利率 r，其二是股票的风险报酬率 i'，即 $i = r + i'$，故戈登模型可进一步改写为如下公式：

$$p = D/(r + i' - g)$$

这一模型说明股票价格 p 与货币市场利率 r 呈反向关系，r 越高，股价 p 越低，反之则反是。这一关系被现今各国实践所证实。

利率平价理论揭示了开放经济下一国货币市场利率与汇率之间的关系，用公式可表示为

$$r = r^* + f$$

其中，r 为本国货币市场利率，r^* 为外国货币市场利率，f 为本国货币相对外国货币预期贬值率。

该模型的假设前提是资本的自由流动和利率的自由化，在这一前提下，本国货币市场利率高于（低于）外国货币市场利率的差额等于本国货币的远期贴水（升水）。

以上两个公式分别阐述了货币市场价格与资本市场资产价格和外汇资产价格的关系。实际上，外汇市场和股票市场是整个金融市场中紧密联系的两个子市场，在资金可以自由流动的情况下，这两个市场之间的价格必然存在着关联。

$$p = D/(r^* + f + i' - g)$$

该公式表明股票市场价格与本国货币预期贬值率呈反向关系，即本国股票价格指数与本币币值走向呈同向关系。也就是说，一国货币预期贬值往往会导致该国股票市场价格指数的下降。1997—1998 年东南亚金融危机中，东南亚诸国汇价、股指一齐下跌即是明显例证。

三、金融风险的传染性理论

金融风险由金融体系内在的脆弱性引起，同时也具有外部传染性，即由一家金融机构传染给别的金融机构，由一个国家传染给别的国家，结果可能导致系统性金融风险甚至世界性金融危机。主要原因在于以下几个方面。

（一）债权债务关系导致金融风险的传染

由于金融机构之间存在密切而复杂的债权债务联系，因此金融资产风险具有很强的传染性，即一旦某个金融机构的金融资产价格发生贬损以至于其不能保证正常的流动性头寸，则单个或局部的金融困难很快便演变成了整体性的金融动荡。居民把钱存到银行，居民与银行之间就构成了债权债务关系，银行把钱贷给企业，银行与企业之间也是一种债权债务关系，银行与银行之间通过同业存款、同业拆借、转贴现、票据承兑、担保等，也会形成债权债务关系。现实经济生活中的债权债务关系可能还要复杂，每一个经济主体都是复杂债务链中的一环。一旦债务人不能履行债务，债务人的风险就可能传

染给债权人，甚至导致债务链的断裂。

（二）持股关系导致金融风险的传染

股份制是最普遍的组织形式，经济主体之间存在大量的持股与被持股关系，甚至是交叉持股关系。因此，一个经济主体的金融风险可以通过持股渠道传递给另一个经济主体。在工业化国家，企业的普通股股权相当一部分为金融机构持有。既然是股权，一般不能抽回，一旦持股金融机构或非金融机构倒闭，金融活动参与者所持有的股权有可能全部损失掉。

（三）国际贸易和金融关系导致金融风险的传染

金融风险可以通过国际贸易和国际金融联系由一个国家传递到另一个国家。一个国家的金融风险导致的货币贬值，使得该国商品的出口竞争能力加强，对其贸易伙伴的出口增加而进口减少，导致贸易伙伴的贸易赤字增加，外汇储备减少，损坏了贸易伙伴的经济基础，使得贸易伙伴受到投机者的货币冲击，最后这个国家主动或被动地进行货币贬值。

四、金融“脆弱—危机”的演化机理

金融危机指起始于一个国家或一个地区乃至整个国际金融市场或金融系统的动荡超出金融监控部门的控制能力，造成其金融制度的混乱，进而对整个经济造成严重破坏的过程。通常表现为全部或大部分金融指标如利率、汇率、资产价格、企业偿债能力和金融机构倒闭数的急剧、短暂和超周期的恶化，这便意味着金融危机的发生。

金融脆弱，仅仅表明金融已经具有不稳定性，它还不等于金融危机，由金融脆弱到金融危机还有个演化过程，金融脆弱积累到一定程度方会发生金融危机。而且，最终在何时发生金融危机，还需要某个或某些“触发点”。

以最古老的金融危机——支付危机为例，金融机构的资产负债恶化，引起挤兑的发生。为满足支付，金融机构急于获得现金，往往不得不出售资产。金融机构急于出售资产，导致资产价格暴跌，从而进一步恶化私人部门的资产负债表，这样危机的“自我实现”过程就出现了。一旦金融问题引发信贷紧缩损害实际经济进而导致经济滑坡，这种破产增加与信心失落齐头并进互为因果的恶性循环就会进一步加重。

由这一“自我实现”过程，也可看出金融脆弱的决定作用。假若金融机构本身经营稳健，储户就不会去挤兑。或者金融机构有充足的资本，也能打消储户的疑虑。显然金融体系越脆弱，经济潜在不稳定的看法就越普遍，金融危机发生的可能性也就越大。

【复习思考题】

1. 什么是风险？
2. 什么是金融风险？金融风险具有哪些特征？
3. 金融风险有哪些类型？
4. 金融风险的经济效应有哪些？
5. 试论述明斯基的金融脆弱性假说。

6. 试论述克瑞格的“安全边界说”。
7. 不同金融市场价格波动的关联性如何体现？
8. 什么是金融危机？试论述金融“脆弱—危机”的演化机理。

【参考文献】

［1］霍再强：《现代金融风险管理》，1～23页，北京，科学出版社，2007。
［2］张金清：《金融风险管理》，6～7页，上海，复旦大学出版社，2009。
［3］唐旭：《金融理论前沿课题》，58～59页，北京，中国金融出版社，2003。
［4］汪祖杰：《现代货币金融学》，181～188页，北京，经济科学出版社，2007。
［5］王广谦：《20世纪西方货币金融理论研究：进展与述评》，403～405页，北京，经济科学出版社，2003。
［6］中国银行业从业人员资格认证办公室：《风险管理》，2～16页，北京，中国金融出版社，2007。

第二章　金融风险辨识与度量

【本章概要】

金融风险管理需要在进行大量的调查研究，全面地掌握各种信息之后，运用各种方法对潜在的各种风险进行系统的分析和论证，以确定影响金融风险的因素、性质及其可能产生的后果，使金融活动的参与者增强对风险的辨识能力和感知能力。本章从基本方法与统计计量两方面进行了金融风险辨识的探讨。

【要点提示】

1. 风险的识别是贷款风险管理的基础，风险管理的第一步就是识别银行信贷业务所面临的各种风险，然后对各种风险进行评估，以便采取有效的风险防范措施。如果识别错误，或对引起贷款风险的因素认识不足，就会给贷款的后期工作带来困难，并由此可能引起贷款损失。

2. 提高金融业的风险观念和竞争意识，通过不断优化资源配置，达到提高风险管理能力的目的。提高金融业风险管理水平，应该从内部和外部两个方面着手，除了政府应在外部营造规范有利的竞争环境外，金融业还要在内部采取有效的途径和方法，围绕风险管理的文化、体系、理念、技术等方面进一步加以完善。

3. 目前关于风险识别的方法有很多种，早期的方法（例如，财务报表分析法、指标监控法等）多数是以一套完整的、科学的风险监测指标体系为前提和基础，并结合运用综合的监测分析方法，对风险进行识别。对数额较大，影响因素较为复杂的项目也可采用专家意见法。从20世纪90年代初开始，国际上开始采用对于金融市场风险分析的风险值（VaR）方法，并逐渐应用到风险管理中。在实践中，各家金融机构往往根据考虑问题的出发点不同采取不同的方法，或者综合使用多种方法。

【内容架构图】

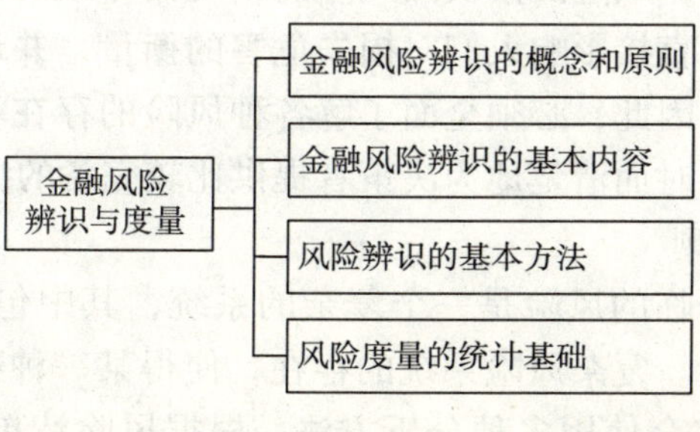

第一节 金融风险辨识的概念和原则

一、金融风险辨识的概念

金融风险辨识是指通过运用相关的知识、技术与方法，对处于经济活动中的经济主体所面临的金融风险的内容、受险部位、风险源、严重程度等进行连续、系统、全面的识别、判断和分析，从而为度量金融风险和选择合理的管理策略提供依据的动态行为或过程。

二、金融风险辨识的基本原则

风险的识别是贷款风险管理的基础，风险管理的第一步就是识别银行信贷业务所面临的各种风险，然后对各种风险进行评估，以便采取有效的风险防范措施。如果识别错误，或对引起贷款风险的因素认识不足，就会给贷款的后期工作带来困难，并由此可能引起贷款损失。

风险识别主要有5C要素、4F要素、5P要素、4W1H原则等。美国银行家波士特（William Post）于1910年在《发展信用中的4C要素》一书中首先提出构成企业信用的四项要素：品格（Character），即企业的声誉；能力（Capacity），即还款能力；资本（Capital），即所有者的股权投入及其对债务的比率（杠杆性）；担保品（Collateral）。后来，银行家Edward F. Gee主张加上商业环境（Condition of Business），改称为5C信用要素。其中担保品和商业环境为外部因素，品格、能力、资本为内部因素。4F要素为个人要素（Personal Factor）、财务要素（Financial Factor）、经济要素（Economic Factor）、组织要素（Organization Factor）。5P要素包括借主（Person）、借款用途（Purpose）、还款财源（Payment）、债权保护（Protection）、前途展望（Perspective）。4W1H原则包括贷给谁（Who）、为什么贷款（Why）、以什么作担保（What）、什么时间归还贷款（When）、如何归还贷款（How）。

在这些方法中，无论哪一种，都需要遵循下列最为基本的原则。

（一）全面周详的原则

为了对风险进行识别，应该全面系统地考察、了解各种风险事件存在和可能发生的概率以及损失的严重程度，风险因素及因风险的出现而导致的其他问题。损失发生的概率及其后果的严重程度，直接影响人们对损失危害的衡量，并最终决定风险政策措施的选择和管理效果的优劣。因此，必须全面了解各种风险的存在和发生及其将引起的损失后果的详细情况，以便及时而清楚地为决策者提供比较完备的决策信息。

（二）综合考察的原则

单位、家庭、个人面临的风险是一个复杂的系统，其中包括不同类型、不同性质、不同损失程度的各种风险。复杂风险系统的存在，使得某一种独立的分析方法难以对全部风险奏效，因此必须综合使用多种分析方法。根据风险清单列举可知，单位、家庭、个人面临的风险损失一般分为三类。

一是直接损失。识别直接财产损失的方法很多，例如，询问经验丰富的生产经营人员和资金借贷经营人员，查看财务报表等。二是间接损失。它是指企业受损之后，在修复前因无法进行生产而影响增值和获取利润所造成的经济损失，或是指资金借贷与经营者受损之后，在追加投资前因无法继续经营和借贷而影响金融资产增值和获取收益所带来的经济损失。间接损失有时候在量上要大于直接损失。间接损失可以用投入产出、分解分析等方法来识别。三是责任损失。它是因受害方对过失方的胜诉而产生的。只有既具备了熟练的业务知识，又具备了充分的法律知识，才能识别和衡量责任损失。另外，企业或单位各部门关键人员的意外伤亡或伤残所造成的损失，一般是由特殊的检测方法来进行识别的。

（三）量力而行的原则

风险识别的目的在于为风险管理提供前提和决策依据，以保证企业、单位和个人以最小的支出来获得最大的安全保障，减少风险损失，因此，在经费限制的条件下，企业必须根据实际情况和自身的财务承受能力，来选择效果最佳、经费最省的识别方法。企业或单位在风险识别和衡量的同时，应将该项活动所引起的成本列入财务报表，作综合的考察分析，以保证用较小的支出，换取较大的收益。

（四）科学计算的原则

对风险进行识别的过程，就是对单位、家庭、个人的生产经营（包括资金借贷与经营）状况及其所处环境进行量化核算的具体过程。风险的识别和衡量要以严格的数学理论作为分析工具，在普遍估计的基础上，进行统计和计算，以得出比较科学合理的分析结果。

（五）系统化、制度化、经常化的原则

风险的识别是风险管理的前提和基础，识别的准确与否在很大程度上决定风险管理效果的好坏。为了保证最初分析的准确程度，就应该进行全面系统的调查分析，将风险进行综合归类，揭示其性质、类型及后果。如果没有科学系统的方法来识别和衡量，就不可能对风险有一个总体的综合认识，就难以确定哪种风险是可能发生的，也不可能较合理地选择控制和处置的方法。这就是风险的系统化原则。此外，由于风险随时存在于单位的生产经营（包括资金的借贷与经营）活动之中，所以，风险的识别和衡量也必须是一个连续不断的、制度化的过程。这就是风险识别的制度化、经常化原则。

第二节 金融风险辨识的基本内容

一、金融风险辨识的基本要求

第一，风险管理由单一风险向信用、市场、操作性等综合性风险转变。巴塞尔委员会（2004）将现代金融风险分为信用风险、市场风险及操作风险。信用风险既包括债务人（包括借款人和交易对手）不愿意或不能履行其合约中所规定的义务，导致债权人遭受损失的可能性（违约风险），同时也包括由于债务人信用等级的降低而导致其债务的市场价值下降而引起损失的可能性。市场风险是指利率、汇率、证券和商品价格等市场要素的变化，而使得金融资产或负债（包括表外业务）的价值发生变动而导致损失的可能性，市场风险通常包括流动性风险、利率风险、汇率风险和交易风险等。操作风险是指由于金融企业的操作流程不善、人为过失、系统故障及外部事件造成损失的风险，包括内部欺诈、外部欺诈、业务误操作、业务中断或系统失败。基于全面风险管理框架的金融产品创新的关键在于研究流程管理失误或控制缺失等多种金融业所面临的风险。金融产品创新不仅具有一般产品创新的风险，而且还具有信用风险、利率风险、汇率风险、流动性风险、交易风险等特殊的金融风险。随着金融业务的不断复杂化，金融运行中的风险由原来的信用风险为主发展到多种类型风险共同作用，风险的管理由管理单一风险到管理多种风险，由分散在不同的管理部门走向集中管理，体现了金融风险管理的发展方向。

第二，风险管理方式由直接管理向直接、间接管理相结合转变。我国金融业的风险管理和手段还比较简单，一些金融机构的风险管理还主要以直接管理为主，要进一步发挥间接风险管理的作用，特别是针对一些时效要求短、批量化处理的金融业务，如资金业务、零售业务，要进行间接管理，运用模型定量工具，进行国别风险、地区风险、行业风险、个体风险、家族风险等分析，结合信贷审查等直接管理形式，有效控制业务风险。

第三，风险管理对象由单笔金融业务风险向企业整体风险转变，由单一行业向资产组合管理转变。目前，随着活动的变化，企业经营特征、资本运作的形态发生了深刻的变化，以审核企业的资产负债表为主要内容的风险管理方法已经不能适应防范风险的要求，子公司、关联公司、跨国公司等复杂的资本运营模式使风险的表现形式更为复杂和隐蔽，这就要求风险管理要由对单笔金融业务风险的管理向对企业的整体风险转变，不仅要对财务情况进行审查，还要关注企业的经营管理、股权结构、对外投资以及全部现金流。

第四，风险管理范围由国内管理向全球管理转变。在原有的体制下，我国体制与国际接轨的程度相对较低，这在一定程度上减少了国际金融市场对我国的影响。但随着经济全球化的深入，我国金融业将逐步融入国际金融市场，在国外设立分支机构、参与国际竞争的步伐将加快。目前，金融机构已经在海外设立了分支机构，业务触角大大延伸，与之对应，风险管理正在由只管国内向管理全球转变，形成全球的风险管理体系。

第五，风险管理重点由强调业务分离向构建风险管理体系转变。以往，金融风险管理往往单纯强调“业务分离”，而忽视了整个风险管理体系的建设。金融业的风险管理应更强调整个风险管理体系的健全。从先进金融风险管理的经验看，健全风险管理体系应是风险管理战略、偏好、构架、过程和文化的统一，通过建立清晰的风险管理战略和偏好、完善的管理架构、全面的风险管理过程和良好的信贷文化，最终实现风险管理效率的提高和价值的最大化。

第六，风险管理技术由定性分析向定性、定量分析相结合转变。未来金融风险管理将更加强调定量分析，通过大量运用数理统计模型来识别、衡量和监测风险，这使得风险管理越来越多地体现出数理化、定量化的特征，逐步由简单的技术管理过渡到复杂的统计分析管理，并最终走向定量分析。但在短期内，风险管理技术还是以定量、定性分析相结合。做好定性分析就是要在信息尚不完备的条件下，通过对市场、行业变化趋势的分析，凭借与客户的接触对风险因素进行及时的发现和甄别。

要实现以上六个方面的转变，就要提高金融业的风险观念和竞争意识，通过不断优化资源配置，达到提高风险管理能力的目的。提高金融业风险管理水平，应该从内部和外部两个方面着手，除了政府应在外部营造规范有利的竞争环境外，金融业还要在内部采取有效的途径和方法，围绕风险管理的文化、体系、理念、技术等方面进一步加以完善。

二、金融风险辨识的主要内容

对于金融风险的识别与监控，美联储采用的CAMELS评价方法已为世界所公认，即通过对金融机构与金融活动的资本状况（C）、资产质量（A）、管理水平（M）、盈利能力比（E）、流动性（L）、市场风险敏感性（S）进行分别评级和综合评级，识别风险并提出整改要求。但由于金融业的基本特征是安全性、流动性、盈利性三个方面的结合，因此，考察和辨识金融风险也应从三方面展开。

（一）安全性的识别

1. 资本充足率。目前存在的主要问题是：总体上还没有从思想上真正认识到资本对于金融活动的重要作用，特别是对风险的防范作用，只是在市场准入时，为了达到监管部门的要求，而勉强符合基本的标准。一些金融机构资本并不真实，甚至出现了很多虚假注资（如用贷款注资等）的情况，很多金融机构资本金严重不实，实际资本远远达不到最基本的要求。另外，即使金融机构资本充足率达到要求，且不存在弄虚作假的情况，也不一定意味着该金融机构资本充足，原因有两点：（1）最低资本充足标准主要是依据国外经验而测算的。对于风险较大的国内金融机构，特别是中小银行机构，应当有更高的资本充足要求。（2）不能只看账面数据，重要的是要看是否计提了足够的资产损失准备金（比如对银行而言最关键的是贷款呆账准备金），以及损失类的不良贷款是否及时得到冲销。我国金融机构普遍存在呆账准备金提取严重不足的问题，因此实际的资本充足率通常比账面反映的要低。在目前的呆账准备金提取办法规定下，判别一家银行资本充足性的一个简单方法是看其资产质量情况。基本原理是：不良资产占比越高，资本侵蚀越严重，实际资本充足率越低。在监管工作中，应加强对金融机构资本金的现场检查，摸清金融机构资本金的真实状况。对于资本金严重不足的，要限令其在指定的时间内补足。对于资本金的筹集方式，可以通过股票上市或其他方式增资扩股，同时可以允许商业银行通过发行长期金融债券来补充附属资本。金融机构内部要处理好眼前利益和长远利益的关系，加强自身积累，适度控制分红比例。监管部门要密切关注有些股份制金融机构不关心自身的经营管理和风险状况，只关心分红的短期化行为。在金融机构风险状况不佳或资本不足时应限制分红，以提高其抗风险能力。对于在指定时间内没有达到监管部门资本要求的，要限制其资产规模的增长，尤其是要压缩高风险资产的比重。

2. 资产质量。在监管中，要督促金融机构把改善资产质量作为工作的重点，要制定切实可行的措施，加大清收力度，切实保护债权，降低不良资产率。对银行而言要加大对未到期贷款大户的监控，做好跟踪管理和提前催收工作，防止大额逾期贷款的发生，控制不良资产的增量。同时要把好新增贷款的调查、审批关，提高新增贷款的质量，严防新增贷款产生不良资产。要检查商业银行推行统一授信的情况，特别是对本外币贷款、开立信用证、承兑、贴现等融资业务的统一授信，从而防范本外币信贷资金风险。

（二）流动性的识别

金融机构规模各异，运作环境也不尽相同，因此很难用简单的公式或标准衡量金融业的流动性。监管者必须能从评估当前的流动性状况中，来分析判断未来的流动性可能会受到的各种变化的影响，这些变化包括需求的大幅度增长、市场冲击、利率的变化以及突发事件的影响等。目前，要督促金融机构改进流动性管理的技术手段，尽快建立起包括各种影响因素在内的流动性缺口管理体系，实现由事后反映向事前控制的转变。应要求金融机构，特别是中小金融机构的分支机构，要提高自身对流动性风险的整体控制能力。

（三）盈利性的识别

对盈利性的识别与监控，目前主要采用两类指标，一是资产利润率或资本利润率，二是利息回收率。目前对盈利性指标进行监控遇到的一个比较突出的问题是，现有的盈利性指标往往不能真实地反映金融机构的盈利情况，在现行的金融企业财务会计制度下，金融机构往往存在虚假盈利的现象。为此，人民银行按照谨慎会计原则会同财政部等有关部门对现行的银行财务会计核算制度进行了一系列改革，主要涉及呆账准备金、坏账准备金的计提，应收未收利息进入损益的核算以及呆账的核销程序等，以力求真实地反映商业银行的利润水平。

第三节 风险辨识的基本方法

一、指标监控法

指标监控法的基础是建立一套科学合理、切实可行的指标体系，用以监控信贷资产的状态，及时识别信贷资产组合的风险变化。中国自 1989 年起就开始了风险监测的探索。人民银行先后推出了几套商业银行风险监测指标体系，各商业银行也根据自身情况制定了风险监测指标体系与监测办法。为了使所建立的指标体系既能体现中国的特征，又能与国际惯例相一致，因此，建立指标体系时一般都要参考国际上一些主要的指标体系，如 CAMELS 评价体系及各国商业银行分析评价法等，只有这样才能找到符合自身发展要求的综合指标体系，从而使得建立的指标体系既符合自身的管理规范又体现各自的经营思想和发展战略。建立指标体系时应当充分考虑可操作性、可比性、预警性、系统性、开放性，以及向国际惯例靠拢等原则。风险识别的指标体系至少要包括以下内容（依考虑问题的出发点不同还应增加其他方面的指标）：资产质量、资产结构（资产组合、期限）、盈利状况、宏观经济环境、国家产业政策、规范性考核。

指标监控法是国际上较早采用并一直沿用至今的方法，中国各银行也已经不同程度地使用了。其优点是直接反映贷款风险表象，易于理解，操作简便。但其缺点也暴露在银行经营实践中，例如简单的指标能否全面地反映风险，对预测和指导决策的意义何在，等等。

二、财务报表分析法

财务报表分析法是目前普遍采用的基本分析方法。通过对一段时期企业的资产负债表、损益表、财务状况变动表等财务报表的分析，对企业的经营成果、竞争能力、现金流等财务状况作出评价，及早识别潜在的风险。企业的财务报表上所列的每项数字，在和报表上的其他数字联系起来分析时，常能提供很多的有用信息。由于银行贷款有短期和长期之分，因而基本财务比率分析就要相应地根据短期贷款和长期贷款的要求来进行。

短期财务比率分析指标：（1）流动比率；（2）速动比率；（3）现金比率；（4）应收账款平均周期；（5）存货周转率；（6）存货平均周期；（7）负债率；（8）盈利率（衡量盈利率的尺度很多，通常有三种：销售收益率、资产收益率、普通股收益率）。长期财务比率分析指标：（1）债务对股东权益率；（2）股东权益对总资产率；（3）流动负债率；（4）长期负债对总资产率；（5）流动资产率；（6）固定资产率；（7）负债对总资产率。财务报表分析方法主要适用于识别企业风险、道德风险和在一定程度上识别外部风险。

三、专家意见法

专家意见法又叫德尔菲法（Delphi Method）。运用德尔菲法进行风险识别一般采取以下程序：

1. 由银行风险管理人员制订调查方案，确定调查内容；

2. 聘请若干名专家，向他们提供银行经营的资料，并将调查表发给他们，请他们回答有关问题；

3. 专家们在背靠背的情况下回答问题，然后将调查表返回；

4. 风险管理人员汇集整理返回的专家意见，将整理过的较为集中的专家意见及其理由反馈给每位专家，让他们再次提出自己的意见；

5. 多次反复，使意见逐渐收敛，由银行风险管理人员决定在某一点停止反复，得到基本趋于一致的意见。

德尔菲法对于复杂的具有重大意义的风险识别，特别对于不宜采用数量分析方法识别的风险更为有效。在考察银行总体风险，或者银行在大的区域或行业内的宏观风险时，可以采用这种方法。

四、故障树分析法

故障树分析法是分析问题时被广泛采用的一种方法。它是采用图解的形式，将大的故障分解成各种小的故障，或对引起故障的原因进行分解。由于分解后的图形呈树枝状，分解越细，树枝就越多，因而称为故障树。其优点是简单、明确，能够比较迅速地发现存在的问题。故障树用于风险识别就是风险树，它可以将银行面临的主要风险分解成许多细小的风险，也可以将产生风险的原因一层又一层地分解，排除无关的因素，从而准确地找到真正对银行产生影响的风险及原因。

五、风险度方法

风险度是度量资产风险的一种定量的方法，其表达方式为：贷款资产风险度 = 基础系数 × 变换系数 × 过渡系数，其中，基础系数是对应信用贷款、担保贷款和抵押贷款的贷款方式系数，变换系数是对应企业信用等级的系数，过渡系数是对应贷款形态的系数。1988 年，巴塞尔委员会制定的《关于统一国际银行资本衡量和资本标准的协议》中提出了风险资产的概念，并以简洁的架构规定了包括资产在内的资产风险权重（只有 5 个级别的权重系数：0、10%、20%、50% 和 100%），同时允许各国在某些极为有限的方面有一定程度的自决权。20 世纪 90 年代初，《深圳市银行业资产风险监管暂行规定》中根据巴塞尔协议对包括资产在内的银行资产风险权重作出了规定。紧接着，中国农业银行参照巴塞尔协议的一般原则对贷款系数、变换系数和过渡系数作出了更为详细的规定。随后，中国国内很多银行都采用了风险度来识别和度量风险。风险度模型中很重要的一个指标是企业信用等级系数，目前各家银行分别采用内部评级系统或区域评级系统。随着对限制的放松，我国很需要有统一的信用评级系统。

风险度方法有一致性和容易操作的特点，它的系数的定义遵循了国际标准。但是风险度的使用是以信用评级为基础的，只有建立了完善的、有广泛信誉度的信用评级系统，才能真正发挥风险度方法的优势，对风险作出正确的判断。

六、风险值方法

风险值（Value at Risk，VaR）方法是国际上从 20 世纪 90 年代初开始兴起并逐渐被广泛采用的风险度量方法，它正在成为金融风险度量的国际标准。它的含义是：在一定的时间期限内，在一定的概率意义下，一项交易或资产组合的最大预期损失是多少。VaR 方法是建立在大量的统计数据的基础上，把交易组合的风险综合为单一指标——风险值。目前国际上已将其应用于信用风险的度量，它的好处之一是将风险识别、测量一次完成，非常直观，易于操作。VaR 方法可以用来度量各种信贷组合的风险和新增交易的边际风险。例如，JP 摩根集团利用风险值方法管理金融风险，对于 20 世纪 90 年代初期拉美金融市场的金融风险的形势进行了准确的识别和果断的决策，从而在金融风暴到来时避免了巨额损失。

VaR 方法适用范围较广，既可以识别和度量单笔信贷业务的风险，又可以识别和度量交易组合（如一个行业或地区）的风险。但是，应用前提是银行应有相当长的历史数据的积累或者有专业咨询机构提供计算 VaR 所需的参数和分析工具，这些参数是对大量历史数据加工后得出的。在国外，有这样的专业公司，如 JP 摩根、标普、穆迪等。但在中国，目前仍没有机构提供这样的服务。同时，VaR 方法应用于风险测量也需要有信用评级系统作为重要基础。

七、层次分析法

层次分析法（AHP 法）是一种实用的多准则决策方法，它本质上是一种思维方法，在 1982 年由 Saaty 教授的学生首先将层次分析法介绍到中国，它以定性与定量结合方式处理各种决策因素。在经济发展规划、能源需求预测和供应规划、人才需求预测和教育规划、各种社会经济政策的评价等方面，层次分析法得到了广泛的应用。层次分析法是把复杂系统分解成各个组成因素，又将这些因素按支配关系分组形成递阶层次结构，通过两两比较的方式确定层次中各因素的相对重要性，然后综合决策者的判断，确定决策方案相对重要性的总排序。整个过程既体现人的分析、判断、综合，又体现定性与定量相结合。

第四节 风险度量的统计基础

一、均值

通常使用希腊字母 μ 表示均值（Mean），也可以使用在随机变量符号上方加一横的形式，比如 $\bar{x}$。随机过程产生的变量均值是全部结果的加权和，加权系数为每种结果所对应的发生概率。如果过程是离散的，那么其均值为各种结果的加权和：

$$\mu = \sum_{i=1}^{N} x_i P(x_i)$$

其中，N 是总样本量，$P(x_i)$ 表示结果 x_i 对应的概率。如果随机过程是连续的，可能的值就有无穷多个，那么我们可以用积分式计算均值：

$$\mu' = \int_{-\infty}^{\infty} x p(x) \mathrm{d}x$$

其中，$p(x)$ 是 x 的概率密度函数，$p(x)\mathrm{d}x$ 是 x 落在区间 $\mathrm{d}(x)$ 中的概率。随机变量的均值又被称做期望值，记做 $E(x)$。

对于随机变量的一组样本，其均值可以简单表示为样本值的和除以样本数（N）：

$$\mu = \frac{1}{N} \sum_{i=1}^{N} x_i$$

其中，x_i 表示样本值。概率密度函数 $p(x)$ 是对实际观测结果的随机分布的估计。

二、标准差

标准差（Standard Deviation）衡量的是随机变量相对于均值的偏离程度。它是金融风险管理中一个很重要的统计量。标准差可以用于反映资产收益的期望值同实际收益之间的差异。通常，我们把标准差记做 σ 。标准差的平方称做方差。

对于随机变量的样本而言，其方差是样本与均值之差的平方和除以 $N-1$：

$$\sigma^2 = \frac{1}{N-1}\sum_{i=1}^{N}(x_i-\mu)^2$$

其中，除以 $N-1$ 是为了保证样本方差与目标随机分布函数的方差相一致。因子 $N-1$ 的推导过程比较复杂，但从直觉上我们可以感觉到引入这个因子是基于以下事实：样本均值未必一定与实际均值相等。

三、偏度

偏度（Skewness）是对随机变量分布不对称性的一种度量。运用到金融风险管理实践中，偏度则是对盈利概率是否超过损失概率的一种数学描述。

离散型和连续型的随机过程的偏度分别表示为

$$s' = \sum_{i=1}^{N}\left[\left(\frac{x_i-\mu'}{\sigma'}\right)^3 p(x_i)\right]$$

$$s' = \int_{-\infty}^{\infty}\left[\left(\frac{x_i-\mu'}{\sigma'}\right)^3 p(x_i)\right]$$

对于随机变量的样本而言，其偏度公式中加入了一项因子（同样本的方差计算类似），主要是要保证随机变量样本的偏度同随机过程的偏度相一致：

$$s = \frac{N}{(N-1)(N-2)}\sum_{i=1}^{N}\left[\left(\frac{x_i-\mu}{\sigma}\right)^3 p(x_i)\right]$$

四、峰度

峰度（Kurtosis）主要是用来描述极端事件，比如发生概率为千分之一的重大损失事件。考虑两个金融资产组合，它们的均值、标准差、偏度都相同，只有峰度有些不同。如果发生了极端事件，那么，峰度较高的交易组合所遭受的损失将更为严重一些。离散型及连续型随机过程的峰度计算分别为

$$k' = \sum_{i=1}^{N}\left[\left(\frac{x_i-\mu'}{\sigma'}\right)^4 p(x_i)\right]$$

$$k' = \int_{-\infty}^{\infty}\left[\left(\frac{x_i-\mu'}{\sigma'}\right)^4 p(x_i)\right]$$

五、标准概率密度函数

统计理论可知概率密度分布函数常用随机变量的值外加几个参数（比如均值、标准差、偏度和峰度）描述。根据概率密度函数，投资者并不一定需要收集大量的数据就可以得到概率分布的完整表达。在金融风险管理实践中，最常用到的三种概率密度分布函数是：正态分布、对数正态分布以及贝塔分布。

（一）正态分布

正态分布又被称做高斯分布或者贝尔曲线。在描述金融市场风险因素（如汇率、利

率、股票价格）的随机变化时，最常用到正态分布。正态分布如此重要的原因是存在中心极限定理的缘故。这条定理是这样表述的：大量、独立、恒等分布的随机数汇总在一起，所得到的分布将趋向于正态分布。正态分布的密度函数为

$$p(x) = \frac{1}{\sqrt{2\pi\sigma}} e^{-\left[\frac{(x-\mu)^2}{2\sigma^2}\right]}$$

其中，$p(x)$ 表示随机变量取值 x 对应的概率密度。$p(x)$ 是三个变量的函数：x、分布的均值 μ 及标准差 σ。正态分布的偏度总为0，峰度总为1（见图2－1）。

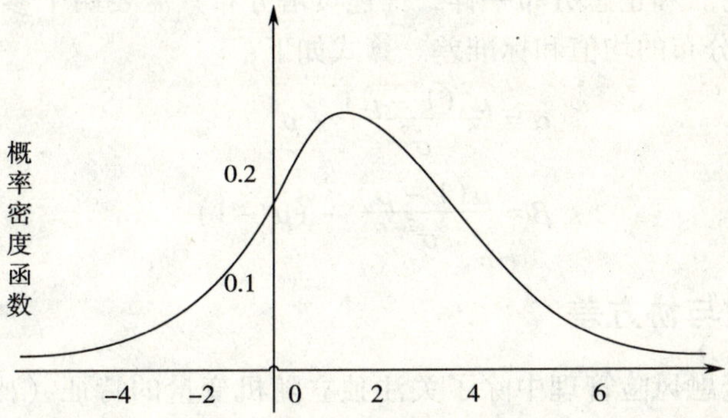

图2－1　正态概率密度函数

有了概率密度函数以后，就可以用积分式来代替求和式，得到累积概率函数：

$$CDF(x) = \int_{-\infty}^{x} p(y)\,dy$$

其中，x 是变量 y 的积分区间上限。x 的累积概率反映的是随机样本比 x 小的概率的大小（见图2－2）。

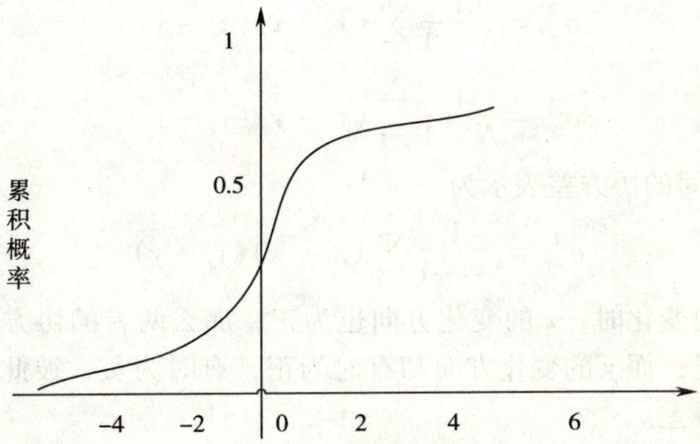

图2－2　正态累积概率函数

（二）对数正态分布

如果需要描述非负随机变量的变化，比如利率和股票的价格变动，那么对数正态分

布就比较有效。统计学上，如果某一个变量服从对数正态分布，那么变量取对数以后一定服从正态分布，这套推论可以表述为：如果变量 x 服从对数正态分布，那么 log（x）一定服从正态分布。反过来，如果已知某一随机变量呈正态分布，那么其自然指数函数一定呈对数正态分布，即如果随机变量 x 服从正态分布，那么 e^x 服从对数正态分布。

（三）贝塔分布

如果要描述信用风险损失，那么贝塔分布较为有效。这种分布的特点是呈现高偏度，如债券违约率。尽管贝塔分布的数学表达式相当复杂，但在大多数的电子制表软件中都可以直接调用它。和正态分布一样，描述贝塔分布只需要两个参数（在本例中称做 α 和 β），分别表示分布的均值和标准差。算式如下：

$$\alpha = \frac{\mu^2(1-\mu)}{\sigma^2} - \mu$$

$$\beta = \frac{\mu(1-\mu)}{\sigma^2} - (\mu - 1)$$

六、相关系数与协方差

商业银行进行金融风险管理中除了关注独立随机变量的特征（比如股票价格变动）外，实际投资活动中往往需要考虑两个甚至两个以上随机变量的协同变化，比如股票价格变动与利率的变化。

如果两个随机变量都同时趋向于增加或者减少，那么它们是正相关的。如果一个增长时另一个出现减小，那么它们就是负相关的。如果变量 x 与 y 的变化没有任何关联性，彼此完全独立，称为不相关，即相关系数为零。

计算相关系数要从协方差开始。而两个变量的协方差可以看成是独立变量方差计算过程的延伸。两个独立变量 x、y 的方差表示为

$$\sigma_x^2 = \frac{1}{N-1}\sum_{i=1}^{N}(x_i - \bar{x})(x_i - \bar{x})$$

$$\sigma_y^2 = \frac{1}{N-1}\sum_{i=1}^{N}(y_i - \bar{y})(y_i - \bar{y})$$

两个变量 x、y 间的协方差表示为

$$\sigma_{xy}^2 = \frac{1}{N-1}\sum_{i=1}^{N}(x_i - \bar{x})(y_i - \bar{y})$$

当 y 向正的方向变化时，x 的变化方向也为正，那么两者的协方差就会比较大。如果 x 的变化方向为正，而 y 的变化方向却有时为正，有时为负，彼此抵消，那么便得到一个趋向于零的协方差。

相关系数定义为协方差以独立变量方差作归一化：

$$\rho_{xy} = \frac{\sigma_{xy}^2}{\sigma_x \sigma_y}$$

相关系数最大值为 1，最小值为 -1。一个随机变量同自己的相关系数总是等于 1。

【复习思考题】

1. 金融风险识别的主要原则是什么?

2. 专家意见法的基本流程是什么?

3. 如何将 VaR 法运用于风险的估计?

【参考文献】

[1] 高盛公司和瑞银华宝专家编写，寇日明等译:《风险管理实务》，88~95 页，北京，中国金融出版社，2001。

[2] 董小君:《金融风险预警机制研究》，65~98 页，北京，经济管理出版社，2004。

[3] 周立:《金融工程与风险管理》，112~145 页，北京，中国金融出版社，2001。

[4] 郭晓立:《关于我国金融风险的思考》，载《技术经济》，1999 (3)，12~16 页。

[5] 陶士贵:《金融风险透析与防范化解对策》，载《中央财经大学学报》，1997 (10)，5~8 页。

[6] 李丽娜:《加强财务监控，防范与化解金融风险》，载《长春工业大学学报 (社会科学版)》，2003 (4)，56~64 页。

第三章　金融风险管理的基本原理

【本章概要】

现代金融风险管理以马柯维茨的资产组合理论和夏普、林特纳的资本资产定价理论为基础。金融风险管理的流程包括金融风险的识别、金融风险的评估、金融风险的应对与控制、金融风险的报告与监控等环节。在对金融风险进行具体管理中可以采取定性或定量管理方法。

【要点提示】

1. 金融风险管理根据管理主体不同可以分为内部管理和外部管理，根据管理对象的不同则可以分为微观金融风险管理和宏观金融风险管理。

2. 金融风险管理有助于经济主体以较低的成本避免或减少金融风险可能造成的损失；有助于稳定经济活动的现金流量，保证生产经营活动免受风险因素的干扰，提高资金使用效率；有助于经济主体作出合理决策；有助于经济主体培养其核心竞争力，实现可持续发展。

3. 风险管理与金融的结合起源于20世纪50年代，其中马柯维茨的资产组合理论和夏普、林特纳的资本资产定价理论为现代金融风险管理打下了坚实的基础，20世纪80年代以来，一系列金融损失事件的发生促进了金融风险管理的发展，巴塞尔协议作为国际金融界的“神圣公约”也在推动着金融风险管理的深化，大量新型金融机构的出现则激起了理论界对于金融风险问题的关注，此外，金融计量技术的应用与发展使得金融风险管理更具工程化特征。

4. 有效的金融风险管理流程应该能够有效识别并管理机构风险，能够提供完整的风险应对方案，能够帮助管理层识别机遇，能够合理化资本分配。具体而言，包括金融风险的识别、金融风险的评估、金融风险的应对与控制、金融风险的报告与监控等环节。

5. 金融风险管理的方法包括定性方法与定量方法两种。定性方法包括风险预防、风险规避、风险自留、内部风险抑制；定量方法包括损失控制、分散、转移和对冲。

【内容架构图】

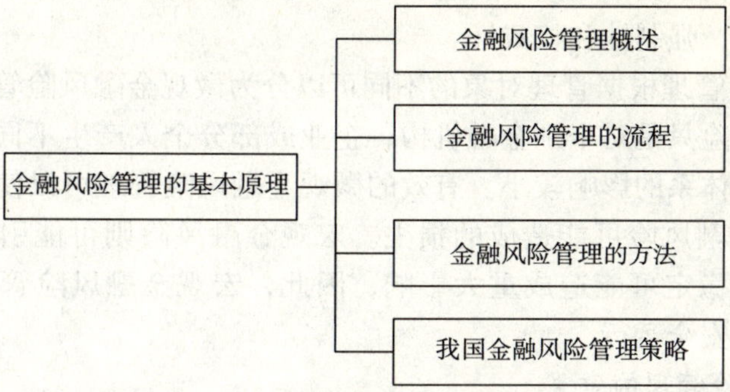

第一节　金融风险管理概述

一、金融风险管理的内涵和意义

金融风险管理是金融管理的核心内容。风险管理起源于20世纪50年代的美国，是指对企业的人员、财产和自然、财务资源进行适当保护的管理科学。

（一）金融风险管理的内涵

1. 金融风险管理的概念。传统上人们把风险管理理解为交易层面的风险识别、评估和控制，胡宣达认为风险管理是指经济单位通过对风险的辨识、分析、计量和控制，以最小的成本达到最大安全保障的管理方法。如今，这一定义已经发生了明显变化，它不再停留于交易层面甚至单笔业务，而是逐渐地走入机构层面，融入到整体的发展战略之中。如戴维特等人认为风险管理是一门既在机构层面又在交易层面上清楚展现每项主要战略决策的风险与收益管理的学科。COSO的《企业风险管理——整合框架》更是明确指出，企业风险管理是企业的董事会、管理层和其他员工共同参与的一个过程，应用于企业的战略制定和企业的各个部门与各项经营活动，用于确认可能影响企业的潜在事项并在其风险偏好范围内管理风险，对企业目标的实现提供合理的保证。

可见，风险管理涉及微观组织内所有层面的活动，从企业总体的活动（如战略规划和资源分配）到各业务部门（如市场部、人力资源部）、各业务流程（如生产过程和新客户信用审核）的活动等，都有风险管理的参与。这就要求企业管理者以组合的观点看待风险，对相关的风险应予确认并采取措施，使承担的风险落在企业风险偏好的范围内。

2. 金融风险管理的分类。

（1）金融风险管理根据管理主体不同可以分为内部管理和外部管理。金融风险内部管理是指作为风险直接承担者的经济主体对其自身面临的各种风险进行管理。内部管理的主体是金融机构、企业、个人等金融活动的参与者，尤以金融机构的风险管理为代表。金融风险外部管理主要包括行业自律管理和政府监管，其管理主体不参与金融市场的交易，因而不是受险主体对自身的风险进行管理，而是对金融市场的参与者的风险进行约束。金融风险的行业自律管理是指金融行业组织对其成员的风险进行管理，而政府监管是官方监管机构以国家权力为后盾，对金融机构乃至于金融体系的风险进行监控和管理，具有全面性、强制性和权威性。

（2）金融风险管理根据管理对象的不同可以分为微观金融风险管理和宏观金融风险管理。微观金融风险只是对个别金融机构、企业或部分个人产生不同程度的影响，对整个金融市场和经济体系的影响较小。有效的微观金融风险管理可以使经济主体以较低的成本避免或减少金融风险可能造成的损失。宏观金融风险则可能引发金融危机，对经济、政治、社会的稳定可能造成重大影响，因此，宏观金融风险管理能够维护金融秩序，保障金融市场安全运行。

（二）金融风险管理的意义

作为一项管理活动，金融风险管理首先必须明确其主体，即由谁来管理金融风险。不同主体之间管理目标存在差异。比如政府管理金融风险的主要目标是防范系统性金融危机，侧重于从宏观层面，通过政策、法规等制度性措施管理金融风险；而企业、金融机构或个人管理金融风险的主要目标则是减少损失，增加收益，采用的方法主要是市场化手段，如对冲、保险等。本章关注的主要是微观层面的金融风险管理，尤其是金融机构的风险管理。从微观层面来看，金融风险管理的意义主要表现在：

1. 有助于经济主体以较低的成本避免或减少金融风险可能造成的损失。例如，金融市场投资者可以通过对利率、汇率、股价的变化趋势进行科学预测，并采取措施规避市场风险，避免在金融交易中出现亏损。债权人则根据严密的资信评估体系对借款人进行筛选，确保在事前回避信用风险；发放贷款后，债权人还可以凭借完备的风险预警机制，及时发现问题并采取措施，防止借款人到期不履行还债的义务。通过严格的内部控制，企业则可以避免雇员利用职务之便从事违规金融交易，从而防止内部人员为谋私利而损害企业利益。实践表明，大多数经营成功的金融机构都有一个共同的特征，即拥有较强的金融风险管理能力。

2. 有助于稳定经济活动的现金流量，保证生产经营活动免受风险因素的干扰，提高资金使用效率。经济主体通过制定各种风险防范对策，就能够在经济金融变量发生波动的情况下，仍然保持相对稳定的收入和支出，从而获得预期利润率。例如，金融期货合约的产生为现货市场提供了一条转移价格风险的渠道。保值者利用期货合约，可以将未来的价格固定下来，使未来价格变动的结果保持中性化，从而达到保值的目的。同时期货市场将风险从规避风险的保值者那里转移给愿意承担风险的投机者，从而将市场价格变动导致的风险从正常的实际经济活动中分离出来，让企业能够更加关注于自己的主营业务。再如，企业还可通过对未来不确定性的分析和预测，保留适当的备付金或提取一定的风险准备金，这样既可以避免突发事件导致流动性不足，又无须占用大量资金，在保证资金正常周转的同时也提高了资金的使用效率。

3. 有助于经济主体作出合理决策。一方面，金融风险管理为经济主体划定了行为边界，约束其扩张冲动。市场主体必须在风险与收益之间作出理智的权衡，从而避免将社会资源投入存在重大风险、缺乏现实可行性的项目中去。金融风险管理对市场参与者的行为起着重要的警示和约束作用。另一方面，金融风险管理也有助于经济主体把握市场机会。在金融市场上，时刻存在大量的金融风险，这对每一个市场参与者都提出挑战，同时也带来了机遇。如果市场参与者能够洞察市场的供求状况及影响市场的各种因素，预见市场的变化趋势，采取有效措施控制和防范风险，同时果断决策，把握市场机会，就能够获得可观的收益。

4. 有助于经济主体培养其核心竞争力，实现可持续发展。金融风险管理能够使企业提高其管理效率，保持稳健经营，避免行为短期化。众所周知，信心是金融业的运行基础。只有那些拥有健全的风险管理体系的金融机构才能够在社会公众中树立良好的形象，赢得客户的信任。金融风险管理能力已成为现代金融机构的核心竞争力。

二、金融风险管理的发展历程

（一）起步

风险管理与金融的结合起步于20世纪50年代。1952年，马柯维茨发表了《资产组合选择》一文，标志着现代资产组合管理理论的诞生。这一理论首次运用现代微观经济学和数理统计的规范方法对投资活动中的风险进行了全面系统的研究。它从资产选择的角度出发，以投资风险和回报的权衡为中心，深入地研究了资产的风险因素对投资者决策的影响，并从理论上为投资者指明了降低风险、建立最优投资组合的方向和路径，为古老的投资多样化理念找到了理论上的依据和实现途径。该理论选择以方差和均值作为对风险和回报的基本测度，奠定了现代风险分析的基本框架。正如默顿·米勒在1999年德国金融学年会上所说，马柯维茨的研究成果使得风险和回报第一次有了精确的、具有统计意义的定义。此外，该理论所提出的很多概念，如系统性风险和非系统性风险、回报与波动比率、资本配置线、有效边界、最优风险资产组合及分离定理等，都成为现代投资决策中风险分析和管理的重要工具。

20世纪60年代，在夏普和林特纳等人的努力下，资本资产定价理论问世。在继承和发展资产组合管理理论的基础之上，该理论进一步给出了在市场均衡状态下，风险资产预期收益的预测方法，为投资者衡量风险补偿提供了理论参考和依据。该理论以资产的β系数作为反映风险水平的基本指标，证明了投资风险的补偿与该资产的β系数和市场组合的风险回报成直接的正比关系。尽管随后有学者对资本资产定价理论的有效性提出了质疑，但这一理论对现代金融风险管理的贡献是不容忽视的，它第一次用简洁明了的方式诠释了风险定价的基本原理，它提出的β系数为组合管理角度下资产风险的衡量提供了统一的市场标准，并在实践中获得了广泛的应用。

20世纪70年代，期权定价理论问世。以期权为代表的衍生金融工具是现代金融风险管理的重要技术手段。期权定价理论对于金融风险管理的发展有着重大的理论和现实意义，它不仅为直接的期权合约提供了定价的方法，也为许多具有期权性质的其他金融产品价值和风险的衡量提供了重要的参考。除了直接的期权合约外，金融市场中很多金融产品或金融行为中都含有期权的性质，如可转换债券、担保、贷款的偿还等，这些隐含的期权同样适用于期权定价的基本原理。

如果说上述理论的发展为现代金融风险管理打下了坚实的理论基础，使其作为一门独立的学科已经能够呼之欲出，那么现实中经济金融和规则的巨大变化则把它变成了现实。20 世纪 70 年代无疑是现代金融风险管理发展的一个非常重要时期。伴随着布雷顿森林体系的崩溃、利率管制的放松、石油危机的冲击，西方各国的经济出现了剧烈的动荡，汇率频繁波动，通货膨胀日益加剧，股票的市场价格大幅度震荡，金融机构的经营环境日趋困难，诸多历史悠久、实力雄厚的机构纷纷陷入困境，从而引发了人们对金融风险尤其是利率、汇率等市场风险管理的强烈关注，人们开始寻求新的风险管理方法与技术。

1972 年，人们开始通过外汇期货交易来规避汇率；1973 年，芝加哥期权交易所正式运作；市场上有关抵押证券、国库券及各种实物商品的合约也相继推出。衍生金融工具的创新与发展对现代金融风险管理的影响十分深远，一方面，众多衍生金融工具的问世为对冲和转移风险提供了有效的市场手段；另一方面，衍生金融工具自身复杂的风险特性又对现代风险管理提出了新的挑战。

（二）发展

20 世纪 80 年代以来，金融风险管理获得了突飞猛进的发展，理论与技术不断创新。就理论层面而言，风险管理已经进入主流金融理论，与货币的时间价值、资产定价一起成为现代金融学的三大支柱；就实践层面而言，金融风险管理师、首席风险官成为职场中最热门的词汇，风险管理从前台转入后台，并最终进入战略层面，独立的风险管理体系逐步形成。从单一的信用风险管理到全面风险管理、从单纯的定性分析到精确的计量风险、从简单地回避风险到积极承担并管理风险，金融风险管理领域发生了翻天覆地的变化。导致这一系列变化的主要原因包括以下几个方面。

1. 一系列重大金融损失事件的推动。20 世纪 80 年代以来，无论是大规模的金融危机还是小规模的金融机构个案损失频繁发生，如 1982 年的拉美债务危机、1987 年的美国“股灾”、1990 年的日本股市危机、1992 年的欧洲货币危机、1997 年的亚洲金融风暴等。这些事件往往揭示出在风险预防与处置中存在的薄弱环节，损失的惨痛会迫使人们吸取教训，修正错误，寻求更好的发展。实践也证明，每一次重大金融损失事件之后，金融风险管理都会有较大的发展。

2. 巴塞尔委员会的推动。巴塞尔委员会是 1974 年由十国集团中央银行行长倡议建立的，其成员包括十国集团中央银行和银行监管部门的代表。自成立以来，巴塞尔委员会制定了一系列重要的银行监管规定，如 1983 年的银行国外机构的监管原则（又称《巴塞尔协定》，*Basel Concordat*）和 1988 年的《巴塞尔协议》（*Basel Accord*）。这些规定不具法律约束力，但十国集团监管部门一致同意在规定时间内在十国集团实施。经过一段时间的检验，鉴于其合理性、科学性和可操作性，许多非十国集团监管部门也自愿地遵守了《巴塞尔协定》和《巴塞尔协议》，特别是那些国际金融参与度高的国家。1997 年，《有效银行监管的核心原则》（以下简称《核心原则》）的问世是巴塞尔委员会历史上又一项重大事件。《核心原则》是由巴塞尔委员会与一些非十国集团国家联合起草的，得到世界各国监管机构的普遍赞同，并已构成国际社会普遍认可的银行监管国际标准。

至此，虽然巴塞尔委员会不是严格意义上的银行监管国际组织，但事实上已成为银行监管国际标准的制定者。2002 年 10 月 1 日，巴塞尔委员会发布了修改《巴塞尔协议》建议的最新版，同时开始新一轮调查（第三次定量影响测算，QIS3），评估该建议对全世界银行最低资本要求的可能影响。从 1975 年 9 月第一个《巴塞尔协议》到 1999 年 6 月《巴塞尔新资本协议》（或称《巴塞尔协议Ⅱ》）第一个征求意见稿的出台，再到 2006 年新协议的正式实施，时间跨度长达 30 年。几十年来，巴塞尔协议的内容不断丰富，所体现的监管思想也不断深化。

2010 年 9 月 12 日，巴塞尔银行监管委员会管理层会议在瑞士举行，27 个成员国的中央银行代表就加强银行业监管的《巴塞尔协议Ⅲ》达成一致。该改革方案主要涉及最低资本要求水平，包括将普通股比例最低要求从 2% 提升至 4. 5%，建立 2. 5% 的资本留存缓冲和 0 ~2. 5% 的逆周期资本缓冲。目前主要银行资本充足率基本符合要求。由于《巴塞尔协议Ⅲ》对于资本金的计算有新的规定，包括中国在内的全球银行资本充足率将因此下降，部分欧美银行或面临资本短缺。总之，巴塞尔协议已被视为国际金融界的神圣公约，它在很大程度上推动并引领着金融风险管理的发展。

3. 主流金融理论对金融风险相关问题的关注。20 世纪后半叶，金融业竞争达到了前所未有的白热化态势。大量新型的金融机构如共同基金、单位信托、金融公司等层出不穷，极大地挑战并威胁着传统金融机构的生存与发展。由资产证券化的迅速发展而引致的“脱媒”问题更是引起人们的极大关注，一时间“银行即将消亡”的论调不绝于耳。在这样的背景之下，默顿和艾伦等人运用新古典经济学的分析框架，对金融体系的功能和金融机构的发展进行了重新定位，明确提出“为管理不确定性和控制风险提供手段”是现代金融体系的核心功能之一，并将金融机构定义为“通过交易金融资产而经营金融风险的机构”。这一思想不仅为金融机构的发展指明了新的方向，也在理论上奠定了金融风险管理的主流地位。正是由于风险管理理论主流地位的确立，引发了众多学者对这一领域的研究兴趣，从而推动了金融风险管理理论的发展。

4. 金融计量的应用与发展。伴随着金融学向微观领域的拓展，以数学和计算机技术为基础的金融计量技术迅速发展，使人们有能力运用数学模型、数值计算、网络图解、仿真模拟等手段来解决各种金融问题。金融计量技术的应用与发展给金融风险管理带来了两个显著的革命性变化：一是量化风险成为金融风险管理最前沿也是最核心的内容；二是金融风险管理的工程化趋势。

5. 金融机构的积极实践。金融风险是所有金融活动参与者都要面对的。但在所有参与者中，金融机构对这一问题最为关注。实践也证明，作为金融风险管理的倡导者、推动者和实践者，许多著名的金融机构在这一领域作出了巨大贡献。近 20 年来，金融机构在风险管理领域的实践不仅体现在对风险管理技术、方法和工具的研究和应用上，还体现在对风险管理文化、组织制度等的建设上。

（三）展望

毋庸置疑，日趋复杂的金融技术、不断融合的金融业务以及金融全球化趋势将使未来金融活动的风险属性变得更加复杂多变，金融风险从而呈现出许多新的特征。

1. 高破坏性。不断的并购使金融机构的规模越来越大，最终走向集团化，风险损失的数额也将越来越大。

2. 高传染性。首先，通信手段的现代化，带来了交易方式的变革，在大大节约信息传递时间的同时，也大大提高了风险传导的速度；其次，混业经营趋势下，不同金融业务之间的界限日益模糊，风险可以在不同业务间迅速传递；最后，经济全球化加剧了国际间经贸与金融活动的交融，金融风险得以在不同区域间迅速传递。

3. 管理难度更大。现代的风险管理不仅要关注操作风险、声誉风险、战略风险等不易量化的风险形式，还要关注可能不断出现的新的风险形式。

为适应上述变化，未来金融风险管理的外延将进一步拓展。

1. 在未来复杂多变的经营环境中，企业应当把金融风险管理的理念、技能融入其经营管理的每一个具体环节中，从单笔业务经营到整体战略制定、从单个交易员到部门再到机构整体，都必须贯穿金融风险管理这条主线。金融风险管理应逐步置于企业管理的主流之列。

2. 混业经营将带来风险间的高度融合和传染，再加上不断涌现的新风险，未来的金融风险管理应构建一个完善的全面风险管理框架，将经济主体面临的各种风险加总起来综合考虑，而不是简单地采用不同的方法来处理不同的风险。

3. 金融风险管理的主体是人或由人构成的组织，人的行为是无法单纯用科学来解释的，金融风险管理不应该是一门纯科学性的学科。如何在科学性与艺术性之间寻求平衡，是未来金融风险管理领域中最具有挑战性的问题。

三、金融风险管理的工程化特征

以衍生金融工具为核心的金融工程技术在金融风险管理领域的应用越来越广泛，金融风险管理正呈现出越来越强的工程化特征。

在金融工程出现之前，风险管理的主要手段是资产负债管理、保险以及证券组合投资。这三种方法均有一定的缺陷：资产负债管理成本高，见效慢，价格适应性差；保险只是针对可保风险，此类风险在本质上属于非系统性风险，像证券买卖、期货交易等金融交易的无形风险属于不可保风险，同时，道德风险与逆向选择也使得保险业在处理金融风险时的作用受限；证券组合投资则是传统金融市场上最有效的风险管理方式，但这种方式只能有效降低非系统性风险，加上交易成本的存在，其实际应用受到很大限制。为解决传统风险管理方式的不足，金融工程这一新兴风险管理手段应运而生。与传统风险管理方式相比，运用金融工程进行风险管理准确性更高、时效性更强、成本更为低廉、灵活性更大，且不改变基础业务资产负债的平衡，具有表外性。

总体而言，金融工程的迅猛发展，带来了金融风险管理的革命性变化，首先是使得大量的数学、统计学、物理学和计算机科学等技术在风险管理和产品开发中得到应用；其次是使得金融风险管理可以通过提供产品或交易的方式得到解决；再次是通过设计和交易风险管理产品，金融机构可以将原来只能在内部解决或直接承担下来的风险问题外部化，通过市场加以解决；最后是使得现代金融风险管理有了新的、更加科学的解决方法和产品。

但是，金融工程并不是解决金融风险的法宝，它使得市场上的金融风险变得愈加复杂，金融产品的风险特征更加难以把握和理解。在运用金融工程处理金融风险时应认清其局限性：其一，对于系统性风险考虑不充分。尽管金融工程中不少模型的方法都是针对利率风险、汇率风险等系统性风险而设计的，但当严重的系统性风险发生时，以市场基本正常运行为前提条件的金融工程技术与模型，在市场信用状况恶化、市场变量出现异常值的情况下，对风险管理同样无能为力。其二，忽略了小概率事件。在许多金融工程技术和模型中，小概率事件没能得到充分的重视，但实践表明，小概率事件往往具有发生概率小但后果非常严重的特点。其三，对于历史数据过分依赖。无论是风险定价模型还是风险计量模型，其有效性在很大程度上取决于对有关参数的估计，如期望值、方差等的准确估计，对这些参数的估计不仅要有合理的数理统计方法，更重要的是需要大量数据，尤其是长期的历史数据。这种对历史数据过度依赖的参数估计法往往面临两难的情况。一方面，一些资产或经济变量的历史数据并不多或难以获得，如对刚刚上市交易的股票信息的获取；另一方面，越是久远的数据越难以反映现实的情况。

第二节 金融风险管理的流程

风险贯穿于金融机构业务活动的整个生命周期，所以风险管理是个持续的过程，建立良好的风险管理机制以及基于风险的决策机制是稳健经营和持续发展的重要保证。科学的风险管理流程要求能够有效贯穿执行金融机构既定的战略目标和管理政策，同时与有效率的风险管理组织体系、严密的风险管理流程、科学适宜的风险管理政策和良好的风险管理文化相互配合，协调运行。

一、有效风险管理流程的评判标准

（一）能够有效识别并管理机构风险

每个金融机构都面临着一系列风险，这些风险影响着其组织内部不同的部门。管理层不仅要管理各个部门单独的风险，同时也需要理解它们之间的相互影响。例如，银行在银行间交易活动中面临着各种各样的风险，银行风险管理部门应开发一套信息分析系统，该系统用来分析来自内部系统的交易与市场资料，以及分析相应的外部信息，并提供所有交易活动中相关的风险信息。这个信息系统应具备分项功能，可以具体分解到部门、客户、对应方、交易伙伴和交易层，使每一类别的风险与其相关的风险偏好相对应。该系统可以使银行将原本分离的信息结合起来，利用整合的、层层聚焦的方法来更有效地应对风险。

（二）能够提供完整的风险应对方案

金融机构经营过程中存在许多固有的风险，风险管理可以为其有效进行风险管理提供完整的解决方案。《巴塞尔新资本协议》明确了银行面临的风险包括信用风险、市场风险和操作风险三大类。各类风险在不同的金融机构中表现的程度不同，对于西方商业银行，信用风险在银行整体风险中的比重达70%，市场风险为20%，操作风险为10%，对于中资商业银行而言，则有“十案九违规”的说法。银行管理层应依据公司的战略和目标，在可供选择的应对措施中确认和评估风险，并且开发一个具有长远规划的操作风险控制系统，银行风险管理部门应对银行经营活动面临的各类风险进行有效识别，并建立对信用风险、市场风险和操作风险的差别化评估和应对方案。

（三）能够帮助管理层识别机遇

科学的风险管理流程通过对所有的潜在事项进行通盘考虑，在有效识别风险的同时，对这些潜在事件所代表的机会进行捕捉，并帮助管理层对不确定事件所带来的机会加以理解。例如，银行在维持其股东价值增长目标时，就应考虑可能出现的潜在事件对实现这一目标的影响程度。在评估这些事项时，管理层认为随着银行主要客户群体的成本意识日益增强，其财务管理模式正在逐渐转型，预示着未来对银行现有产品的需求将会下降。在确定相应的应对措施时，管理层制定了运用现有的能力开发新产品的方法，使银行不仅能维持从现有客户中获得的收入，而且通过吸引更广泛的客户，来创造额外的收入，增加市场份额。

（四）能够合理化资本分配

关于风险的信息越多，管理层就越能有效地评估全部风险所需要的资本，改善资本分配。例如，一家银行被通知采用新的管理条例，如果管理层没有能力对信贷风险、经营风险水平等进行精细评估，也没有对相关的资本需求给予更具体的说明，那么这些新的管理条例将会增加银行的资本需要。银行通过系统化的、定量与定性相结合的风险评估方式，并不断开发更精确的风险计量方法，可以避免银行对额外资本的需要，从而有效增加股东的财富。

二、金融风险管理的流程

完整的风险管理流程包括风险管理目标与政策的制定、风险识别、风险评估、风险应对、风险控制、风险监控与风险报告等环节。

制定风险管理目标与政策是风险管理流程的起点。这一环节更多地体现在战略层面上，在金融机构的风险偏好、风险容忍度、整体风险状况、现有的及潜在可获得的资本规模等限制性条件下完成。风险识别、风险评估、风险应对与控制、风险报告与监控等具体环节是对风险管理目标与政策的细化和执行，下文重点介绍这四个环节。

（一）金融风险的识别

风险识别是金融风险管理的首要步骤，是风险管理人员运用科学系统的方法来识别经济主体所面临的各种潜在风险形态，并分析这些风险的成因及后果的动态过程。风险识别为金融风险管理指明了方向。风险识别的主要内容包括以下几方面：一是识别风险源，即找出金融机构拥有的各种交易或非交易部位中有哪些部位暴露在金融风险中、暴露在何种金融风险中。二是分析风险因子，即进一步对风险背后的因子进行分解、归并，把某一种具体的金融风险分解为一种或几种单一的风险因子，或者把几种具有相同风险因子的金融风险进行归并。三是分析风险效应，即关注正负两个方面的影响，正面影响意味着利润或机会，负面影响则意味着损失或失败。金融风险识别通常用的方法包括问卷调查法、专家分析法、指标预警法、情景分析法与风险树分析法。

（二）金融风险的评估

金融风险的评估是对金融风险水平的分析和估量，包括衡量各种风险发生的可能性及其影响的范围和程度。风险评估是金融风险管理过程中的关键环节，是风险识别的延续，也是风险应对的前提。准确地度量和评估风险具有十分重要的意义。如果对风险估计不足，经济主体就不会采取相应措施规避或尽力减少风险，因而会蒙受不必要的损失；相反，若对风险估量过高，也可能会因此付出不必要的管理成本或错失更多盈利的机会。金融风险评估的方法主要有两类：一类是定量评估，通常借助于数理分析技术，运用建模的方法对风险的大小进行数量化的描述；另一类是定性评估，具体有主观判断法、评分或评级法等。金融风险评估的主要指标包括：风险事件发生的概率及其分布、风险暴露、对风险因子的敏感程度、风险因子的波动、风险值（VaR）。

（三）金融风险的应对与控制

在金融风险识别和度量的基础上，金融风险管理者要选择合适的风险管理策略和工具，对其所面临的风险进行处理，将风险水平控制在可承受的范围内。对不同的金融风险，可以根据其各自的风险性质、特征和风险水平采用不同的管理策略。对同一种风险也可以在多种管理策略中进行选择或将多种策略进行组合配置。应对策略的选择要立足于整体，要充分考虑风险偏好、成本与收益比较、潜在的机会。策略选择之后即可用以进行风险控制，达成风险管理最终目标。风险控制活动涉及金融机构的所有层次和所有职能，它不仅包括批准、授权、审核、调整，还包括经营业绩评价、资产安全检查及职责分离检查等多种活动。

（四）金融风险的报告与监控

风险报告是将风险信息传递到内外部门和机构，使其了解金融机构的风险及其管理状况的重要工具。可靠的风险报告可以为管理层提供全面、及时和精确的风险信息，为风险管理决策提供必要的支持；可靠的风险报告也是投资人和监管者对金融机构的要求，他们据此可以了解和掌握金融机构的风险及其管理状况，进而作出相应的反应。

金融风险具有瞬变性和不可准确预见性，即使能够对某一风险进行度量并采取有针对性的控制措施，随着日常经营的持续进行，该风险也可能会相应地增大或变小，还可能会出现新的风险，这些可能出现的变化会进一步导致早先采取的控制措施失效。因此，金融风险管理实质上是一个持续的动态过程。在这一过程中，对金融风险进行监控是非常重要的一环。从内容上看，金融风险的监控主要包括两个层面：一是跟踪已识别风险的发展变化情况，包括在整个考察期内风险的产生条件和导致后果的变化，评估风险减缓计划的需求状况；二是根据风险的变化情况及时调整风险控制计划，对已发生的风险及其产生的遗留风险和新增风险及时识别、分析，并采取适当的控制措施等。

金融风险的监控应该贯穿于风险管理的全过程。实践中，建立风险预警系统是监测风险的一种重要手段。所谓风险预警系统，是指通过设置并观察一些极具敏感性的风险指标的变化，从而对金融机构可能面临的风险进行预测预报的风险分析系统。一般来说，所选定的风险指标必须具备两个基本特征：一是必须具备高度的敏感性，即风险因子一旦发生变化，能够在指标值上迅速地反映出来；二是必须具有高度的前瞻性，即一旦指标值趋于恶化，往往就意味着损失可能发生或将要发生，是属于损失发生的先兆性指标，而非结果性指标。

第三节 金融风险管理的方法

一、金融风险管理的定性方法

（一）风险预防

风险预防是指在损失发生前为了消除或减少可能引发损失的各种因素而采取的一种风险处理方式。金融风险的预防指在风险尚未致损之前，经济主体采用一定的防范性措施，以防止损失实际发生或将损失控制在可承受的范围内。风险的预防是一种传统的风险管理方法，具有安全可靠、成本低廉、社会效果好的特点，可以实现防患于未然，对管理信用风险、流动性风险、操作风险等十分重要。因此通常运用于银行和其他金融机构的信用风险和流动性风险的管理中。

（二）风险规避

风险规避是风险应对的一种方法，是指通过计划的变更来消除风险或风险发生的条件，保护目标免受风险的影响。风险规避并不意味着完全消除风险，我们所要规避的是风险可能给我们造成的损失。一是要降低损失发生的几率，这主要是采取事先控制措施；二是要降低损失程度，这主要包括事先控制、事后补救两个方面。

金融风险的规避是指经济主体根据一定原则，采取一定措施避开金融风险，以减少或避免由于风险引起的损失。风险规避策略的实施成本主要在于风险分析和经济资本配置方面的支出。此外，风险规避策略的局限性在于它是一种消极的风险管理策略。规避与预防有类似之处，二者都可使经济主体事先减少或避免风险可能引起的损失。不过，预防较为主动，在积极进取的同时争取预先控制风险，而规避则较为消极保守，在避开风险的同时，或许也就放弃了获取较多收益的可能性。例如，当经济主体在选择投资项目时，尽可能选择风险低的项目，放弃风险高的项目，而风险高的项目往往也可能有较高的预期投资收益；银行在发放贷款时，倾向于发放短期的、以商品买卖为基础的自偿性流动资金贷款，而对固定资产贷款采取十分谨慎的态度。规避可以应用于信用风险、汇率风险和利率风险管理。

（三）风险自留

风险自留是指将项目风险保留在风险管理主体内部，通过采取内部控制措施等来化解风险或者对这些保留下来的项目风险不采取任何措施。风险自留与其他风险对策的根本区别在于：它不改变项目风险的客观性质，即既不改变项目风险的发生概率，也不改变项目风险潜在损失的严重性。风险自留既可以是有计划的，也可以是无计划的。

无计划的自留产生于几种原因：（1）风险部位没有被发现；（2）不足额投保；（3）保险公司或者第三方未能按照合同的约定来补偿损失，比如由于偿付能力不足等原因；（4）原本想以非保险的方式将风险转移至第三方，但发生的损失却不包括在合同的条款中；（5）由于某种危险发生的概率极小而被忽视。在这些情况下，一旦损失发生，企业必须以其内部的资源（自有资金或者借入资金）来加以补偿。如果该组织无法筹集到足够的资金，则只能停业。因此，准确地说，无计划的风险自留不能称之为一种风险管理的措施。

有计划的风险自留也可以称之为自保。自保是一种重要的风险管理手段。它是风险管理者察觉了风险的存在，估计到了该风险造成的期望损失，决定以其内部的资源（自有资金或借入资金），来对损失加以弥补的措施。在有计划的风险自留中对损失的处理有许多种方法，有的会立即将其从现金流量中扣除，有的则将损失在较长的一段时间内进行分摊，以减轻对单个财务年度的冲击。从整体上来讲，主要的损失处理方式有以下几种。

1. 将损失摊入经营成本。对于自留下来的财产损失和责任损失，事先通常不作任何的预备基金安排。损失发生后，组织只是简单地承受这种损失，将损失计入当期损益，摊入经营成本。这种方法能最大限度地减少管理细节，但是如果损失在不同年份里波动很大，那么较大的损失会使企业陷入困境。企业可能被迫在不利的情况下变卖资产，以便获得现金来补偿损失。此外，企业的损益状况也有可能发生剧烈波动。显然这种方法只适用于那些损失概率高但是损失程度较小的风险，企业可以通过风险识别将这些风险损失直接打进预算。

2. 建立意外损失基金。意外损失基金的建立可以采取一次性转移一笔资金的方式，也可以采取定期注入资金长期积累的方式。企业愿意提取意外损失基金的额度，取决于其现有的变现准备金的大小，以及它的机会成本。企业每年能负担多少意外损失基金，则取决于其年现金流的情况。建立意外损失基金的方法能够积聚较多的资金储备，因而能自留更多的风险。但是，它有一个不足之处是，按照税务和财务法规，损失费用不可预先扣除，除非损失实际已经发生，而向保险公司缴付保险费却是税前列支。建立此项基金的财源一般是税后的净收入。这一缺陷也说明了为什么许多大公司要设立自己的专业自保公司。

3. 借入资金。风险事故发生后，企业可以通过借款以弥补事故损失造成的资金缺口。企业某部门受损，可以向企业或企业其他部门求得内部借款，以解燃眉之急。即使借贷成功，由于需求的迫切，也将导致利率提高或其他苛刻的贷款条件产生。当意外损失发生后，企业无法依靠内部资金度过财务危机时，企业可以向银行寻求特别贷款或从其他渠道融资。由于风险事故的突发性和损失的不确定性，企业也可以在风险事故发生前，与银行达成一项应急贷款协议，一旦风险事故发生，企业可以获得及时的贷款应急，并按协议约定条件还款。

4. 专业自保公司。专业自保公司是企业（母公司）自己设立的保险公司，旨在对本企业、附属企业以及其他企业的风险进行保险或再保险安排。在《财富》500 强企业中有70%的企业设立了专业自保公司。中国石化总公司试行的“安全生产保证基金”可算是我国大型企业第一个专业自保公司的雏形。建立专业的自保公司主要基于以下原因：(1) 保险成本降低，收益增加。专业自保公司由于可以不通过代理人和经纪人展业，节约了大笔的佣金和管理费用，其保险费率与本公司或行业内部的实际损失率比较接近，因而可以节省保险费开支。优于其他自保方式的一个因素是，向专业自保公司缴付的保险费可从公司应税收入中扣除。(2) 承保弹性增大。传统保险的保险责任范围不充分，保险公司仅承保可保风险，其风险范围不能涵盖企业面临的所有风险，不能满足被保险企业多样化的需要，而专业自保公司更易于了解客户面临的风险类别和特性，可以根据自己的需要扩大保险责任范围，提高保险限额，可根据自身情况采取更为灵活的经营方略，开发有利于投保人长期利益的保险险种和保险项目。(3) 可使用再保险来分散风险。许多再保险公司只与保险公司做交易。通过设立专业自保公司可以使企业直接进入再保险市场，以此分散风险，扩大自己的承保能力，有剩余承保能力的还可以接受分保。

(四) 内部风险抑制

内部风险抑制是指企业通过内部业务的管理调整来降低外汇风险的各种手段。从国际金融发展的进程来看，随着经济的全球化和金融的全球化，以及竞争的激烈程度增加，银行所面临的金融风险越来越大。通过进行联合重组、建立股份制银团，不仅可以适应市场需求的增加，更重要的是可以将原来单个银行所要面临的巨大风险合理分摊，使得每一家银行按照合同协议规定承担有限的风险，从而有利于从银行内部结构上抑制风险损失的严重性。此外，进行信息投资也是另一种主要的内部风险抑制形式。市场信息具有不对称性、滞后性，不能及时掌握信息会导致对市场预测的失效。信息投资是对市场的未来趋势进行更加精确的估计或预测，目的是使预测的风险和损失程度更准确，使风险承担者可以更及时、准确地实施有效的风险管理措施。

二、金融风险管理的定量方法

(一) 损失控制

当金融风险无法规避时，应当采取措施以减少相关损失。控制风险与规避风险有所不同，风险承担者仍然要进行金融风险的有关活动。损失控制不是放弃这些活动，而是在开展活动的过程中，通过采取一系列措施，来减少和避免最后的风险损失，或者是降低损失发生时产生的成本。

风险承担者是否运用损失控制这一策略取决于采取这种方法所获得的收益能否抵补所花费的成本。如果成本远远超出收益，那么这种损失控制的方法就是不值得的。

(二) 风险分散

风险分散是指通过多样化的投资来分散和降低风险的方法。根据马柯维茨的资产组合管理理论，如果各资产彼此间的关系系数小于1，资产组合的标准差就会小于单个资产标准差的加权平均数，因此，有效的资产组合就是要寻求彼此之间相关关系较弱的资产加以组合，在不影响收益的前提下尽可能地降低风险。当资产组合中资产的数目趋于无穷大时，组合的非系统性风险将趋于零。

银行在信贷管理中，可以利用分散策略减少信用风险。银行的贷款对象不应过度集中于单一客户，而应分布于各行业、各地区、各国家。为此，银行一般都设立了对单一客户贷款的最高限额或限制性比率。如果某客户贷款需求量十分巨大，多家银行将组成银团为其提供贷款，以分散信贷风险。

（三）风险转移

风险转移是指通过购买某种金融产品或采取其他合法的经济措施将风险转移给其他经济主体的一种风险管理办法。风险转移可分为保险转移和非保险转移。其转移的风险通常是通过别的风险管理方法无法减少或消除的系统性风险。这种策略的重要特征是风险的转移必须以被转移者同意承担为条件。从宏观角度看，风险转移程度保持不变，只是从转移者到被转移者，改变了风险的承担者。其方式主要有以下三种。

1. 金融保险。保险是一种最为有效的风险转移方法。金融风险承担者可以向保险公司投保，通过缴纳一定的保费，将风险转移出去。通常情况下，保险是通过一个具备法律效力的合同（保单）来实施的。在保险合同中，保险公司承诺在一定时间范围内对合同约定的事故发生的损失进行一定数量的赔偿。值得注意的是，通过投保的方式转移风险时，要充分考虑到保险公司的偿付能力，确保在发生损失时，及时进行赔付。

2. 担保。担保是指金融机构在发放贷款时，要求借款人以第三方信用或其拥有的各种资产作为还款保证的一种形式。在信用风险管理中，银行和其他金融机构对外贷款时通常会采用担保方式。这样，银行及其他金融机构通过设定担保，将所承担的信用风险转移给第三方。签订贷款合同后，担保人要监督借款人到期如数还本付息。如果借款人不能按期付清全部款项，则担保人必须依据合同有关规定承担连带责任，替借款人还清债务。

3. 延迟支付。在对外贸易和对外金融活动中，风险承担者也通过推迟外汇的支付，将面临的汇率风险转移给对方。当存在一笔远期外汇收入时，出口商和债权人预期外币会升值，本币会贬值，则会要求尽可能地推迟收汇。进口商和债务人预计外币会贬值，本币会升值，也会尽量推迟付汇期限。当然，采用这种方式的前提是风险承担者预测汇率波动的准确性，否则不但不会转移风险，还有可能增加风险。

（四）风险对冲

风险对冲是指通过投资或购买与标的资产收益波动负相关的某种资产或衍生产品，来冲销标的资产潜在的风险损失的一种风险管理策略。风险对冲是管理利率风险、汇率风险、股票风险和商品风险非常有效的办法。与风险分散策略不同，风险对冲可以管理系统性风险和非系统性风险，还可以根据投资者的风险承受能力和偏好，通过对冲比率的调节将风险降到预期水平。利用风险对冲策略管理风险的关键问题在于对冲比率的确定，这一比率直接关系到风险管理的效果和成本。商业银行的风险对冲可以分为自我对冲和市场对冲两种情况。自我对冲是指商业银行利用资产负债表或某些具有收益负相关性质的业务组合本身所具有的对冲特性进行风险对冲。市场对冲是指对于无法通过资产负债表和相关业务调整进行自我对冲的风险（又称残余风险），通过衍生产品市场进行对冲。

假如你在10元价位买了一只股票，这个股票未来有可能涨到15元，也有可能跌到7元。你对于收益的期望倒不是太高，更主要的是希望如果股票下跌也不要亏掉30%那么多。你要怎么做才可以降低股票下跌时的风险？

一种可能的方案是：你在买入股票的同时买入这只股票的认沽期权——期权是一种在未来可以实施的权利（而非义务），例如这里的认沽期权可能是“在一个月后以9元的价格出售该股票”的权利；如果到一个月以后股价低于9元，你仍然可以用9元的价格出售，期权的发行者必须照单全收；当然如果股价高于9元，你就不会行使这个权利（到市场上卖个更高的价格岂不更好）。由于给了你这种可选择的权利，期权的发行者会向你收取一定的费用，这就是期权费。

原本你的股票可能给你带来50%的收益或者30%的损失。当你同时买入执行价为9元的认沽期权以后，损益情况就发生了变化，可能的收益变成了：

$$(15\text{元}-\text{期权费})/10\text{元}$$

而可能的损失则变成了：

$$(10\text{元}-9\text{元}+\text{期权费})/10\text{元}$$

潜在的收益和损失都变小了。通过买入认沽期权，你付出了一部分潜在收益，换来了对风险的规避。

第四节　我国金融风险管理策略

一、我国金融风险的表现形式与金融风险管理产生的根源

（一）我国金融风险的表现形式

在我国金融业快速扩张的同时，金融发展中的风险隐患也在不断加剧。具体有以下几个方面的表现形式。

1. 管理体制风险。它是指金融管理体制的不完善引起的资金损失或运营效益下降。由于在实际工作中的管理效率降低、监督乏力的问题，以及其内部之间、与业务部门之间、与外部的经济单位之间，存在不协调和沟通不及时等问题，因而管理体制风险是最大的风险，对该风险的化解与防范极为重要。

2. 金融交易信用风险。信用风险是指交易对手不能或不愿履行合同规定的条款而导致损失的可能性。这是当前我国银行业比较突出的金融风险。虽然我国几次从四大国有商业银行划出不良贷款，使不良贷款比率下降，但与其他国家相比，我国的不良贷款还是相当高的。我国银行自身约束不力，对债务人的法规约束软化也是造成信用性金融风险管理的原因。

3. 金融改革风险。它是指因出台一项政策所带来的负面作用。毫无疑问，一项政策或改革的实践是为解决现实中的突出问题，但也可能在解决这个问题的同时，又产生其

他问题。从风险的角度分析，就是又增加了一些新风险因素。这些风险因素，轻则影响政策或改革的成效，重则危及政策或改革的成败。因此，政策性金融风险管理是决策时首先应该充分考虑的。

4. 资金运作风险。资金运作风险包括资金流动性风险和资金管理风险。流动性风险指没有足够的现金清偿债务和保证客户提取存款而给银行带来损失的可能性。资金管理风险是指因资金被挤占、挪用而不能满足支储需要或存储不经济所产生的负面作用。这种风险出现时将严重影响商业银行。

5. 金融机构内部管理风险。内部管理风险主要有技术风险和道德风险。金融活动和金融关系的复杂性，使得金融从业人员在工作中可能出现技术性差错而带来损失。例如随着金融办公自动化的提高和金融管理任务的增加，线路故障、操作失误、黑客入侵、数据丢失、业务差错等问题时有发生。道德风险是指因金融从业人员道德品质下降，给资金安全带来的负面影响。在金融活动中，有些金融从业人员抓住各种机会以各种似是而非的名目、借口和手段侵吞公款的事件屡见不鲜。

6. 利率、汇率风险。我国银行业及吸收存款的金融机构之间时常会互相竞争抬高存款利率，收揽储蓄。这种竞争方式使得利率风险大大增加。此外，国际金融市场汇率变动频繁，直接影响外汇资产，使我国商业银行面临高汇率风险。

（二）我国金融风险管理产生的根源

我国金融风险管理产生的原因有金融行业自身的原因，也有外部原因。

从金融行业内在原因来看：(1) 金融业务活动的综合性和复杂性的特点与一定环境变化相结合，就会出现风险问题，存在潜在的资金损失的可能性。如果处理不当或者缺乏必要的风险控制措施，风险就会产生。(2) 现有的金融风险管理理论和方法不能完全满足现实需要，其结论是在完全均衡假设和静态假设下得出的，却要应用于非均衡状态的、复杂多变的现实经济活动中，必然常常遇到挫折和失败。(3) 金融管理人员能否根据环境变化作出正确决策并组织实施也是一个关键因素。如果不能完全做到，就会给金融管理目标带来不良影响，造成风险。

从外部环境来看：(1) 我国处于社会转型期，经济在快速发展，然而由于众多原因，相应的金融运行有时紧缩、有时放松和再膨胀，加大了银行风险管理的困难。(2) 我国监管机构侧重于法规性监管，风险性监管不足，金融风险管理控制环节薄弱，金融立法和执法不健全，金融体系不规范。(3) 我国市场经济体制尚未健全，市场信用体制的建立更是任重而道远，许多企业改革不规范，造成巨额的银行不良资产，给银行信贷资金运作带来风险。

二、我国金融风险管理的策略研究

我国金融风险管理的现状令人担忧。建立符合金融行业战略定位的科学、完整、高效的风险管理体系，是我国金融行业亟待解决的现实问题。

（一）宏观角度

1. 完善金融法律法规。随着市场经济的深入发展，需要成熟的金融法律法规来防止金融犯罪。从1993年起，我国着手的金融领域法制建设已经基本形成。法律手段作为金融风险管理与控制的重要手段日益发挥出应有的作用。但是要达到理想的效果还有待于法律法规的进一步完善。

2. 加快发展和完善金融市场。加快发展和完善金融市场是推进金融体制改革的一项重要前提。这些工作包括建立全国统一的同业拆借市场，真正实现利率市场化；完善票据贴现市场为企业和银行短期融资创造条件；加快资本市场发展，适度扩大股票和企业债券市场规模。国家要继续实施积极的财政政策和稳健的货币政策，并保持必要的力度，以期在保持国民经济稳定增长和低通货膨胀率的同时，继续保持国际收支的基本平衡，从而保持宏观经济的总量平衡和国民经济的内外均衡，进一步增强我国抵御国际投机势力和国际金融风波冲击的能力，实现有效的金融风险管理。

3. 加强金融监管。金融监管是防范和化解金融风险的必要条件。加强金融监管需要从目前的法规性监管向风险性监管转变，从单一的现场检查向现场检查与非现场检查并重转变。逐步健全金融机构的接管、终止、兼并和破产等制度，以及金融机构负责人的离任审计制度、金融监管责任制。监督金融机构降低资产风险，提高资产质量。

（二）微观角度

1. 对金融操作人员强化金融风险防范意识。把风险意识贯穿于金融人员的工作中，将风险意识深入到金融部门内部，使他们在注重工作成果的同时，善于及时发现可能的风险。只有在金融部门内部形成风险意识的氛围，开展金融风险管理才有可能。

2. 制定金融风险管理评级机制。在找出潜在的风险之后，估计和预测风险发生的可能性和将造成损失的严重性。风险造成的损失取决于风险发生的频率和严重程度。风险评级制度可以使风险分析定量化，为选择最佳的风险管理策略提供可靠依据。风险评级机制即在风险识别和衡量的基础上，对它们进行排序，列入不同的风险级别。风险级别一般有高频率高损失、高频率低损失、低频率高损失和低频率低损失四种类型。相应的金融风险管理策略的选择有风险回避、风险控制、风险转移和风险自留四种。

3. 健全金融机构内部风险控制系统。金融机构防范金融风险的第一道防线就是金融机构内部的风险控制系统。为了防范金融风险，金融机构可以建立贷款管理责任制度，完善并落实资产负债比例管理制度，建立和健全内部稽核制度，并加强我国银行的内部监控系统，完善对各级经营权的监督机制。防范不良贷款，防范金融犯罪，努力把金融风险控制在最小范围内。

4. 设立专门金融风险管理机构。设立专门的金融风险管理机构，可以独立负责金融风险管理预防和控制，将金融机构各个部门有关风险报告综合总结，以保证信息的及时传递，具体明确地实施防范和化解决策。此外，还可以协调各个部门的工作，取得更好的效果。

【经典案例】 **雷曼兄弟破产**

2008年9月15日，美国第四大投资银行雷曼兄弟按照美国公司破产法案的相关规定提交了破产申请，成为了美国有史以来倒闭的最大金融公司。

拥有158年历史的雷曼兄弟公司是华尔街第四大投资银行。2007年，雷曼在世界500强排名第132位，2007年年报显示净利润高达42亿美元，总资产近7 000亿美元。从2008年9月9日，雷曼公司股票一周内股价暴跌77%，公司市值从112亿美元大幅缩水至25亿美元。第一个季度中，雷曼卖掉了1/5的杠杆贷款，同时又用公司的资产作抵押，大量借贷现金为客户交易其他固定收益产品。第二个季度变卖了1 470亿美元的资产，并连续多次进行大规模裁员来压缩开支。然而雷曼的自救并没有把自己带出困境。由于华尔街的“信心危机”、金融投机者操纵市场，一些有收购意向的公司因为政府拒绝担保没有出手，雷曼最终还是没能逃离破产的厄运。

资料来源：《雷曼破产原因及启示》，载《中外企业家》，2009（1）。

【知识链接】　　风险管理的起源与发展

风险管理起源于美国。第一次世界大战以后，美国于1929—1933年卷入了20世纪最严重的经济危机，经济危机造成的损失促使管理者注意采取措施来消除、控制、处置风险，以减少风险给生产经营活动带来的影响。1931年，美国管理协会保险部首先提出了风险管理的概念。风险管理在20世纪30年代兴起以后，在50年代得到推广并受到了普遍重视，美国企业界在这一时期发生的两件大事对风险管理的蓬勃发展更是起到了促进作用：其一为美国通用汽车公司的自动变速装置厂发生火灾，造成了巨额经济损失；其二为美国钢铁行业因团体人身保险福利问题诱发长达半年的工人罢工，给国民经济带来了难以估量的损失。这两件事发生以后，风险管理在企业界迅速推广。此后，对风险管理的研究逐步趋向系统化、专门化，风险管理也成为了企业管理科学的一门独立学科。1983年，在美国风险和保险管理协会年会上，世界各国专家共同讨论通过了《101条风险管理准则》，对风险管理的一般准则、技术和方法等达成共识，用于指导各国风险管理的实践，这标志着风险管理达到了一个新的水平。1986年，风险管理国际研讨会在新加坡召开，这次会议表明，风险管理由大西洋向太平洋区域发展，成为由北美到欧洲再到亚太地区的全球性风险管理运动。

【复习思考题】

1. 简述金融风险管理的意义。
2. 简述金融风险管理的流程。
3. 金融风险管理的定性方法包括哪些？
4. 金融风险管理的定量方法包括哪些？
5. 结合我国金融风险管理现状，试探讨我国金融风险管理的策略。

【参考文献】

[1] 成思危：《金融安全是国家经济安全的核心》，载《经济界》，2004（11），4～9页。

[2] 陈胜德、文根弟、刘伟、庄健：《商业银行全面风险管理》，北京，清华大学出

版社，2009。

[3] 陈燕玲：《金融风险管理》，合肥，安徽大学出版社，2008。

[4] 顿朝晖：《金融衍生工具风险管理研究》，载《财会通讯》，2010（17），139～140页。

[5] 杜伟：《浅议我国金融风险管理制度的建立与完善》，载《金融与经济》，2010（1），32～33页。

[6] 黄宗远：《国家金融风险的形成及防范》，载《经济问题》，2005（2），63～64页。

[7] 寇宏、袁鹰、王庆芳：《套期保值与金融衍生品风险管理研究》，载《金融理论与实践》，2010（5），97～101页。

[8] 刘海龙、王惠：《金融风险管理》，北京，中国财政经济出版社，2009。

[9] 刘晶：《极值统计理论及其在金融风险管理中的应用》，天津大学博士论文，2008。

[10] 唐国储：《风险管理、内部控制与国有商业银行海外上市》，载《金融论坛》，2005（5），3～9页。

[11] 王春峰：《金融市场风险管理》，天津，天津大学出版社，2001。

[12] 温红梅：《金融风险管理》，大连，东北财经大学出版社，2009。

[13] 肖振宇：《金融混业经营及其风险管理研究》，天津大学博士论文，2004。

[14] 姚京、李仲飞：《从管理风险的角度看金融风险度量》，载《数理统计与管理》，2010（4），736～742页。

[15] 雍灏：《基于全面风险管理框架的金融产品创新关键风险研究》，浙江大学博士论文，2008。

[16] 赵志宏：《银行全面风险管理体系》，北京，中国金融出版社，2005。

[17] 张淑艳：《中国金融风险管理制度的问题及对策》，载《金融与经济》，2010（4），21～22页。

[18] 张金清：《金融风险管理》，上海，复旦大学出版社，2009。

第四章　信用风险与管理

【本章概要】

信用风险是指债务人或交易对手未能履行合同所规定的义务或信用质量发生变化，影响金融工具价值，从而给债权人或金融工具持有人带来损失的可能性。根据不同的标准可以把信用风险划分成不同的类型。信用风险识别主要包括单一法人客户、集团客户及个人客户信用风险的识别。商业银行对信用风险的计量主要包括客户信用评级和债项评级两大方面。内部评级法在银行信用风险管理中处于核心地位。

【要点提示】

1. 信用风险是指债务人或交易对手未能履行合同所规定的义务或信用质量发生变化，影响金融工具价值，从而给债权人或金融工具持有人带来损失的可能性。通常按照信用风险的性质、所涉及的业务种类、是否可以分散、受险主体等将信用风险划分成不同的种类。

2. 关于信用风险产生的原因，主要是经济实际运行中债权人和债务人之间由于还债能力、还债意愿、债务管理等方面存在问题而产生的违约情况。客观上受到未预期的利率和汇率变动、通货膨胀、宏观经济形势变动、资金使用不当等因素的影响。

3. 信用风险识别是指通过对银行的外部经营环境、客户、交易对手的了解、考察和分析，识别出可能导致银行债务人或交易对手违约或信用质量发生变化、影响银行债权或其他金融工具的价值，并由此引致银行损失的各种因素。主要包括单一法人客户、集团客户及个人客户信用风险的识别。

4. 商业银行对信用风险的度量依赖于对借款人和交易风险的评估，包括客户信用评级和债项评级两大方面。

5. 内部评级在银行信用风险管理中处于核心地位。其所提供的违约概率（PD）、违约损失率（LGD）、预期损失（EL）以及非预期损失（UL）等关键指标在授信审批、贷款定价、限额管理、风险预警等信贷管理流程中发挥着重要的决策支持作用。

【内容架构图】

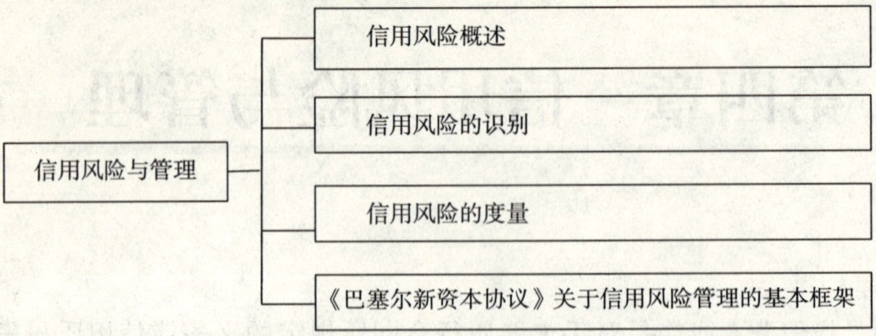

信用风险是金融市场上最为古老的一类风险，也是银行面对的基本风险之一。从银行诞生之日起，信用风险就始终是银行所面临的最主要威胁，也因此成为银行风险管理的核心内容。20世纪70年代开始的金融自由化浪潮使得银行面临前所未有的利率波动和市场波动，利率风险和市场风险开始急剧凸显，使得银行风险管理的重心开始向利率风险和市场风险转移。进入20世纪90年代后，信用风险管理的重要性再次引起理论界、实务界及监管部门的高度关注。

第一节 信用风险概述

一、信用风险的含义

信用风险是指债务人或交易对手未能履行合同所规定的义务或信用质量发生变化，影响金融工具价值，从而给债权人或金融工具持有人带来损失的可能性。

传统的观点认为，信用风险是指交易对手无力履约的风险，即债务人未能如期偿还其债务造成违约，而给经济主体经营带来的风险。这里的风险被理解为只有当违约实际发生时才会产生，因此，信用风险又被称为违约风险。然而，随着现代风险环境的变化和风险管理技术的发展，传统的信用风险定义已经不能充分反映现代信用风险及其管理的性质与特点。传统贷方总是将信用风险当做一种成本、一种需要防范的风险，而且往往为此放弃信用交易。然而今天，信用及其风险可以重新出售。他们把信用风险视为可以打包并买卖的有价值的商品。信用评级公司、金融担保机构及许多相关专业公司都成了信用链条上的关键环节。

二、信用风险的分类

从不同的角度，可以将信用风险分为以下类型。

（一）按照信用风险的性质，可将信用风险分为违约风险、信用等级降级风险和信用价差增大风险

违约风险是指借款人或交易对手违约给金融机构带来的风险。信用等级降级风险是

指由于借款人信用等级的变动造成的债务市场价值变化的不确定性。信用价差是指为了补偿违约风险，债权人要求债务人在到期日提供高于无风险利率（一般用同期的国债到期收益率来表示）的额外收益，信用价差增大风险是指由于资产收益率波动、市场利率等因素变化导致信用价差增大所带来的风险。

（二）按照信用风险所涉及的业务种类，可将信用风险分为表内风险与表外风险

源于表内业务的信用风险称为表内风险，如传统的信贷风险；而源于表外业务的信用风险称为表外风险，如商业票据承兑可能带来的风险。所谓表外业务（Off - Balance - Sheet Activities，OB），是指商业银行所从事的、按照现行的会计准则不计入资产负债表内、不形成现实资产负债但能增加银行收益的业务。

（三）按照信用风险是否可以分散，可以分为系统性信用风险和非系统性信用风险

系统性信用风险源于系统性风险因素，如经济危机导致借款人无力偿还贷款；非系统性信用风险是指特定行业或公司的特殊因素导致借款人不愿或无法履行合同给金融机构带来的信用风险。

（四）按照受险主体来分，可以分为企业信用风险、金融机构信用风险和个人信用风险

企业作为受险主体，其面临的信用风险主要来自其他企业和金融机构。当一家企业的客户要求对商品或服务延期付款时，该企业就会面临来自该客户的信用风险。一旦客户到期拒付，潜在的信用风险就会变为实际损失；如果客户要求推迟偿付，信用风险程度就会加深。企业也可能面临来自银行等金融机构的信用风险。如果一家企业的资金充裕并将其全部存入一家银行，当该银行破产清算时，企业存款就会损失。金融机构主要包括银行、保险公司、证券公司等。金融机构作为受险主体，所面临的信用风险主要来自企业、个人与国家。个人作为受险主体，其信用风险主要来自民间借贷、金融投资。来自民间借贷的信用风险是指借款人到期不还本付息。来自金融投资的信用风险包括企业发行的股票和债券风险、中介机构信用风险和购买国债的风险。

三、信用风险产生的一般原因

关于信用风险产生的原因，主要是经济实际运行中债权人和债务人之间由于还债能力、还债意愿、债务管理等方面存在问题而产生的违约情况。

（一）债务人的主观因素

这种原因也有两种情况：一种是债务人有能力归还本息但故意逃避责任，不予归还；另一种是债务人暂时没有能力偿还，但是没有主动承担义务的责任感，一直拖着欠账，不努力改进。这两种情况都和债务人的品行有很大关系，是一种很大的信用风险，往往对债权人造成严重的经济损失。

（二）债务人的客观因素

在信用活动中，债务人并不总是能够履行债务契约，按时还本付息的。由于种种原因，即使债务人主观上愿意早日清偿债务，但客观原因却使之不可能。具体原因如下：

1. 未预期的利率和汇率变动。未预期的利率变动会造成信用工具价格的下跌，这被

称为资本风险或市场风险，它还可能增加债务人的负担，使其无法按时还本付息，造成所谓的违约风险。当信用活动涉及不同国家的借贷时，未预期的汇率变动正如未预期的利率变动一样，会使债权人面临一定的信用风险。

2. 未预期的通货膨胀。在信用风险中，未预期的通货膨胀给债权人带来的风险常被称为购买力风险。由于通货膨胀率的水平高于人们预期的水平，无论是利息收入还是本金在最终得到支付时所具有的购买力会低于最初投资时所预期的购买力。所以在一国发生高通货膨胀时，信用秩序常常比较混乱，旧的信用关系不能得到很好解决，新的信用关系很难建立，债权人在这种情况下往往不愿意进行新的借贷，这就是购买力风险对信用活动的冲击。

3. 未预期的宏观经济形势变动。因经济周期变动、产业结构变动等宏观经济因素的影响，债务人所在的产业或行业遭受较大的冲击或调整，从而影响其偿债能力。

4. 资金使用不当。债务人常常由于资金使用不当而无法偿还债务本息。例如，当债务人具有长期资金而进行多次短期投资时可能出现实际利息收入低于预期收入的情况，这在信用风险里常被称为收入风险。另外，也可能由于债务人投资项目选择失误、投资方向错误（如投资于某种价格将下跌的股票）等，使债务人无法偿还债务本息。

第二节 信用风险的识别

信用风险源于借款人的不良表现，或是因为借款人没有能力，或是因为借款人不愿履行事先定好的合约而给银行造成损失。客户违约给银行带来严重的信用风险将危及银行正常的清偿能力。因此，银行必须对借款人的财务状况、抵押品的现值、还款意愿等与还款有关的因素保持高度关注，通过一些独特的手段识别信用风险。

信用风险识别是指通过对银行的外部经营环境、客户、交易对手的了解、考察和分析，识别出可能导致银行债务人或交易对手违约或信用质量发生变化、影响银行债权或其他金融工具的价值，并由此引致银行损失的各种因素。

一、单一法人客户信用风险的识别

按照业务特点和风险特性的不同，商业银行的客户可划分为法人客户与个人客户，法人客户根据其机构性质可以分为企业类客户和机构类客户，企业类客户根据其组织形式不同可划分为单一法人客户和集团法人客户。

（一）单一法人客户的基本情况分析

在对银行客户进行信用风险分析时，必须对客户的基本情况和与银行业务相关信息有全面的了解，以便从中判断客户的类型、基本经营情况和信用状况等。

商业银行应要求客户提供基本资料，并对客户提供的身份证明、办理授信的法人资格、财务状况等资料的合法性、真实性和有效性进行认真核实，并将核实过程和结果以书面形式记载。

（二）单一法人客户的财务状况分析

财务分析是对企业经营活动中的经营成果、财务状况以及现金流量情况的分析。通过分析达到评价企业经营管理者的管理业绩、经营效率，评估企业所创造价值，估计企业的财务风险和信用风险等目标。财务分析是一项系统工程，主要内容包括：财务报表分析、财务比率分析以及现金流量分析。

1. 财务报表分析。财务报表分析主要是对资产负债表和损益表进行分析，有助于商业银行深入了解客户的经营状况以及经营过程中存在的问题。根据国际最佳实践，财务报表分析应特别注重以下四项主要内容：(1) 识别和评价财务报表风险，主要关注财务报表的编制方法及其质量能否充分反映客户实际和潜在的风险。(2) 识别和评价经营管理状况，通过分析损益表可以识别和评价公司的销售情况、成本控制情况以及盈利能力。(3) 识别和评价资产管理状况，主要包括资产质量分析、资产流动性分析以及库存、固定资产等资产投资组合分析。(4) 识别和评价负债管理状况，主要分析资产负债期限结构。

2. 财务比率分析。商业银行应当善于使用各种财务比率来研究企业类客户的经营状况、资产负债管理状况等。财务比率主要分为四大类。

(1) 盈利能力比率，用来衡量管理层将销售收入转换成实际利润的效率，体现管理层控制费用并获得投资收益的能力，主要有

销售毛利率 =[(销售收入 − 销售成本)/销售收入] ×100%

销售净利率 =(净利润/销售收入) ×100%

资产净利率 =净利润/[(期初资产总额 + 期末资产总额)/2] ×100%

净资产收益率(权益报酬率) =净利润/[(期初所有者权益合计 + 期末所有者权益合计)/2] ×100%

(2) 效率比率，又称营运能力比率，体现管理层管理和控制资产的能力，主要有

存货周转率 = 产品销售成本/[(期初存货 + 期末存货)/2]

存货周转天数 = 360/存货周转率

应收账款周转率 = 销售收入/[(期初应收账款 + 期末应收账款)/2]

应收账款周转天数 = 360/应收账款周转率

应付账款周转率 = 购货成本/[(期初应付账款 + 期末应付账款)/2]

应付账款周转天数 = 360/应付账款周转率

流动资产周转率 = 销售收入/[(期初流动资产 + 期末流动资产)/2]

总资产周转率 = 销售收入/[(期初资产总额 + 期末资产总额)/2]

(3) 杠杆比率，用来衡量企业所有者利用自有资金获得融资的能力，也用于判断企业的偿债资格和能力，主要有

资产负债率 =(负债总额/资产总额) ×100%

有形净值债务率 =[负债总额/(股东权益 − 无形资产净值)] ×100%

利息偿付比率(利息保障倍数) =(税前净利润 + 利息费用)/利息费用
=(经营活动现金流量 + 利息费用 + 所得税)/利息费用
=[(净利润 + 折旧 + 无形资产摊销) + 利息费用 + 所得税]/利息费用

(4) 流动比率，用来判断企业归还短期债务的能力，即分析企业当前的现金偿付能力和应付突发事件和困境的能力，主要有

流动比率 = 流动资产／流动负债

速动比率 = 速动资产／流动负债

其中，速动资产 = 流动资产 - 存货

或 速动资产 = 流动资产 - 存货 - 预付账款 - 待摊费用

3. 现金流量分析。现金流量是指现金在一个公司内的流入和流出，现金流量分析的目的是判断企业现金流量的充足性，寻找企业存在的潜在问题。比如通过现金流量分析可以判断企业是否过度交易，或者资本费用是否过多。现金流量表和损益表、资产负债表不同，企业很难用弄虚作假和寻机性会计的方法粉饰现金流量表。因此，现金流量表上的信息比利润、资产、公积金等数据更为可靠。

(三) 单一法人客户的非财务因素分析

非财务因素分析是信贷风险分析过程中的一个重要组成部分，它与财务分析相互印证、相互补充。考察和分析企业的非财务因素，主要从管理层风险、行业风险、生产与经营风险、宏观经济环境等方面进行分析和判断。非财务因素主要包括以下几方面：

1. 客户管理层分析。重点考核客户管理者的人品、威信度、经营管理能力、公司治理状况等。

2. 行业风险分析。每个借款人都处于某一特定的行业，每一特定行业因所处的发展阶段不同以及受宏观经济变动影响不同，致使其产生特有的行业风险。尽管这种风险具有一定的阶段性特征，但在同一行业中的借款人可能需要共同面对某些基本一致的风险。

3. 生产与经营风险分析。行业风险分析只能够帮助银行对行业整体的共性风险有所认识。一般来说，可以从企业总体经营风险、产品、原料供应、生产、销售等方面进行分析。

4. 宏观经济及自然环境因素分析。政府的宏观调控、经济环境、法律环境、科技进步以及战争、自然灾害和人口等各种自然和社会因素，均可能给借款人带来意外的风险，从而对借款人的还款能力产生不同程度的影响。

(四) 单一法人客户的担保分析

担保是指为维护债权人和其他当事人的合法权益，提高贷款偿还的可能性，降低银行资金损失的风险，由借款人或第三人对贷款本息的偿还或其他授信产品提供的一种附加保障，为银行提供一个可以影响或控制的潜在还款来源。银行与借款人及其他第三人签订担保协议后，当借款人财务状况恶化、违反借款合同或无法偿还贷款本息时，银行可以通过执行担保来争取贷款本息的最终偿还或减少损失。担保方式主要有：保证、抵押、质押、留置和定金。

1. 保证。保证是指保证人和债权人约定，当债务人不履行债务时，保证人按照约定履行债务或者承担责任的行为。贷款保证的目的是通过第三方为借款人按期、足额偿还贷款提供支持。在对贷款保证进行分析时，银行最关心的是保证的有效性。

2. 抵押。抵押是指债务人或者第三人不转移对财产的占有，将该财产作为债权的担保。债务人不履行债务时，债权人有权依照法律规定以该财产折价或者以拍卖、变卖该财产的价款优先受偿。债务人或者第三人为抵押人，债权人为抵押权人，提供担保的财产为抵押物。

3. 质押。它又称为动产质押，是指债务人或者第三人将其动产移交债权人占有，将该动产作为债权的担保。债务人不履行债务时，债权人有权依照法律规定以该动产折价或者以拍卖、变卖该动产的价款优先受偿。在动产质押中，债务人或者第三人为出质人，债权人为质权人，移交的动产为质物。

4. 留置。留置是指债权人按照合同约定占有债务人的动产，债务人不按照合同约定的期限履行债务的，债权人有权依照法律规定留置该财产，以该财产折价或者以拍卖、变卖该财产的价款优先受偿。留置担保的范围包括主债权及利息、违约金、损害赔偿金、留置物保管费用和实现留置权的费用。留置这一担保形式，主要应用于保管合同、运输合同、加工承揽合同等主合同。

5. 定金。定金是指当事人可以约定一方向对方给付定金作为债权的担保。债务人履行债务后，定金应当抵做价款或者收回。给付定金的一方不履行约定债务的，无权要求返还定金；收受定金的一方不履行约定债务的，应当双倍返还定金。

二、集团客户信用风险识别

集团客户是指企业集团客户，企业集团是指由相互之间存在直接或间接控制关系或其他重大影响关系的关联方组成的法人客户群。确定为同一集团客户内的关联方可称为成员单位。根据集团内部关联关系不同，企业集团可以分为纵向一体化企业集团和横向多元化企业集团；根据集团内部企业紧密程度不同，企业集团可以分为紧密型企业集团和松散型企业集团。

（一）集团客户的信用风险特征

集团客户授信业务风险一般是指出于对集团客户多头授信、过度授信和不适当分配授信额度，或集团客户经营不善以及集团客户通过关联交易、资产重组等手段在内部关联方之间不按公允价格原则转移资产或利润等情况，给债权银行带来损失的可能性。与单一客户相比，集团客户的信用风险具有以下几方面的特征。

1. 内部关联交易频繁。关联交易是指发生在关联人之间的有关转移权利或义务的事项安排。集团客户内部进行关联交易的基本动机是实现整个集团公司的统一管理和控制，同时通过关联交易来规避政策障碍和粉饰财务报表。当企业需要把利润做大时，往往通过虚构与关联企业的经济往来提高营业收入和利润；需要减少或转移某企业的利润时，就由集团向该企业收取或分摊费用，或将一些闲置资产和低值的投资高价出售给关联企业，来抽取该企业的利润，甚至抽空净资产，从而直接导致贷款企业盈利能力下降，财务风险上升或变相悬空银行债权。

2. 连环担保十分普遍。集团成员企业通常采用连环担保的形式申请银行贷款。这些相互担保的形式虽然符合相关法律规定，但这种连环担保隐含着很大的财务风险和信用风险：一方面，企业集团频繁的关联交易孕育着经营风险；另一方面，贷款风险通过贷款担保链条在企业集团内部不断地传递，企业集团系统性风险未能有效向外分散，债权银行的贷款在风险链中实质上处于担保不足或无担保状态。

3. 财务报表真实性差。企业集团往往根据需要随意调整合并报表的关键数据，报表真实性较差。例如，合并报表与承贷主体报表不分，编制合并报告未剔除集团关联企业之间的投资款项、应收应付款项，夸大了承贷主体的资产、销售收入和利润，母公司财务报告未披露成员单位之间的关联交易、相互担保情况，向银行提供虚假报表等。

4. 风险监控难度较大。跨行业经营是集团客户的普遍现象，有些大企业集团还从事跨区域甚至跨国经营，对内融资和对外融资通盘运筹，常常使得银行贷款的承贷主体与实际用贷主体相分离，从而进一步增加了银行贷后监管的难度。

（二）集团客户信用风险识别的要点

1. 收集全面信息。充分利用已有的内外部信息系统，例如中国人民银行的信贷登记查询系统、中介征信机构、互联网、媒体等，及时全面收集、调查、核实客户及其关联方的授信记录。

2. 尽职调查。与客户建立授信关系时，授信工作人员应当尽职受理和调查评价，要求客户提供真实、完整的信息资料，包括客户法定代表人、实际控制人、注册地、注册资本、主营业务、股权结构、高级管理人员情况、财务状况、重大资产项目、担保情况和重要诉讼情况等，以有资格机构审计过的财务报表为基础，通过各种方式获取第一手材料，必要时可要求客户聘请独立的具有公证效应的第三方出具资料真实性证明。

3. 识别客户关联方关系时，授信工作人员应重点关注：客户的注册资金、股权分布、股权占比的变更情况，通过间接持股方式形成的关联关系，通过非股权投资方式形成的隐性关联关系，客户核心资产重大变动及其净资产10%以上的变动情况，客户对外融资、大额资金流向、应收账款情况，客户主要投资者、关键管理人员及其亲密亲属的个人信用记录等。

三、个人客户信用风险识别

与法人客户的授信业务相对应，个人信贷业务所面对的客户主要是自然人，其业务的特点表现为单笔业务资金规模小，但客户个数较多。

（一）个人客户的分类

个人客户通常可以按照不同的标准进行分类：

1. 老客户与新客户。老客户又可分为高端客户、优质客户与普通客户。

2. 按信贷产品种类，分为抵押房贷、车贷、信用卡消费及其他个人消费贷款客户等。

3. 客户年龄。不同年龄段客户的还款能力与还款意愿具有相当大的差异。

4. 客户的信用评分，不同信用评分的客户，其还款能力与还款意愿同样具有相当大的差异。

5. 其他可用于个人客户分类的变量。

（二）个人客户信用风险识别的要点

1. 收集信息。要求个人客户提供各种能够证明个人年龄、职业、收入、财产、信用记录、教育背景等的相关资料和基本信息。银行可以通过与借款人面谈、电话访谈、实地考察等方式了解调查借款人信息的真实性。

2. 获得信用记录。从外部权威的个人信用评级机构（如人民银行个人信用信息基础数据库）及其他如税务、海关、法院等权威部门获得个人的信用记录。

3. 综合分析个人信用风险。将银行内部数据系统已有的相关信息、客户提供的资料以及外部权威机构的资料加以汇总，综合分析识别各种可能引致个人客户信用风险的来源、违约概率及其后果。对个人信用风险的识别流程一般是通过银行的个人信用评分模型自动处理的。

第三节　信用风险的度量

商业银行对信用风险的度量依赖于对借款人和交易风险的评估。《巴塞尔新资本协议》明确要求，商业银行的内部评级应基于二维评级体系：一维是客户评级，另一维是债项评级。内部评级不仅在授信审批、贷款定价、限额管理、风险预警等基础信贷管理中发挥决策支持作用，而且也是制定信贷政策、计提准备金、分配经济资本以及进行经风险调整的绩效考核的重要基础。

一、客户信用评级

客户信用评级是商业银行对客户偿债能力和偿债意愿的度量和评价，反映客户违约风险的大小。客户评级的评价主体是商业银行，评价目标是客户违约风险，评价结果是信用等级和违约概率。

客户信用评级的度量方法有很多，根据分析技术和方法的不同可以分为传统信用分析方法和现代信用分析方法。区分两者的主要判断标准是信用风险能否被单独剥离和定价。

（一）信用风险度量的传统方法

信用风险度量的传统方法有很多，它们基本上都是银行长期经营管理实践的经验与教训的总结。这些方法的一个重要特征是以定性分析为主，因此，对风险的度量结果往往难以做到精确，但其包含的分析原则及思想是信用风险度量新技术开发的基础。总体而言，信用风险度量的传统方法主要可以分为三类：专家判别法、信用评级法和信用评分方法。

1. 专家判别法。传统信用风险分析主要依赖于训练有素的专家的主观判断，因此又被称为主观方法。这些专家通常是银行的资深职员，他们在长期的职业生涯中，逐渐积累了信用分析的经验并展示出他们的分析技能，获得了内部的认可及相应的权威。于是，在针对借款申请人的信用评审中，这些高级信贷员的分析结果及最终意见将成为银行是否发放该笔贷款以及以何种条件发放贷款的主要依据。通常，对借款人的信用分析大体从五个方面展开，又被称为5C法。

（1）品格（Character）。品格意指借款人的诚实守信或“还款意愿”。它是对借款人声誉的一种度量。在对借款申请人品格进行评估的过程中，借款申请人对贷款资金的使用是否有明确的、符合银行贷款政策的目的，是否具有负责任的态度和真诚的还款意愿是分析的重点。贷款用途的真实性、使用资金的责任心、按时还款的真诚性往往可以通过借款人与银行、与其他债权人以及与其客户的关系中反映出来。

（2）资本（Capital）。对资本分析的着眼点是企业股东的股权投入及资本与债务的比率——财务杠杆状况，企业股东的股权投入数量大，企业本身抵御风险的能力就相对较高，违约事件发生的可能性也相对降低。同时，较高的股权投入还会对企业的风险倾向产生制约作用，客观上降低了贷款的信用风险。财务杠杆对企业违约概率的影响也很大，因为大量的债务导致企业的利息费用上升，对企业的现金流动产生明显的压力，使贷款的利息及本金遭受损失的可能性增加。

（3）能力（Capacity），即还款能力。还款能力主要通过借款申请人收益的波动性体现。在资本结构已定的情况下，如果按照债务合约还款是以现金流不变的方式进行的，而借款人的收益（收入）不稳定或标准差很大，就难以避免在某些时期债务的履行能力受到抑制。就这一点而言，收益尚不稳定的新企业或高新技术企业在贷款方面不如老而稳定的企业有吸引力。

（4）担保品（Collateral）。担保品是贷款发放和定价的关键因素之一。拥有优先担保权的贷款在借款人出现违约时，能够通过行使担保权而获得全部或部分偿付，减少损失。在大多数情况下，贷款的担保形式是抵押，银行对抵押物要求权的优先性越好，相关抵押物的市场价值越高，贷款的风险损失相对就越低。

（5）商业环境（Condition of Business）。商业环境是影响信用风险损失的一个重要因素。在经济衰退时期，生产汽车、冰箱等耐用消费品的行业和企业，较之于生产香烟、食品等的非耐用消费品行业，其生存压力会更大。类似地，暴露于国际竞争形势下的产业对商业环境的变化也较为敏感。

除了上述5C方面的因素外，后来有人增加了现金流（Cash Flow），故被称为6C。最近，又有人提出对企业进行信用分析时，应加上企业的持续性（Continuity）分析，从而形成了7C原则。

除此之外，也有银行将信用分析中专家所强调的内容归纳为4W1H或5P。4W1H系指借款人类别（Who）、借款用途（Why）、还款期限（When）、担保物（What）和如何还款（How）；5P是指个人因素（Person）、用途因素（Purpose）、偿还因素（Payment）、保障因素（Protection）和前景因素（Perspective）。这些都曾经是银行信用风险控制的主要工具，对银行的生存和发展起过非常重要的作用。

2. 信用评级法。信用评级被定义为对公司就某一债务或相关责任在债务工具的有效期内及时偿付的意愿及相对能力的评判。最早的贷款信用评级方法之一是美国货币监理署（OCC）开发的，其主要用途是借此评估贷款损失准备金的充足性。美国货币监理署的评级方法将现有贷款组合归入5类，其中4类为低质量级别的，1类为高质量级别的。

表 4－1 是各类贷款及其对应的损失准备。

表 4－1 OCC 贷款评级及其损失准备要求

贷款类别	损失准备
低质量级别	
关注	0
次级	20%
可疑	50%
损失	100%
高质量级别：正常	0

3. 信用评分方法。信用评分方法是将反映借款人经济状况或影响借款人信用状况的若干指标赋予一定的权重，用特定的方法计算出综合分值或违约概率值，将其与基准值相比来预测其信用风险的高低，并据此决定是否给予贷款以及贷款的条件。这一类方法在消费信贷领域及商业贷款领域均有广泛的运用，其理论依据是破产公司所呈现的比率和财务趋势与那些财务基础良好的公司是截然不同的，因此，银行可以以此为基础对借款申请人进行判断。当贷款申请人的评分值濒于临界点时，要么拒绝要么进行更进一步的审查。由 Altman 开发的 Z 计分模型系列最具有代表性。

Z 计分模型最早由 Altman 在 1968 年提出，是一个以制造业的财务比率为基础的多变量模型。它通过分析一组变量，以组内差异最小化和组间差异最大化为原则，根据不同的统计标准选入或舍去备选变量，从而得出 Z 判别函数。从备选变量到最终变量的过程一般为：（1）观察各种函数的统计显著性，包括确定各独立变量的相对贡献；（2）评估相关变量之间的相互关系；（3）观察各变量预测的准确度；（4）专家进行分析判断。在 Altman1968 年提出的 Z 计分模型的表达式中：

$$Z = 1.2X_1 + 1.4X_2 + 3.3X_3 + 0.6X_4 + 0.999X_5$$

其中，X_1 ＝营业资本/总资产，X_2 ＝保留盈余/总资产，X_3 ＝息税前利润/总资产，X_4 ＝股权市场价值/总负债，X_5 ＝销售收入/总资产。

Z 分值越高，违约风险越低。根据 Altman 的样本，Z 分值大于 3.3 的基本无违约风险，小于 1.81 的违约风险极大。

自 Altman 开发出 Z 计分模型后，该类模型被广泛关注，沿用至今，并拓展到各种类型的企业贷款和新兴市场。

1977 年，Altman、Haldeman 和 Narayanan 对原始的 Z 计分模型进行了拓展，建立了主要针对大型公司的 7 变量 ZETA 模型。实证研究发现，该模型不仅能够有效地对检验样本分类，在其他检验中也非常可靠：在公司破产前 5 年即可有效划分出将要破产的公司，在破产前 1 年的预测准确率高达 90%，在破产前 5 年的预测准确率高达 70%。而且该模型不仅适用于制造业，也适用于零售业，因此具有更广泛的适用面。在 ZETA 模型中，7 个解释变量分别是：X_1——资产收益率，即息税前收益与总资产之比；X_2——收入的稳定性，取值为 x 在 5～10 年的估值的标准差；X_3——债务偿还，即息税前收益与总利息偿付之比；X_4——积累盈利，用公司的留存收益（资产减负债/总资产）来度量；

X_5——流动比率；X_6——资本化率，即普通股权益/总资本；X_7——公司规模，用公司总资产的对数形式度量。

Z 计分模型的主要问题在于：第一，这一模型是线性的，但企业破产的路径可能是高度非线性的（各个 X 之间的关系也可能是非线性的）；第二，在杠杆比率中，除股权的市场价值一项外，该模型基本以财务比率为基础，而在很多国家，财务数据只是在不连续的一段时间间隔后（如每季度）才会披露，而且通常以历史或账面价值的会计准则为基础，时效性及可靠性差，削弱了模型的预测效力。

（二）信用风险度量的现代方法

信用风险度量的现代方法以定量分析和模拟分析为特征，其追求的目标是力求能精确、全面而敏锐地识别贷款及借款人的风险。

1. 信用计量模型（Credit Metrics 模型）。信用计量模型是由 JP 摩根公司联合美国银行、KMV 公司、瑞士联合银行等金融机构于 1997 年推出的信用风险定量模型。它是在 1994 年推出的计量市场风险的风险计量模型（Risk Metrics 模型）基础上提出的，旨在提供一个可对银行贷款等非交易资产的信用风险进行计量的 VaR 框架。信用计量试图回答的问题是："如果下一年是个坏年份，那么，在我的贷款或贷款组合上会损失掉多少？"

信用计量模型强调组合价值的变化不仅要受到资产违约的影响，而且资产等级的变化也对其价值产生影响，它是一种动态的信用风险的度量。该模型主要方法是以历史数据为依据确定信用等级矩阵和违约时的资产回收率，以此为基础确定未来该信用资产组合的价值变化，并通过 VaR 方法来计算整个组合的风险暴露，该模型包括了以下六个方面的技术环节：（1）设定风险期长度，通常将风险期间设为 1 年；（2）设定信用评级系统，每个债务人在年初都被赋予一个信用评级；（3）设定信用评级转移矩阵，转移矩阵给出了债务人在风险期从当前评级状态转移到其他所有评级状态的概率或可能性；（4）设定信贷利差溢价，信贷利差溢价等于当前债券价格与相同期限无风险利率之间的差额；（5）设定债券之间的违约损失率，模型假设不同借款人以及同一借款人不同类贷款的违约回收率的相关性为零；（6）计算贷款的 VaR 值。

2. KMV 信用监控模型。KMV 信用监控模型是由美国 KMV 公司开发的，是现今国际上流行并得到信用监管机构认可的几种主要信用风险管理模型之一。KMV 模型最基本的原理是计算信用资产的违约概率。

KMV 信用监控模型将借款公司违约定义为其不能正常支付到期的本金和利息，而且被认为在借款公司资产的市场价值等于公司负债水平时就会发生，因为此时该公司即便将其全部资产出售（资产出售要有成本付出）也不能完成全部偿还义务，因而在概念上会发生违约。

度量公司预期违约频率需要以下三个步骤：第一，利用期权定价公式从公司股本的市场价值及其波动率和公司负债的账面价值推算出公司资产的市场价值及其波动率。第二，根据公司的负债计算出公司的违约实施点，根据公司资产的现有价值确定出公司资产的预期价值，然后用这两个价值和公司资产价格的波动率即可构建出一个度量指标即违约距离，它是指公司资产的预期价值降到违约实施点的百分比幅度是其资产价值波动率即百分比标准差的倍数。第三，确定违约距离和实际违约频率之间的映射。

二、债项评级

债项评级是对交易本身的特定风险进行计量和评价，反映客户违约后的债项损失大小。特定风险因素包括抵押、优先性、产品类别、地区、行业等。债项评级既可以只反映债项本身的交易风险，也可以同时反映客户信用风险和债项交易风险。

（一）信贷资产风险分类

信贷资产风险分类通常是指信贷分析和管理人员，或监管当局的检查人员，综合能够获得的全部信息并运用最佳判断，通过对借款人现金流量、财务实力、抵押品价值等因素的连续监测和分析，判断贷款的实际损失程度，根据信贷资产的内在风险程度对信贷资产质量作出评价。

从2004年起，我国国有商业银行、股份制商业银行两类银行开始实行国际标准，取消原来正常、逾期、呆滞、损失的贷款四级分类制度，全面推行五级分类制度，即将商业贷款划分为正常、关注、次级、可疑、损失五类。贷款五级分类制度是指银行主要依据借款人的还款能力，即债务人最终偿还贷款本金和利息的实际能力，确定贷款遭受损失的风险程度，其中后三类称为不良贷款。

五类贷款的定义分别简述如下。

正常：借款人能够履行合同，一直能正常还本付息，不存在任何影响贷款本息及时全额偿还的消极因素，银行对借款人按时足额偿还贷款本息有充分把握，贷款损失的概率为零。

关注：尽管借款人目前有能力偿还贷款本息，但存在一些可能对偿还产生不利影响的因素，如这些因素继续下去，借款人的偿还能力将受到影响，贷款损失的概率不会超过5%。

次级：借款人的还款能力出现明显问题，完全依靠其正常营业收入无法足额偿还贷款本息，需要通过处分资产或对外融资乃至执行抵押担保来还款付息。贷款损失的概率在30%~50%。

可疑：借款人无法足额偿还贷款本息，即使执行抵押或担保，也肯定要造成一部分损失，只是因为存在借款人重组、兼并、合并、抵押物处理和未决诉讼等待定因素，损失金额的多少还不能确定，贷款损失的概率在50%~75%之间。

损失：它是指借款人已无偿还本息的可能，无论采取什么措施和履行什么程序，贷款都注定要损失了，或者虽然能收回极少部分，但其价值也是微乎其微，从银行的角度看，也没有意义和必要再将其作为银行资产在账目上保留下来，对于这类贷款在履行了必要的法律程序之后应立即予以注销，其贷款损失的概率在75%~100%。

目前，部分银行已经借鉴国际先进的商业银行经验，在贷款五级分类的基础上，进一步将信贷资产的质量根据其风险程度细分为十二级。

（二）债项评级的基本要素

1. 损失。客户违约后给商业银行带来的债项损失包括两个层面：一是经济损失，考虑所有相关因素，包括折现率、贷款清收过程中较大的直接成本和间接成本；二是会计损失，也就是商业银行的账面损失，包括违约贷款未收回的贷款本金和利息两部分。

2. 违约风险暴露。违约风险暴露是指债务人违约时的预期表内、表外项目暴露总和。如果客户已经违约，则违约风险暴露为其违约时的债务账面价值；如果客户尚未违约，则违约风险暴露对于表内项目为债务账面价值，对于表外项目为已提取金额加信用转换系数乘以已承诺未提取金额。

3. 违约损失率（Loss Given Default，LGD）。违约损失率是指发生违约时债务面值中不能收回部分所占的比例。与违约损失率相对应的是违约回收率。经验研究表明，违约损失率并不是一个确定的数值，它取决于特定的债务种类、优先级别、风险缓释技术以及商业周期等要素，而每一种要素又都包括许多不确定因素。《巴塞尔新资本协议》（或称《巴塞尔资本协议Ⅱ》）要求实施内部评级法高级法的商业银行必须自行估计每笔债项的违约损失率，而实施内部评级法初级法的商业银行则由监管当局根据资产类别给定违约损失率。估计违约损失率的损失是经济损失，必须以历史回收率为基础，参考至少7年、涵盖一个经济周期的数据。

4. 预期损失与非预期损失。银行的信用风险损失分为预期损失和非预期损失，预期损失是信用风险损失分布的数学期望值，它代表大量贷款或交易组合在整个经济周期内的平均损失，是商业银行在信贷活动中已经预计到将会发生的损失。由于能够预计，银行可以在事前提取损失准备金来抵补预期损失，或在贷款定价中将预期损失列入成本予以考虑。非预期损失是指由于经济波动等原因造成的信用风险损失偏离预期损失的程度。非预期损失一般用资本来弥补，是商业银行配置经济资本的基础。按照《巴塞尔新资本协议》的规定，内部评级法分开处理预期损失和非预期损失，这使得巴塞尔新资本协议的监管资本更加接近于大银行通过模型计算出的经济资本。

（三）债项评级的基本方法

债项评级的核心在于计量违约损失率。

1. 影响违约损失率的因素。

（1）项目因素。这类因素直接与贷款项目的具体设计相关，反映了违约损失率的项目相关特性，也反映了银行在具体交易中通过交易方式的设计来管理和降低信用风险的努力。这类因素具体包括清偿优先性、抵押品等。清偿优先性是债务合同规定的债权人所拥有债权的重要特性，是指在负债企业破产清算时债权人从企业残余价值中获得清偿时相对于该企业其他债权人和股东的先后顺序。此外，除了传统的抵押品，银行也正在通过金融创新发展其他防范或转嫁企业违约后损失的方法，如信用衍生产品等。

（2）公司因素。影响违约损失率的公司因素主要是借款企业的资本结构。该结构一方面表现为企业的融资杠杆率，即总资产和总负债的比率；另一方面表现为企业融资结构下相对清偿优先性。在公司因素中，企业规模大小对违约损失率的影响是受到关注的问题之一，但目前各界对企业规模如何影响违约损失率的认识并不统一。

（3）行业因素。统计表明，在其他因素相同的情况下，不同行业往往有不同的违约损失率，这说明企业所处的行业对违约损失率有明显的影响。例如，有形资产较少的行业（如服务业）的违约损失率往往比有形资产密集型行业（如公用事业部门）的违约损失率高。

（4）宏观经济周期因素。宏观经济的周期性变化是影响违约损失率的重要因素。穆迪评级公司的债券数据研究表明，经济萧条时期的债务回收率要比经济扩张时期的回收率低1/3。而且，经济体系中的总体违约率（代表经济的周期性变化）与回收率呈负相关的关系。

2. 计量违约损失率的方法。计量违约损失率的方法主要有以下两种：

（1）市场价值法。通过市场上类似资产的信用价差和违约概率推算违约损失率，其假设前提是市场能及时有效反映债券发行企业的信用风险变化，主要适用于已经在市场上发行并且可交易的大企业、政府、银行债券。

（2）回收现金流法。根据违约历史清收情况，预测违约贷款在清收过程中的现金流，并计算出违约损失率，即违约损失率 = 1 - 回收率 = 1 - （回收金额 - 回收成本）/违约风险暴露。

第四节 《巴塞尔新资本协议》关于信用风险管理的基本框架

巴塞尔协议的出台起源于前联邦德国赫尔斯塔银行（Herstatt Bank）和美国的富兰克林国民银行（Franklin National Bank）的倒闭。这是两家著名的国际性银行，它们的倒闭使监管机构开始全面审视拥有国际业务的银行监管问题。1974 年 9 月由国际清算银行发起，美国、英国、法国、联邦德国、意大利、日本、荷兰、加拿大、比利时、瑞典十国集团及中央银行监督官员在巴塞尔开会，讨论跨国银行的国际监督与管理问题，自此形成了一系列的文件。1987 年 12 月 10 日，国际清算银行在瑞士巴塞尔召开了十国集团以及卢森堡和瑞士在内的 12 国中央银行行长会议，会议通过了具有里程碑意义的巴塞尔资本协议。随后几十年来，巴塞尔协议的内容不断丰富，所体现的监管思想和风险控制内容也不断深化。

一、《巴塞尔新资本协议》与信用风险评估

2003 年 4 月 29 日，巴塞尔银行监管委员会对《巴塞尔新资本协议》（《巴塞尔协议Ⅱ》）进行第三次征求意见，以对新的资本充足率的规定作出最后的修订。委员会的目标是在2003 年末最后一个季度完成修订，并于2006 年末在成员国家开始执行。《巴塞尔新资本协议》有三个支柱：最低资本要求、监管部门的监督检查和市场纪律。在计算最低资本要求时，需要考虑三大风险，即信用风险、市场风险和操作风险。

信用风险是银行面临的主要风险。对于信用风险的衡量有两种方法：标准法和内部评级法（IRB）。标准法是一种“被动式”计量方法。评级的标准质量不能由银行本身自行控制，核心是各银行借用外部评级机构特别是专业评级机构对贷款企业进行评级，根据评级决定银行面临的风险有多大，并为此准备多少的风险准备金。内部评级法则是

一种“主动型”的衡量风险的方法。用内部评级方法的银行必须依靠它们自己内部对风险的评价来决定某一给定风险水平下的资本需要量，其中需要考虑的要素有：违约可能性（PD）、给定违约水平下的损失率（LGD）、违约风险暴露水平（EAD）和有效的到期日（M）。内部评级法有两种形式，初级法和高级法。初级法仅要求银行计算出借款人的违约概率，其他风险要素值由监管部门确定。高级法则允许银行使用多项自己计算的风险要素值。为推广使用内部评级法，巴塞尔委员会为采用该法的银行从2004年起安排了3年的过渡期。无论哪个方法，银行必须使用风险加权函数以获得资本需要量。每个银行也许在进行内部风险管理时，有着不同的定义，但无论如何，其采用的方法必须保持合适和一致稳定性。

二、内部评级法的技术要求

内部评级法是一套综合性的信用风险管理系统。要在银行的信用业务中全面实施内部评级法，需要满足一定的技术条件。

（一）建立量化的风险评级系统

根据内部评级法的基本要求，银行首先需要建立有效的风险评级系统。该系统应具备三个基本特点：第一，保证风险评级过程的系统性和完整性。评级系统的运行应该包括模型建立、数据收集、数据清洗、要素分析、损失量测算、数据存储、返回检验等全部过程。同时，银行应具备一套客观和统一的评价标准。第二，内部评级应基于二维评级体系。一维是客户风险评级，以违约概率为核心变量；另一维是债项评级，通过债项自身的特征反映预期损失程度，以违约损失率为核心变量。第三，实现信用风险级别的细分。银行将正常类贷款的客户至少要划分为6～9个等级，将不良贷款客户至少要划分为2～3个等级。对于每一等级客户，都要单独测算其基本风险指标。

（二）数据要求

内部评级法建立在精确计量模型的基础上，因此，对数据的质量和数量都提出了很高的要求。对于使用内部评级法中初级法的银行，《巴塞尔新资本协议》要求必须用5年以上的历史数据来估计并验证违约概率；对于使用内部评级法中高级法的银行，要求必须使用7年以上的历史数据来估计违约损失率。《巴塞尔新资本协议》同时要求银行对评级的历史数据必须加以保留，以作为系统完善和检验的基础和依据。

（三）系统的检验、升级与维护

《巴塞尔新资本协议》要求银行的内部评级法必须经过严格的统计检验，不仅要求样本内一致，而且要求样本外预测精度高。银行的风险头寸应在各等级之间合理分布，且在任何一个等级中最好不超过总风险头寸的30%，银行还需对内部评级系统进行经常的检查和更新，并进行标准化程序的后评价，以保证系统的实时性和准确性。同时，随着银行自身业务的不断发展，信用风险的范围和特点也在发生变化，这要求内部评级系统必须不断加以改进和完善，以适应日益提高的风险管理要求。

（四）独立的风险评级和评审机制

巴塞尔委员会要求各项评级都必须经过独立的内部机构进行评审和确认。风险评级需要银行建立完善的操作流程和组织体系，以保证内部评级的独立性和公正性。

（五）信息披露要求

根据《巴塞尔新资本协议》，各国监管机构要求银行应向市场提供更多信息，以此加强监管的力度和实际效果。银行提供的资料包括每个信用级别的敞口分布、违约概率和违约损失率分布等，对于银行使用的内部评级法，其工作原理、资料来源亦须给予明确的阐述。

三、内部评级在信用风险管理中的作用

内部评级在银行信用风险管理中处于核心地位。内部评级系统通常包括客户评级、债项评级和组合评级三部分，其所提供的违约概率（PD）、违约损失率（LGD）、预期损失（EL）以及非预期损失（UL）等关键指标在授信审批、贷款定价、限额管理、风险预警等信贷管理流程中发挥着重要的决策支持作用。

（一）内部评级与贷前分析

调查表明，国外先进银行在贷前分析上投入的精力和资源占全部信贷资源管理的60%～70%，而内部评级信息可以直接用于客户贷前分析。内部评级系统提供标准化的数据录入模板和指标参考值，由此客户经理和风险经理可从经济周期、行业、区域、市场格局、银企关系等多个角度全面分析掌握客户的系统性风险、财务风险、经营状况和信贷记录，从而提高贷前调查分析的效率和质量。

为此，商业银行必须建立行业信息库和客户基础数据库，不仅能对各个行业进行系统详细的分析，还能及时发布国内外的最新信息，做到资源共享，提高评级工作效率。

（二）内部评级与信贷审批

内部评级模型可以直接用于授信审批，为贷款决策提供参考依据和技术支持。通常，商业银行内部评级的级数为10～20级。当客户信用等级低于某一级别，则被列为非投资类客户，这时客户提交的授信申请将被严格拒绝。通过内部评级，银行不仅能确定是否对目标客户授信，还能对授信额度、贷款方式、贷款期限以及其他信贷条件等给出风险指引，并计算出所需配置的经济资本。调查表明，往往同一家银行在对不同的借款人进行评级时所采用的方法是不同的，对于小额授信客户或中小型企业，在较大程度上直接运用系统评级结果筛选客户；对于大型公司客户，如上市公司、集团公司、跨国公司等，银行在运用评级模型的同时，还辅之以现金流分析，并高度重视专家的判断。

（三）内部评级与贷后管理

银行运用内部评级系统，可以定期跟踪和检测所有客户的信用风险状况，以提前发现客户经营上的异常变化，为及早采取措施化解风险提供技术支持。例如，将动态的客户评级作为贷款展期的标准；对风险呈上升趋势的客户拒绝转贷，并设法退出，或在合同中调整贷款期限和担保条款；对风险较低的客户给予足够的资金支持和金融服务等。

（四）内部评级与风险调整后的资本收益率（RAROC）

风险调整后的资本收益率方法由信孚银行在1970年最先提出，它改变了传统的考核指标偏重账面收益而忽略风险管理的缺陷，强调风险控制在银行这一特殊行业的重要

性。20 世纪 70 年代后半期，该项技术在国际先进银行得到广泛运用，迄今为止已成为理论界和银行业公认的核心管理手段。

该理论认为：银行在评价其盈利情况时，必须考虑其盈利是在承担了多大风险的基础上获得的。如果某项业务的风险很大，则预期损失一般会较大，非预期损失也会很大，即便该项业务有较高的名义收益，但与较高的潜在损失及其所占用的经济资本（等于非预期损失）相比，其资本利润率就不见得很高，甚至可能是负数。

风险调整后资本收益率（RAROC）的计算公式为：

1. 银监会公布的公式。

$$RAROC = (\text{收益} - \text{预期损失}) / \text{经济资本}$$

2. 原来表达的公式（总行对支行适用）。

$$\begin{aligned} RAROC &= (\text{收入} - \text{支出} - \text{非预期损失}) / \text{抵御非预期损失的资本} \\ &= (\text{收入} - \text{支出} - \text{经济资本}) / \text{经济资本} \\ &= (\text{账面利润} - \text{经济资本}) / \text{经济资本} \end{aligned}$$

3. 国际通用基本公式。

$$RAROC = (\text{税后净利润} - \text{资本成本}) / \text{经济资本}$$

4. 改进后公式（总行对支行适用）。

$$RAROC = (\text{账面利润} + \text{调整项目} - \text{经济资本} \times \text{平均经济资本回报率}) / \text{经济资本}$$

这一指标可将风险（未来可预计的损失）量化为当期成本，直接对当期盈利进行调整，并考虑了为可能发生的非预期损失所需要作出的资本储备，使银行的收益与所承担的风险直接挂钩。

经济资本是由商业银行的管理层内部评估而产生的配置给资产或某项业务用以减缓风险冲击的资本。其计算公式为：

$$\begin{aligned} \text{经济资本} = &\ \text{信用风险的非预期损失} + \text{市场风险的非预期损失} \\ &+ \text{操作风险的非预期损失} \end{aligned}$$

经济资本是一个新出现的统计学的概念。它是描述在一定的置信度水平上（如 99%）、一定时间内（如一年），为了弥补银行的非预期损失所需要的资本。它是根据银行资产的风险程度的大小计算出来的。计算经济资本的前提是必须要对银行的风险进行模型化、量化。这样还能计算出各个业务部门或各个业务产品所需要的资本来。其实，现在使用比较普遍的计算市场风险的模型（VaR）所计算出来的资本就是经济资本。经济资本的一个重要特点，就是它是指所“需要的”资本，“应该有”多少资本，而不是银行实实在在已经拥有的资本。

$$\begin{aligned} \text{银行损失} = &\ \text{预期损失(用准备金弥补)} + \text{非预期损失(用经济资本弥补)} \\ &+ \text{极端损失(通过压力测试计算)} \end{aligned}$$

前面两种损失与第三种损失的临界点称为 VaR。

对银行而言，资本是最稀缺的资源之一。资本的使用必须达到一定的最低回报率要求。因此，银行管理者必须对经济资本进行管理，既要保证有足够的经济资本覆盖风险，又要保证经济资本的使用是经济有效的，即能够用在最能为银行带来收益且风险又处于可接受范围的地方。通过将风险调整后的资本收益率计算结果与最低回报率比较，银行管理者可以基于风险收益匹配的基本原则进行业务架构设计和金融产品选择。从更长远的角度看，那些具有良好业务前景和投资机会的银行还可以筹集新的股权资本，以投入有价值的项目，风险调整后的资本收益率管理在现代银行业务中的运用是广泛而多层面的。

【经典案例】 7家商业银行深陷萧山国际资金旋涡

2010年7月初，杭州萧山国际酒店破产程序启动。沉重的债务使其成为舆论焦点，数百名大小债主卷入资金旋涡。在众多的债主中，银行是大头。仅2006年，银行授信滚动的短期借款就达7 661.26万元，长期借款4 200万元，其他负债3 400万元。到目前为止，共有7家银行卷入。

事件起因：改制之后留下融资黑洞

据了解，萧山国际原先属于萧山旅游局管辖下的国有资产，创立于1993年，1996年开业，1999年5月被相关部门评为四星级旅游涉外饭店，2003年实行股权改制，法定代表人俞坚中和一家香港公司成为股东。工商资料显示，公司注册资本金880万美元，法定代表人为俞坚中。股东为俞坚中和香港顺帆发展集团有限公司，股本比例分别为75%（660万美元）和25%（220万美元）。

2010年7月初，杭州萧山国际酒店破产程序启动。债权人的阵容正在不断扩大，据悉有数百人之多。而萧山国际的破产则源于沉重的债务负担，债务已达亿元之多。而纵观萧山国际此前的融资方式，也是五花八门。

1. 推出“产权式”客房模式，业主可买入一间到一层不等，酒店每月支付给业主租金作为回报。这是其中一种主要融资模式。这一模式在2004年前后在国内曾十分流行。产权式客房的销售按时间被分成两批，首批每平方米单价为6 000元，第二批每平方米单价为8 000元。

2. 股权转让方式。2006年8月，萧山国际酒店委托上海鹏图投资咨询有限公司做了一份“资本重组和股权转让”询价书，以股权转让方式进行。但事后的迹象显示，萧山国际酒店的股权未见变动，可见此次的融资并未成功施行。于是，便出现了上述的卖客房融资。

3. 消费券融资模式。从2007年以后，萧山国际的融资额度就越来越细微。据酒店内部人士介绍，萧山国际酒店曾与个人签订合同，即个人向酒店方交1万元的押金，即可在酒店内享受相关的优惠待遇。大致的优惠措施为：每月从酒店领取350元（150元两张、50元一张）消费券，只能在当月消费，过月作废，每次消费只能使用一张消费券；每月享受酒店两天的免费标准房，分上下半个月各一次，还必须提前预约，并由签约人到酒店办理入住手续。

很显然，从萧山国际越来越细微的融资方式中可以看到的是，萧山国际资金状况的窘境。

事件发展：7银行被卷入

萧山国际的主要债权人中，牵涉到的有国有银行、股份制银行、浙江境内的异地法人银行等共 7 家。据了解，一部分银行债务早就爆发过一波催债浪潮。而银行所涉及的资金并非全部是抵押贷款。初期，银行或以授信、抵押等方式给予房贷，至 2007—2008 年，萧山国际屡屡出现还款延误现象。这个债务链条的形成，呈现出来的是大套套小套的格局。

比如，一国有银行在与萧山国际酒店一笔近 5 000 万元的贷款催款无果后，双方最终协商，以萧山国际的 70 套客房抵押了事。没想到，这些客房属于"一女多嫁"的情况，这家银行无奈被扯了进去。据了解，萧山国际部分客房被"一女两嫁"，甚至是"数嫁"。酒店一方面将客房出售，另一方面却又抵押给了银行。酒店一旦破产清算，这部分物业必将引发其他债权人和银行的资产抢夺战。

再如，某浙江异地法人银行，发放的这笔贷款为个人委托贷款，放款者是温州人士，委托这家异地的法人银行发放自己的借款，这家银行就是因这笔贷款而"入套"。具体操作方式大致如此，萧山国际在该银行开设结算账户，资金委托人向银行出具贷款委托书，并由委托人和借款人共同向银行提出申请。虽然在委托贷款中，资金借贷风险由客户自负，但银行也不可避免地承担了监管责任和坏账的追索义务。

深度分析：银行应加强抵押物管理和个人委托贷款风险防范

从卷入萧山国际的银行中，我们可以看到银行在贷后管理中存在两个致命的失误：一方面是对贷款抵押物的审核不严，对于萧山国际"一女多嫁"的情况竟毫无察觉，为现在带来了法律纠纷；另一方面是对个人委托贷款放松了警惕，对于委托贷款而言，由于贷款资金风险由委托人承担，银行只是起到一个中介的作用，故不少银行放松了对委托贷款的监管，一旦贷款资金出现问题，必然引发客户与银行之间的法律纠纷。另外，从萧山国际的众多债权人中可以看到，萧山国际的财务问题绝非一日之功，银行对其放松了警惕，才是导致银行陷入当前困境的根本原因。因此，对于这次的"萧山风波"，银行应吸取足够的教训，加强信贷审核和贷后管理工作。

（一）加强企业贷款抵押物管理

抵押贷款的风险有抵押物本身的风险以及抵押物不足值所产生的风险。在这起案件中，银行所存在的风险源于抵押物本身的风险中的一物多次抵押风险。对此，我们认为银行应加强对企业抵押物的风险防范。

一是把好抵押物的权属关。首先，确保抵押物的真实性，这就要求银行信贷人员认真审查抵押物的有关权利凭证。其次，确保抵押物的合法性，这就要求信贷人员严格依照担保法审查抵押物，防止法律禁止抵押的财产进行抵押担保。最后，认真查验抵押物的权属，确保抵押物的有效性，这就要求信贷人员在核查抵押物的权属时一定要认真仔细。

二是把好抵押物评估关。这是确保抵押物足值的关键环节。在实际操作中，银行一般要求抵押人提供商业评估机构出具的评估报告，并根据评估价值按 70% 确定其借款合同贷款额。这就要求银行信贷人员认真审查评估执行的真实性和准确性，防止评估价值中渗有水分。

三是把好抵押物登记关。这是确保抵押担保关系效力必须履行的法定手续。根据

《担保法》第四十一条的规定，依法须登记的抵押物，抵押合同自登记之日起生效。这些财产包括房地产、林木、船舶、航空器、车辆以及企业的设备和其他动产。法律规定自登记之日起生效的合同，必须办理抵押登记，否则抵押担保行为无效。因此，银行信贷人员在办理抵押担保贷款时，对法律规定必须登记的抵押物，必须切实做好抵押登记工作，以确保抵押担保关系的合法有效性。

四是把好抵押物的投保关。抵押人以动产或不动产设定抵押担保的，银行应督促其将抵押物在保险机构投保。保险费用由借款人或抵押人负担，归还贷款时，银行有权从保险赔偿金中优先收回贷款本息，以确保银行贷款的风险降到最低。

（二）加强个人委托贷款风险管理

银行在个人委托贷款业务中只是充当中介的角色。银行接受资金提供方的委托将贷款发放给借款人，但委托贷款发放的标准以及所有条件包括贷款目的、金额、利率和还款安排等，均由委托人决定。银行只负责委托贷款的管理和回收，并从中收取2%～4%的手续费。贷款的风险则由委托人承担，这使得银行容易忽视委托贷款风险。我们认为银行应从以下几个方面来加强个人委托贷款风险管理。

一是加强委托风险管理意识，这是银行防范委托贷款风险的基础和前提。

二是明确委托贷款资金来源渠道，严禁信贷资金作为委托贷款来源。

三是明确商业银行对委托贷款投向的风险管理职责和所承担的责任。受托银行必须审查委托贷款的投向，其投向应视同自营贷款。

四是明确监管部门对商业银行委托贷款业务的监管内容及监管职责，特别是对个人委托贷款的委托人范围及委托模式进行必要的限定，强化风险控制，切实有效地防范委托贷款业务的风险。

五是加强贷后管理，对借款人的信誉状况、经营管理人员的素质、业务经营状况进行动态监督。

六是加强内控制度建设，银行应按《贷款通则》及《关于商业银行开办委托贷款有关问题的通知》等规定，制定切实可行的内部管理制度，同时制定风险内控管理制度，使各级人员有章可循，从制度上构筑防范委托贷款风险的防线。

资料来源：银行联合信息网，2010－08－19。

【复习思考题】

1. 什么是信用风险？
2. 信用风险有哪些类型？
3. 信用风险产生的一般原因有哪些？
4. 如何进行单一法人客户信用风险的识别？
5. 如何进行集团客户信用风险的识别？
6. 如何进行个人客户信用风险的识别？
7. 试述专家判别法的基本内容。
8. 试述 Z 计分模型的基本内容。

9. 影响违约损失率的因素有哪些？

10. 试述风险调整后的资本收益率（RAROC）。

【参考文献】

［1］霍再强：《现代金融风险管理》，1～23页，北京，科学出版社，2007。

［2］张金清：《金融风险管理》，6～7页，上海，复旦大学出版社，2009。

［3］吴青：《信用风险的度量与控制》，19～29页，北京，对外经济贸易大学出版社，2008。

［4］赵晓菊：《信用风险管理》，10～76页，上海，上海财经大学出版社，2008。

［5］许文、徐明圣：《商业银行风险管理：理论与实践》，89～117页，北京，经济管理出版社，2009。

［6］中国银行业从业人员资格认证办公室：《风险管理》，2～16页，北京，中国金融出版社，2007。

［7］王健、吕德宏：《基于 Credit Metrics 模型的我国商业银行贷款信用风险度量分析》，载《商场现代化》，2009（2），355～356页。

［8］彭非远：《KMV 模型对中国上市公司股权市场后的信用风险实证分析》，载《中山大学学报论丛》，2006（8），109～111页。

第五章　市场风险与管理

【本章概要】

由于金融系统的高风险性、信息的严重不对称性、金融系统在经济体系中的特殊地位及金融危机的严重后果，保证金融系统的稳定性至关重要。保证金融系统的稳定性除了严格有效的内部风险管理外，来自外部的金融监管也极为重要。本书前面内容着重分析了金融风险的内部管理，本节将着重分析金融市场风险的外部监管问题，包括金融监管的基本框架、监管核心和方法等。

【要点提示】

1. 金融监管的基本目的包括提高金融系统的信息对称程度，维持金融系统的安全与稳定，在提高监管有效性的同时，减轻监管负担（包括监管当局和被监管的金融机构），增进金融系统的效率和效益。

2. 目前，我国实行分业监管的依据是我国的金融市场发展水平仍处于较低层次，金融机构之间相互渗透不深，但三家监管机构的监管职能部门应加强横向联系，对金融机构作充分监督，以有效地防范金融风险。建议三家监管机构成立金融风险防范协调联络小组，其工作重点是监管信息共享，监管行动配合。设立这个小组将有着重要的中长期意义，可为将来企业监管积累经验和信息。

3. 风险度量模型主要有 VaR（Value at Risk）模型、信度模型和 ARCH 模型及其家族，它们在金融风险度量上各有特点。

【内容架构图】

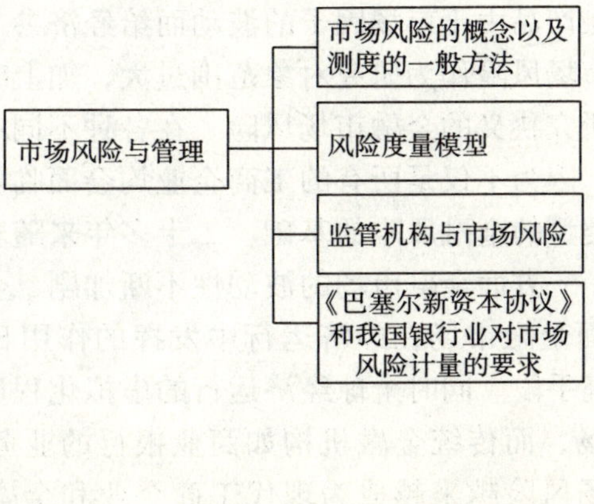

"流动获利与避险"是金融市场上永恒不变的话题。在金融市场上直观的理解是，所谓的收益（获利）就是以一定的投资，得到的超额回报的部分。而金融市场风险就是指在金融活动中由于金融市场不确定性的存在造成的金融参与者的损失，这里的不确定性一般被认为与经济行为人面临的直接或间接的各种因素相关。这些因素影响对经济活动的充分准确地分析、预见。正是由于这些金融风险很多来自于金融变量，如利率、汇率及资产价格等的变动，且这些变动一般是不可预测的，因此金融风险是客观存在的。但是往往这些不确定性所导致的风险所引起的损失是巨大的，会给投资者或一个地区甚至一个国家带来灾难性的结果。这样的例子不胜枚举。奥兰治县是美国最富庶的地区之一，但是1993年以后，由于其基金管理人罗伯特·西纯对长短期利率关系预期的失误，导致他用大量的以高杠杆利率借来的短期资本进行长期债券投资，由于当时的短期利率高于长期债券利率造成了基金的亏损，并且最后导致该县于1994年12月6日宣布破产；1995年2月26日，在世界1 000家大银行中按核心资本排名第489位的英国巴林银行，因进行巨额期货投机交易，造成9.16亿英镑的巨额亏损，致使该银行倒闭；在亚洲金融危机期间，自1997年7月泰铢大幅贬值之后的东南亚包括韩国、菲律宾、印度尼西亚、新加坡等各国的货币大面积贬值，到1998年6月1日日元汇率大幅下跌震惊了全球的外汇市场。值得一提的是在这期间我国的人民币汇率却处于稳中有升的趋势，为亚洲地区的经济稳定作出了重要贡献。正是由于金融市场风险强大的破坏性以及其客观性、不可避免性，甚至由于其不确定性的存在而蕴涵的商机，人们投入了大量的时间和精力去研究它，并且形成了系统性的金融市场风险管理的理论与方法。

第一节　市场风险的概念以及测度的一般方法

一、市场风险的含义

广义上的金融市场风险包括货币市场风险和资本市场风险，即由于金融市场因子如利率、汇率、证券价格等的不利于操作者的波动而导致的金融资产包括银行存贷款在内的广义上的金融产品损失的可能性。狭义上的金融市场风险主要是指证券市场的风险，包括债券、股票等各类金融产品由于市场因子的波动而给经济参与主体带来头寸损失的可能性。由于将广义金融市场风险作为研究对象范围过大，加上时间紧迫和作者所学实在有限，所以本文将主要研究狭义的金融市场风险。在各种不同的金融风险中，金融市场风险具有其特殊的地位，因为不仅是所有的工商企业均会面临着金融市场风险，而且金融市场风险往往是其他类型的金融风险的基础。二十多年来随着经济全球化逐步深入和金融自由化的飞速发展，一方面金融市场的波动性不断加剧，金融产品所蕴涵的风险结构越来越复杂；另一方面金融市场在经济运行中发挥的作用日趋明显，地位不断上升，已成为配置资源的关键手段。同时全球经济运行的虚拟化程度不断提高，工商企业的经营更加依赖于金融市场，而传统金融机构如商业银行的业务也逐步趋向于金融市场，这些因素使得金融市场风险越来越成为现代工商企业和金融机构面临的主要金融风险。

二、市场风险测度的一般方法

自从马柯维茨等创造性地提出风险—方差法定量测度与管理市场风险以来，在获得普遍赞誉的同时，由于假设条件严密、苛刻以及市场失真等原因也遭受了不少的批评。由于后续研究者的不懈努力，各种新型测度管理理论和工具不断涌现，在对现实世界的各种市场风险管理实践中发挥了积极的作用。

（一）传统的金融市场风险度量方法

1. 金融风险识别与度量的关系。前面已经提到对金融风险的识别，主要是分析风险暴露水平，以及风险的成因、特征等。随着经济活动的日益频繁和复杂，对金融风险的认识难度和深度也在逐渐加深，这同时也要求人们对识别金融风险的技术水平不断提高。正是这种技术水平的发展使得金融风险的识别与度量的分界线不再那么明显，也就是在对金融风险识别的同时也度量了该种风险的程度。这二者在越来越多的研究技术中表现出了不可分离的性质。

2. 传统的金融市场风险度量体系。这里我们简单介绍传统的金融市场风险度量体系中测量风险的数理方法。较常用的一般可归为四类，依次为简单算术法（偏差率、价差率）；波动性（Volatility）分析，即均值—方差准则；灵敏度（Sensitivity）分析方法，其代表性方法是贝塔系数方法；以在险价值（VaR）方法为代表的下方风险的测量技术体系。下面我们逐个对其代表性方法进行简单的介绍。

（1）价差率方法。用价差率来衡量金融市场风险的方法是最简单，也是使用最早的方法之一，其计算公式为

$$价差率 = 2 \times (最高价 - 最低价)/(最高价 + 最低价) \times 100\%$$

其中的最高价和最低价分别是被考察资产在考察期内的最高价格和最低价格。显然该种方法是直接将资产价格的可能波动幅度作为衡量风险的指标，价差率越大，资产价格的可能波动率越大，则风险越大，反之，则风险越小。这种方法的好处就是直观、易懂且计算简便。但是这种方法有明显的缺点，就是没有使用所有可能的信息，这使得计算的精度和准确性受到影响。

（2）均值—方差方法。通常该方法用来考察组合投资的期望收益（或效用）和风险关系的均衡程度。在投资中投资者希望获得最大的收益（用组合价值的均值表示）以及承担最小的风险（用组合的方差表示），但现实中这两方面的要求是互相矛盾的，即希望获得最大的收益就要以承担相对较大的风险为代价，反之，希望承担较小的风险的同时期望收益也会较小。基于这些，马柯维茨（Markowitz）提出了计算简便的均值—方差方法（Mean - Variance Analysis Approach），并且这一方法获得广泛应用。

当然，均值—方差方法还存有明显的缺陷：它考察的是投资组合对自身期望收益的离散程度。这种离散既包括了期望下方的部分，也包括了其上方的部分。但是我们知道在金融市场上，人们是欢迎超过期望那部分的收益的，也就是实际上不把期望上方的超出看成是风险。基于这个原因人们仍然在对该种金融市场风险的度量方法加以

改进。

（3）久期。久期是债券市场风险相对量的测度中的重要指标，是为了解决债权多次支付的期限含糊不清的问题，也是用来测度债权对利率波动风险的敏感性指标。根据 Frederick Macaulay 的定义，久期是根据债权每次息票利息或者本金支付时间的加权平均计算而得，且每次支付时间相关权重应该是这次支付在债权总价值中所占的比例，这一比例正好等于支付的现值除以债权价格。

（4）投资组合的 Beta 值。为了解决马柯维茨模型计算量庞大的问题，夏普在此基础上提出了单一指数模型。他认为影响金融资产组合的价格波动主要和共同的因素是市场总体价格水平的变动，资产价格波动之间的相互关系可以通过各种资产与这一共同因素之间的相互关系反映出来，这种间接的反映虽然不如直接计算各种资产间的协方差那样准确，但仍然是可靠的且是现实可用的。他认为资产组合 A 的个别收益率的估计值$\hat{r}_A$与反映市场整体收益率的 r_m 之间可以假设存在着一种线性关系。

在此测量理论中金融产品的收益率波动市场风险之一的影响因素有两类：宏观因素和微观因素。宏观因素影响市场全局，如利率的调整、通货膨胀率的变动等会引起市场价格水平整体的涨落，进而带动绝大部分产品的价格变动，因此属于系统性风险。个别资产组合或产品价格相对于市场价格总体水平波动程度取决于个别资产价格相对于市场价格变动的敏感度，即该产品的 Beta 值，Beta 值越大敏感程度越高，Beta 值大于 1，表示该产品波动幅度大于市场波动幅度，产品价格对市场变动敏感度强。Beta 值可以认为是股票市场最常用的相对风险收益测度指标之一。

（5）Gamma（r）。Gamma 一般以 r 表示，是一个与 Delta 密切联系的敏感性指标，甚至可以说它是一个 Delta 的敏感性指标。它表示期权之标的物价格的变动对该期权 Delta 的影响程度。这种影响程度我们也可以通过求导数的方法求得。Delta 是期权价格对标的物价格的一阶导数，而 Gamma 应是期权价格对标的物价格的二阶导数。由于 Gamma 反映着标的物价格的变动对 Delta 的影响程度，所以 Gamma 的变动与 Delta 的变动是相呼应的，无论是看涨期权还是看跌期权其 Delta 都与标的物价格呈同方向的变化，因此在任何的条件下任何期权的 Gamma 都是正的。一般地说，当期权处于极度实值或极度虚值时 Delta 的绝对值将趋近于 1 或 0，此时 Gamma 将趋近于零。这说明当标的物价格远离协定价格时，它的变动几乎对 Delta 没有任何影响，而在期权处于平价时其 Gamma 将有极大值出现，这就说明当标的物价格等于或接近于协定价格时，它的变动对 Delta 具有最大的影响。

（二）经典 VaR 方法

经典 VaR 方法描述的是市场正常波动下的最大可能损失，其计算核心在于估计证券组合未来损益的统计分布或概率密度函数。这一过程由三个基本模块构成：第一模块是映射过程（Mapping）——把组合中每一种头寸的回报表示为其市场因子的函数，第二模块是市场因子的波动性模型——预测市场因子的波动性，第三模块是估值模型——根据市场因子的波动性估计组合的价值变化和分布。其后两个模块是 VaR 模型的核心。不同的波动性模型和估值模型构成了 VaR 计算的不同方法，其分类如表 5 -

1 所示。

表 5－1　　　　根据两种因素对 VaR 模型的分类

估值模型 波动性模型	分析方法	模拟方法
历史模拟	—	根据历史分布定价组合价值
Monte Carlo 模拟	—	根据统计参数确定随机过程
情景分析	单一金融工具的敏感性分析	有限数量的情景
Risk Metrics 模型	协方差矩阵应用于标准映射法	协方差矩阵 Monte Carlo 法
GARCH 模型	协方差矩阵应用于标准映射法	协方差矩阵 Monte Carlo 法
隐含波动性模型	协方差矩阵应用于标准映射法	协方差矩阵 Monte Carlo 法
随机波动性模型	协方差矩阵应用于标准映射法	协方差矩阵 Monte Carlo 法

目前经典 VaR 的计算方法都是基于对波动性模型和估值模型的选择和组合。其中根据市场因子的波动性估计证券组合价值变化和分布的方法主要有两类，即分析方法（局部估值方法）和模拟方法（全值模型）。

分析方法主要根据金融工具的价值对市场因子变化的灵敏度，确定组合价值的变化，即 $\Delta V = f(s, \Delta r)$。其中，$\Delta V$ 为证券组合的价值变化，s 为灵敏度，Δr 为市场因子的变化。最简单的分析方法可表示为 $\Delta V = s \times \Delta r$。由于只有市场变化范围较小时，灵敏度才能近似于实际变化，因此这是一种局部模型。它利用统计分布特性和灵敏度简化了 VaR，但很难有效处理实际金融市场的厚尾性和大幅波动的非线性问题，往往产生误差与模型风险。

模拟方法是在模拟市场因子未来价格变化的不同情景基础上，针对不同情景重新定价证券组合中的金融工具，从而计算其价值变化。只要保证定价公式的适用性，模拟方法就能处理市场因子的大范围变动，是一种全值模拟。它可以较好地处理非线性、非正态问题，大量模拟的结果将收敛于组合的真实分布。

本节介绍最典型的历史模拟法、参数分析法和 Monte Carlo 模拟法。

1. 历史模拟法。

（1）基本原理。历史模拟法是最简单的 VaR 计算方法。其核心在于根据市场因子的历史样本变化模拟证券组合的未来损益分布，利用分位数给出一定置信度下的 VaR 估计，即利用历史实际发生的回报值时间序列 $\{y_{t-j}\}_{j=1}^{t-1}$ 的经验分布，计算一定置信水平 α 下的 $VaR_t(\alpha)$。

（2）计算方法及步骤。历史模拟法的计算采用历史模拟的方法（以给定历史时期中所观测到的市场因子的变化来表示市场因子的未来变化）作为市场因子模型，采用全值估计方法（根据市场因子的未来价格水平对头寸进行重新估值计算价值变化）作为估计模型，将组合的损益从小到大排序得到损益分布，通过给定置信度下的分位数求出 VaR。步骤如下：

第一，映射。先识别出基础的市场因子，收集适当时期的历史数据（典型的是3~5年的日数据），并用市场因子表示出证券组合中各个金融工具的盯市价值。

第二，根据市场因子过去 $N+1$ 个时期的价格时间序列，计算市场因子过去价格水平的实际变化，假定未来价格变化与过去完全相似，结合当前价格水平模拟未来市场因子的 N 种可能价格水平。

第三，利用证券定价公式，据模拟的价格水平求出证券组合的 N 种盯市价值，并与当前市价比较，得到未来的 N 个潜在损益——损益分布。

第四，根据损益分布，通过分位数求给定置信度下的VaR。

（3）评价及改进。历史模拟法的非参数性，既可以通过样本数据体现回报分布的形状，而不需要事先假定样本数据的特定分布形式，也无须估计分布参数，所以非常适合实际回报偏离正态分布的情况。但在实际应用中存在的主要问题是，如果历史样本抽样区间太短会导致VaR估计不精确，增大样本区间则会导致市场因子的波动性偏低可能违反独立同分布假设，所以估计精度难以确定。其重要发展是Butler和Schachter将该估计引入历史模拟法中，使VaR估计的标准历史模拟法可建立在连续可微的组合回报基础上，从而得到关于分布的期望百分位数、估计精度（如标准误差）等附加信息。

2. 参数分析法。

（1）基本原理。参数分析法是最常用的VaR计算方法。其旨在利用证券组合的价值函数与市场因子的近似关系，市场因子统计分布（方差—协方差矩阵）简化了VaR计算。

（2）计算方法分类及比较。根据证券组合价值函数形式不同，分析方法可以分为Delta-类模型和Gamma-类模型。在Delta-类模型中证券组合的价值函数均取一阶近似，只是不同模型中市场因子的统计分布假定不同，如Delta-正态模型假定市场因子服从多元正态分布，Delta-GARCH模型使用GARCH模型描述市场因子；而在Gamma-类模型中证券组合的价值函数均取二阶近似，Gamma-正态模型假定市场因子的变化服从多元正态分布，Gamma-GARCH模型使用多元GARCH模型描述市场因子。Delta-类模型采用线性形式，简化了VaR的计算，但缺点在于无法识别非线性风险；Gamma-类模型使用二阶泰勒展开式近似估计组合的非线性风险，考虑了凸性风险，但它是局部估计方法，对风险描述仍不全面，应用时也要在方法的准确性和执行的难易度之间作权衡。

（3）评价及改进。因为只需要利用一阶或二阶泰勒展开式近似估计组合价值，参数分析法大大简化了VaR计算，风险管理研究人员广泛利用此法推导出很多衍生模型。但其对分布的正态性假定往往与实际不符，导致模型估计精度不够。2000年Wang C.、Li G. 在第七届APFA年会上提出利用“人工智能神经网络”（包括遗传算法与模拟退火方法）改进参数分析的方法，以其原理简单、并行搜索、全局优化、自适应性和强鲁棒性，得到广泛应用。另外，通过求区域样本数据最符合的统计分布函数以提高估算精度的分布拟合法，也能克服传统分析方法中正态性假定的缺陷，提高了参数分析法的估算精度。

3. Monte Carlo 模拟法。

（1）基本原理。Monte Carlo 模拟 VaR 方法亦称随机模拟方法（Random Simulation），是最有前途的 VaR 方法。其思想是建立一个概率模型或随机过程，使它的参数等于问题的解，然后通过对模型或过程的观察计算所求参数的统计特征，最后给出所求问题的近似值，解的精度可用估计值的标准误差表示。

（2）计算方法和步骤。基于 Monte Carlo 模拟的 VaR 计算，主要是重复模拟金融变量的随机过程，使模拟值包括大部分市场因子的变化情况，模拟得出组合价值的整体分布情况，在此基础上可以求出 VaR。具体可以分为以下三步：

第一，情景产生。选择市场因子变化的随机过程和分布，估计其中相应的参数，模拟市场因子的变化路径，建立市场因子未来变化的情景。

第二，组合估值。对市场因子的每个情景，利用定价公式或其他方法计算组合的价值及其变化。

第三，估计 VaR。根据组合价值变化分布的模拟结果计算特定置信度下的 VaR。

（3）评价及其改进。Monte Carlo 模拟方法的优点是属于全值估计，可以处理非线性、大幅波动及厚尾问题，可以模拟回报的不同行为（如白噪声、自回归和双线性等）和不同分布。缺点在于计算量大；依赖于特定的随机过程和所选择的历史数据，产生的数据序列是静态的伪随机数，具有模型风险；随机数中存在的群聚效应会浪费大量观测值，降低了模拟效率。

近年来人们对此提出了许多改进技术，如对偶变量（Antithetic Variants）技术、控制变量（Control Variants）技术、匹配（Moment Matching Methods）技术、分层抽样（Stratified Sampling）技术、重要性抽样（Importance Sampling）技术、条件 Monte Carlo（Conditional Monte Carlo）模拟等方法，着力于减少误差项的系数；拟 Monte Carlo 模拟（Quasi－Monte Carlo）方法用预先选择的低偏差序列代替独立的随机序列进行模拟，使拟随机数均匀分布在间隔域中，避免了群聚效应；情景（Scenario）Monte Carlo 方法首先进行主成分分析，据此采用多项式分布将市场因子服从的多元正态分布离散化，生成有限数目的不同概率情景，降低了运算的复杂性；马尔科夫链 Monte Carlo 模拟方法（MCMC）引入随机过程中的马尔科夫过程实现动态模拟，即抽样分布随模拟的进行而改变，可以较好地解决传统 Monte Carlo 模拟方法的高维性和静态性。

综上所述，经典 VaR 的三种计算方法，在基本原理、计算思路上都有很大差异，因此计算方法的选择标准不仅仅是估计的准确性，更多地取决于风险经理对风险测量过程不同因素的偏好组合。因此，只有明确了各种方法应用时的优缺点，才能针对不同的资产组合选用或混合使用不同方法。

作为总结，表 5－2 比较了三种经典 VaR 计算方法应用于实践时的效力。

表 5-2　　VaR 计算方法比较

	历史模拟法	参数分析法	Monte Carlo 模拟法
数据收集的难易	困难	容易	容易
方法实现的难易	较容易	容易	困难
计算的速度	快速	快速	复杂组合中较慢
向管理者解释的难易	容易	较容易	困难
对不稳定市场的适应性	结果将偏差	除非采用别的标准差和相关系数，否则结果将偏差	除非采用别的分布参数，否则结果将偏差
检验其他假设的能力	无	可以检验其他的标准差和相关系数，不能检验其他分布的假设	都可以检验

经典 VaR 方法较为准确地测量了金融市场正常波动情形下资产组合的市场风险，但实际金融市场中极端波动情景发生的概率远高于正态分布的估计，金融市场价格变化的分布具有明显的“厚尾性”，而经典 VaR 在这种极端市场情景下存在较大的估计误差，因此金融风险管理师们引入压力试验和极值理论来测量极端市场状况下的金融市场风险。

（三）压力试验

压力试验是对极端市场情景下资产组合损失的评估。典型的压力试验方法包括情景分析和系统化压力试验。

1. 情景分析。情景分析旨在评估金融市场中的某些特殊情景或时间对资产组合价值变化的影响，它评估了市场波动性变化和相关性的影响，明确给出了某情景下资产组合的损失，虽然没有像经典 VaR 一样指明损失发生的概率，却可以和 VaR 互为补充。

它主要分为两大步：情景构造和情景评估。

（1）情景构造。情景构造是情景分析的基础，目的在于产生金融市场的极端情景（如资产价值的极端损失、市场因子波动性和相关性的极端情景等）。主要方法有三种：

第一，历史模拟情景方法。它是指以历史上曾发生过的极端事件为基准构造金融市场的未来极端情景。它又包括单一极端事件的历史模拟情景分析和长期熊市效应的历史情景分析。

第二，典型情景方法。它是通过对金融市场中一个或多个主要市场因子（如利率、汇率、股票价格或商品价格）变化的模拟构造未来极端情景。它又包括市场因子从相对适度变化到极端变化等多种情况。

第三，假定特殊事件方法。它设想未来可能发生的一次突发事件（如自然灾害或政治风险），分析特殊事件对金融市场的影响来构造未来极端情景。

（2）情景评估。情景评估是情景分析的核心与目的，指完成极端市场情景构造后，评估该极端情景的发生对资产组合价值变化的影响或后果。主要包括两种方法：

第一，基于灵敏度的情景评估。它利用资产头寸对市场因子的灵敏度，分析市场因子的极端变化对资产头寸的影响。此法对结构简单的金融资产很有效，但对复杂资产难以准确衡量市场因子变化幅度大的情景。

第二，全值情景评估。它利用定价公式对市场因子发生大幅波动后的资产组合重新估值，减去原资产组合价值，得到此情景下资产组合的损失，适合应用于复杂资产组合以及市场因子波动剧烈的情景。

2. 系统化压力试验。系统化压力试验的主要思想是用不同资产、不同程度的大幅波动构造一系列极端情景，并评估这些极端情景对资产组合的影响，从而产生一系列压力试验结果集合。它与情景分析的最大区别在于，它不是针对某一种特殊情景，而是针对一系列不同情景或情景组合，因此它一方面给出了更全面的压力试验分析结果，另一方面也大大增加了其计算复杂程度。

系统化压力试验主要包括压力试验的风险类型确定、价格波动水平的选择这两个核心问题。

（1）压力试验的风险类型确定。确定压力试验的风险类型时，必须首先识别资产组合面临的风险类型（类似 VaR 中的市场因子识别），针对不同的风险（如 Delta 风险、Gamma 风险或 Vega 风险）进行压力试验。

（2）价格水平波动的选择。选择波动性水平的主要方法是，考察分析每一个市场因子在特定期间的历史情况，确定出该市场因子的历史最大波动和近期的最大波动，按照需要根据当前市场情况以及主观经验进行选择，并随时间定期调整价格波动的幅度。

比较典型的系统化压力试验方法有因素推动分析法、最大损失优化法、最坏情景分析法。对于压力试验，必须注意准确预测可能造成巨大损失的小概率事件，同时应作为日常风险管理制度的重要构成部分而非临时性操作，其结果应表现为机构风险偏好的极限。

（四）极值理论

极值理论是测量极端市场情况下风险损失的另一种常用方法。它更多地采用了统计理论和方法，给出了极端条件下的 VaR 与概率水平的准确描述，如果有比较丰富的历史数据，则比单纯构造极端市场情景的压力试验效果更好。

它主要包括两类模型：传统的分块样本极值（Block Maxima）模型，即在连续的人为划分的各个区间段中考虑其极大观察值构成的极端事件；近年来发展起来的超越极值（Peaks Over Threshold，POT）模型，即观测超越了一定人为根据研究要求划分的界限值的观察值以及它们所构成的极端事件。

区间极值理论是一种经常应用于季节性分析的传统方法；而超越极值 POT 理论则更着重考虑数值本身，较少考虑时间的因素（因为可以选取要求的一段时间来进行研究），因此可以更加有效地使用原始数据，从而成为了最近众多应用科学所倾向选择的方法。

1. 分块样本极大值的极值理论（Block Maxima）。分块样本极大值模型对大量同分布的样本分块后的极大值进行建模。假定一个独立同分布的随机变量序列为 X_1，X_2，…，它们来自同一个未知分布 F，用 $M = \max(X_1, \cdots, X_n)$ 表示前 n 个观测值的最大值，进一步假定能找到实数序列 $a_n > 0$，$b_n > 0$ 时的正规化的最大值序列 $(M_n - b_n)/a_n$ 是依分布收敛的，即对某个非退化的分布函数 $H(x)$，当 $N \to \infty$ 时，称 $H(x)$ 为一个极大值

分布（简称极值分布），如果有

$$P\{(M_n - b_n)/a_n \leqslant x\} = F_n(a_n \times x + b_n) \xrightarrow{d} H(x)$$

同时称 F 处于 $H(x)$ 的最大吸引场中，记为 $F \in MDA(H)$ 。

（1）广义极值分布（Generalized Extreme Value 分布）。

极值分布可以归纳为一个单参数的分布，称为广义极值分布。其函数为

$$H_\xi(x) = \begin{cases} \exp[1-(1+\xi x)^{-1/\xi}], \xi \neq 0 \\ \exp(-e^x), \xi = 0 \end{cases}$$

x 满足 $1+\xi x>0$，ξ 是形状参数，$\xi<0$，$\xi=0$，$\xi>0$ 分别对应极值分布。

Frechet 分布 $\quad \phi_\xi(x) = \begin{cases} 0 \text{ 若 } x \leqslant 0 \\ e^{-x^{-\xi}} \text{ 若 } x > 0 \end{cases}, \quad \xi > 0$

Weibull 分布 $\quad \psi_\xi(x) = \begin{cases} e^{-(-x)^{-\xi}} \text{ 若 } x \leqslant 0 \\ 0 \text{ 若 } x > 0 \end{cases}, \quad \xi < 0$

Gumbel 分布 $\quad \Lambda_\xi(x) = e^{-x^{-\xi}}, x \in R, \quad \xi = 0$

（2）Fisher－Tippett 定理①。Fisher－Tippett 定理描述了标准化样本极大值的极限行为。

定理 1（Fisher－Tippett）：$F \in MDA(H) \Rightarrow H$ 是 ξ 的某种形式。

由此定理可知，若已知适当标准化的极大值序列依分布收敛，则其极限分布一定是参数取某特定值的广义极值分布 $H_{\xi,\mu,\sigma}(x)$。

当 $\xi=0$ 时，H_0 对应 Gumbel 分布，属于此吸引场的有正态分布、指数分布、Gamma 分布、对数正态分布，这类分布是薄尾分布。

当 $\xi<0$ 时，H_ξ 对应 Weibull 分布，属于此吸引场的是尾部较短的分布，如均匀分布、Beta 分布，很少应用于金融分析。

当 $\xi>0$ 时，H_ξ 对应 Frechet 分布，其吸引场的分布尾部较厚，如帕累托分布、柯西分布、t 分布、对数 Gamma 分布以及各种混合分布，适合模拟实际对数回报数据的厚尾性。

分布属于 Frechet 与否的判定定理：对 $\xi>0$，$F \in MDA(H) \Leftrightarrow$ 存在某个缓慢变化的函数 $L(x)$，使 $1-F(x) = x^{-1/\xi}L(x)$。

Fisher－Tippett 定理表明广义极值分布可用于拟合样本极大值的数据，但在实际不能满足数据的充足性时，极值理论发展到超越极值（POT）理论。

2. 超越极值（Peak Over Threshold，POT）理论。POT 模型是对超过某个充分大的阈值的所有观测值进行描述与建模。

（1）广义帕累托分布（GPD）。

广义帕累托分布函数有两个参数

$$G_{\xi,\beta}(x) = \begin{cases} 1-(1+\xi x/\beta)^{-1/\xi}, \xi \neq 0 \\ 1-\exp(-x/\xi), \xi = 0 \end{cases}$$

---

① Embrechts P., Kluppelberg C., Mikosch T.. Modeling Extreme Events. Berlin: Springer－Verlag, 1997.

其中，$\beta > 0$，当 $\xi \geqslant 0$ 时，$x \geqslant 0$；而当 $\xi < 0$ 时，$0 \leqslant x \leqslant -\beta/\xi$。

$\xi > 0$ 时，广义帕累托分布是厚尾的，与风险测量最相关。其所有大于等于 $1/\xi$ 的各阶矩都是无限的，即对 $k \geqslant 1/\xi$，$E(X_k)$ 不是有限的，取决于 ξ 的值。

（2）Pickands - Balkama - de Haan 定理。用 u 表示一充分大的阈值，假设超过 u 的样本个数为 N_u，用 X_1，…，X_n 表示超过阈值的样本观测值，用 Y_1，…，Y_{N_u} 表示相应的超额数，即 $Y_i = X_i - u$。

令 X_0 表示分布 F 的右端点，定义 X 的超额数的分布函数为

$$F_u(y) = P\{X - u \leqslant y \mid X > u\}, \quad y \in [0, x_0 - u]$$

若 F 属于 H_ξ 的最大吸引场，则广义帕累托分布是超额数分布的极限分布。

Pickands - Balkama - de Haan 定理：

对于每一个 $\xi \in R, F \in MDA(H_\xi)$，当且仅当对某个正的测量函数 $\beta(u)$，$\lim\limits_{u \to x_0} \sup\limits_{0 \leqslant y \leqslant x_0 - u} |F_u(y) - G_{\xi,\beta(u)}(y)| = 0$。

此定理说明对充分大的阈值 u，超额数的分布可以用广义帕累托分布近似。极值理论并不是对整个分布进行建模，只关注尾部的近似表达。对分布尾部的估计方法可分为两类：基于 Hill 估计和 Hall 试算法的半参数方法、基于广义帕累托分布的完全参数方法。极值理论的主要优点是可以准确描述分布尾部的分位数，也具有解析的函数形式便于计算；局限在于只适合于描述尾部的分布，同时存在大量历史数据的浪费，况且理论的某些假定条件（如样本极值独立同分布、幂指规则的假定等）与实际不完全相符，需要作进一步的验证。

第二节　风险度量模型

一、VaR 模型

（一）VaR 产生的背景

金融市场风险相对量的测度方法主要是针对不同金融产品，测量其市场因子的敏感度。它反映了不同金融产品的交易方式，主要适用于简单金融市场环境下单一产品、单一风险的风险测度，或者在复杂金融环境下的前台业务。随着金融市场的规模增大、交易方式的动态性和复杂性的增加，灵敏度方法存在的主要缺陷在于其测度风险的单一性，即不同的风险因子对应不同的风险相对量，问题由此产生。为了解决传统的金融市场风险测量方法所不能解决的一些问题，VaR 方法应运而生。VaR 方法是由 JP 摩根公司率先提出的，当时 JP 摩根的总裁要求其下属每天下午在当天交易结束后的 4 点 15 分给他一份一页的报告，说明该公司在未来 4 小时总体上的潜在损失是多大，这就是著名的“4 · 15 报告”。为了满足这一要求，JP 摩根的风险管理人员开发了一种能够测量不同交易、不同业务部门的市场风险并将这些风险集成为有效的市场风险的测度方法 VaR。

（二）VaR 的概念

VaR 是一种利用统计思想对风险进行估值的方法，一般被理解为在给定的市场条件

和给定的置信水平 α 下，在给定的一段时间内，某一投资组合预期会发生的最大损失。或者说在给定的市场条件下，在给定的时间段内，该投资组合发生大于 VaR 值损失的概率仅为给定的水平，以公式表示为

$$P(\Delta p > \mathrm{VaR}) = \alpha$$

其中，Δp 为资产组合在给定时间内的损失，VaR 为资产组合在置信水平 $1-\alpha$ 下处于金融风险中的价值。一般置信水平（如95%、99%等）由投资者自己设定，它反映了投资者对风险的厌恶程度，置信水平越高，投资者对风险的厌恶程度越强，愿意冒险的程度越弱；相反，置信水平越低，投资者对风险的喜好程度越强，愿意冒险的精神越强。一旦给定置信水平在一定的关于资产价格分布的假设之下，投资者可以获得投资于该项资产的在险价值（VaR）。

（三）VaR 的测量基础

VaR 的测量基于两个参数——持有期和置信水平。任何 VaR 只有在这两个参数给定的情况下才有意义，不同 VaR 模型也可以依据这两个参数进行比较甚至转换。

持有期是计算 VaR 的时间范围 Δt，由金融机构自行确定，通常为一天或一个月。由于波动性与时间长度呈正相关，所以 VaR 随持有期的增加而增加。当投资回报服从正态分布时，不同持有期下的 VaR 可以通过平方根转换。选择持有期主要考虑金融市场流动性、实际回报分布的正态性、投资者头寸调整的频繁性、历史数据样本要求的大量性。一般地说，持有期选择较短比较好。

置信水平即 VaR 计算公式中表示测量精度的 c。它取决于对 VaR 验证的需要、内部风险资本需求、监管要求以及在不同机构之间进行比较的需要。一般地说，考虑 VaR 的有效性时需要选择较低的置信水平，内部风险资本需求和外部监管要求则需要选择较高的置信水平，而出于统计和比较的目的则应选择中等偏高的置信水平。

（四）VaR 的优点和不足

VaR 方法有许多优点：

1. VaR 可以测量不同市场因子、不同金融产品构成的复杂证券组合和不同业务部门的总体市场风险暴露。

2. 由于 VaR 提供了一个统一的方法来测量风险，因此为战略投资者比较不同业务部门的风险暴露大小，基于风险调整的绩效评估资本配置和风险限额设置等。

3. VaR 概念简单、理解容易，给出了一定置信水平下在特定时间内所投资的金融产品组合的最大损失，比较适用于各类信息披露要求。

4. VaR 充分考虑了不同金融产品的价格变化之间的相关性，这可以体现出投资组合分散化对降低风险的贡献。

5. 特别适合于监管部门的风险管理。

同时 VaR 这一市场风险的测度方法也存在着诸多的不足。

1. VaR 缺乏次可加性。

2. 它是一种向后看的方法，对于未来的损失是基于历史数据并假定变量间过去的关系在未来保持不变，显然在许多情况下这并不符合事实。

3. VaR 是在特定的假设条件下进行的，如数据分布的正态分布性等，有时这些假定与现实是不相符合的。

4. VaR 的计算有时极为复杂。

5. VaR 只是市场处于正常变动下市场风险的有效测度方法，它不能处理金融市场处于极端价格变动，即所谓极值的情形如股市崩盘等。

当然这些不足的根源主要不是出于 VaR 本身而在于其所用的数据统计方法。

二、ARCH 模型及其家族

（一）历史波动率模型回顾

历史波动率是金融产品的收益围绕其均值变化的静态测量工具。因为它没有利用最近的信息来更新其估计，这就意味着收益序列的均值方差和协方差不会受最近信息的影响而随时间变化，这就是收益序列平稳的假设，即收益序列更一般的任何时间序列的矩不随时间的变化而变化，如果序列是平稳的，那么历史均值和方差就是确定的，在计算时毫无概念上的问题。然而不同于平稳序列，当序列非平稳时样本均值就成为其时间长度的函数。顾名思义，非平稳意味着所研究的金融产品收益的历史均值方差和协方差的估计是居于错误的估计得来的。虽然样本方差和协方差是可以计算的，但由于真实无条件二阶矩没有被明确定义，样本矩就不可能对真实总体矩提供任何信息。很长时间以来证券收益头二阶矩的平稳性一直受到怀疑，因而对历史波动率模型也提出了质疑。

（二）条件波动模型

方差的时变特征可以用条件时间序列模型来描述。不同于历史波动率模型，这一统计模型族能够更有效地利用 t 时刻所获得的信息集来估计随时间变化的均值和方差。在描述时变方差和协方差中，一类成功的模型是状态空间模型，另一类模型是条件异方差模型，如自回归条件异方差 ARCH 和 GARCH 模型。这类模型的思路是从数据中设法剔除对投机性价格变化分布的尖峰性起主要作用的系统变化方差。从本质上讲，这些模型允许数据分布出现尖峰特征，从而它们能更好地描述金融产品数据的经验分布，这就是 ARCH 家族研究法产生与发展的根源。传统的 VaR 模型需要有所持有资产组合的风险估计，即方差和相关系数。历史波动率是风险的一个较差的测度，因为它假定了证券收益的统计矩在不同时期是固定的。条件多变量时间序列技术由于有一种更有效的方式用过去的信息来计算现在的方差和协方差，因此更适合用以测度风险。一种与金融数据拟合较好的模型是多变量的 GARCH，但它的应用局限于在一个时间区内值能够持有较少的资产数量。一个简化过程可用以克服用过去数据推断现在资产组合波动率时的困难，它利用现在的资产组合权重和其构成资产的历史收益信息构造一个在假定现在的权重在过去一直不变的条件下资产组合所得到的收益序列，设 R_t 为 N_1 向量（$R_{1,t}$，$R_{2,t}$，$R_{n,t}$），式中 $R_{i,t}$ 是第 I 种资产在（$t-1$，t）时期的收益，W 为同期资产组合权重向量（N_1），我们现在持有的资产组合的历史收益可定义为

$$Y_t = W_T - R_t$$

在投资管理中，如果 W 表示实际投资持有权重序列，Y 可视为资产组合收益的历史

轨迹，投资组合的风险和收益可以用加权投资组合的多元分布统计矩来表示：

$$E(Y_t) = \mathrm{E}(W_T - R_t) = m$$

$$\mathrm{var}(Y_t) = W_T - \Omega W$$

其中，Ω 是 N 种资产收益的无条件方差—协方差矩阵。一个简化的寻找资产组合风险和收益特征的方法是估计 Y 的两阶矩。

$$\mathrm{E}(Y) = m$$

$$\mathrm{var}(Y) = E[Y - E(Y)]^2$$

该方法可容易地应用到风险管理中来计算任意给定时刻 t 的风险值。但是如果 W 没有变化，σ^2 就只能代表目前的条件波动率，如果头寸进行调整，则过去收益序列 Y 需要重新计算，信用头寸的波动率 σ^2 需要重新估计。这一方法有很多优点，它简单且易于计算，克服了 $N \times N$ 阶协方差估计时产生的维数和偏差问题，另一方面资产组合的过去收益包含了全部有关支配现有投资头寸动态性的必需信息。

三、信度模型

（一）来源

可信性模型萌芽于20世纪20年代，是非寿险精算学中经验费率厘定最重要的方法。在保险业实践中，保费的厘定采用自上而下的途径，首先在顶层水平保证征收足够多的保费以覆盖全部保险责任来平衡收支，然后在底层水平投保人之间按个人风险分摊保费，这就需要精确分析投保者的风险模型。考虑到非寿险时间度量单位短（多为一年），其损失与每个赔案的具体情况以及相应的环境变化情况密切相关的特点，保险公司使用可信性模型来不断调整损失经验，适应风险的变化，以保证数据的精确性。

（二）定义

所谓可信性模型，是研究如何利用本保单组合近期损失数据（称为经验数据，据此确定的保费为 PM_e）和主观选择的类似险种同期损失数据（称为先验信息数据，据此确定的保费为 PM_0），加权平均得出后验保费的估计。

$$\mu(\Theta) = (1 - Z) \times PM_0 + Z \times PM_e$$

其中，$Z \in [0,1]$ 为可信性因子。

（三）分类及比较

依据在费率厘定过程中利用个人经验数据的不同方式，可信性模型可区分为有限波动可信性（Limited Fluctuation Credibility）和最精确可信性（Greatest Accuracy Credibility）。前者根据投保人自身的索赔经验来确定保费，为保证模型可信性，要求投保人索赔经验数据稳定，即便有起伏也不剧烈，有限波动可信性由此得名。后者则在均方误差最小的意义下导出可信性保费的计算公式，因此在某种意义上是一种最接近真实风险保费的估计，最精确可信性由此得名。由于前者着眼于在索赔经验数据稳定的前提下考虑个体索赔经验，而后者则注重甄别保单组合数据的非齐质程度，显然更利于精确计算保费，故当今保险实践和理论研究中均更注重最精确可信性模型。

（四）有限波动信度理论框架

有限波动信度理论出现于20世纪初。Mowbray 早在1914年即已经给出了全可信性的概念[1]，其核心是依据经验数据确定保费。Whitney 在 1918 年提出了部分可信性概念[2]，要求在确定保费时，在个人索赔经验数据与保单组合索赔经验数据之间谋求一种平衡。二者均立足于索赔经验数据的稳定性。

它的基本含义是：求使 $\hat{\mu}(\Theta)$ 与 $\mu(\Theta)$ 相对误差不超过一定限度的概率足够大的 Z 值，也就是要让 $P_r\left(\left|\frac{\hat{\mu}-\mu}{\hat{\mu}}\right|<k\right)>\alpha$，这里的 k 和 α 都是给定的很小正数。

$$\mu(\Theta)=(1-Z)\times PM_0+Z\times PM_e=(1-Z)\times PM_0+Z\times EPM_e+Z\times(PM_e-EPM_e)$$

以上等式右端第三项表示总损失的随机波动。根据以上两式可以计算出 PM_e 和 EPM_e 的分布的百分位点，从而求解出估计的 Z 值。

（五）经典模型

最精确可信性理论主要包括两大模型：Buhlmann 创建的最小平方信度模型和应用现代统计理论的贝叶斯信度模型。

1. Buhlmann 信度模型。在非寿险精算学中，Buhlmann 建立了一套以他的名字命名的信度方法（Buhlmann's Approach to Credibility），又叫做最小平方信度方法，即假设所研究变量 x 的分布决定与外部变量 Θ（Θ 有它自己的分布，称为“先验分布”），给定样本值 X_1，X_2，…，X_n 后，我们可以得到在给定 $X=(x_1,x_2,\cdots,x_n)'$ 条件下的后验分布的一定信息。在 Buhlmann 模型中，我们估计后验分布的均值 $\mu(\theta)$ $[\mu(\theta)=E(\theta|x)]$ 为 x_i $(i=1,2,\cdots,n)$ 的线性组合，即 $\mu(\theta)=\alpha_0+\alpha_1x_1+\cdots+\alpha_nx_n$。

在要求平方误差期望达到最小的标准下，我们可以用 $n+1$ 个正则方程（Canonical Equations）对 α_j 进行最小二乘估计：

当 $i=0$ 时，无偏方程（Unbiased Equations）为 $E(x_n+1)=\tilde{\alpha}_0+\sum_{j=1}^{n}\tilde{\alpha}_jE(x_j)$。

当 $i=1$，…，n 时，我们得到其他的若干正则方程，并由此可推导出 $\mathrm{cov}(x_i,x_{n+1})=\sum_{j=1}^{n}\tilde{\alpha}_j\mathrm{cov}(x_i,x_j)$，所得信度保费为 $\tilde{\alpha}_0+\sum_{i=1}^{n}\tilde{\alpha}_ix_i$。

2. 贝叶斯信度模型。贝叶斯方法最早来自贝叶斯 1763 年的论文，进入 20 世纪以来在统计决策论、信息论及各种社会科学问题中得到广泛应用，已经形成了贝叶斯学派。在保险学中贝叶斯方法主要应用于经验估费法方面，最常见的是用以校正保险费和索赔率。

贝叶斯信度模型的基本思想是在给定样本取值并提供了一定信息（先验信息）的前提下来求解出参数的后验分布，进而得到在已知前若干期样本的信息条件下变量的数学特征。

其基本步骤是将保费估算中的未知参数视为随机变量，记为 θ。当 θ 已知时，样本

① Mowbray, A. H., How Extensive a Payroll Exposure is Necessary to Give a Dependable Pure Premium?, Proceedings of the Casualty Actuarial Society, 1 (1914), 25 - 30.

② Whitney, A. W., The Theory of Experience Rating, Proceedings of the Casualty Actuarial Society, 4 (1918), 275 - 293.

X_1，X_2，…，X_n 的联合分布密度可视为一个条件密度 $P(X_1,X_2,\cdots,X_n|\theta)$，根据经验确定先验分布 $\Pi(\theta)$，用贝叶斯公式可求出后验分布密度 $h(\theta|X_1,X_2,\cdots,X_n)$，记为 $h(\theta|x)$，则 $h(\theta|x)=\dfrac{\Pi(\theta)P(x|\theta)}{\int\Pi(\theta)P(x|\theta)\mathrm{d}\theta}$。用求得的后验分布对 θ 作出推断，并在此基础上估计后验保费。

第三节 监管机构与市场风险

一、金融监管的基本框架

一般而言，金融监管的基本目的包括：提高金融系统的信息对称程度，维持金融系统的安全与稳定；在提高监管有效性的同时，减轻监管负担（包括监管当局和被监管的金融机构），增进金融系统的效率和效益。

通常，先进的金融监管框架需要包括三个基本支柱：资本充足性要求、监管检查和市场纪律。资本充足性要求是指金融监管部门对金融机构用于冲抵风险损失、防止违约或破产发生的最低资本储备要求；监管检查是指监管部门具体实施监管行为的制度和机制，包括现场监管和非现场监管的安排、金融监管信息系统的建立以及对被监管金融机构的评价等；市场纪律是指金融市场的游戏规则，对参与金融市场活动的金融机构行为的自律性约束和激励，包括对市场准入和退出、市场信号反应的敏感性、对市场信息的披露程度等。监管实践表明，资本充足性要求是整个金融监管框架的核心和重点。

资本充足性要求的重要性主要体现在五个方面。

1. 资本充足性要求为中小投资者和储户的利益提供了保障。对于金融机构中占绝大多数的中小投资者和储户而言，他们将资金投向金融机构的主要目的并不在于通过风险管理获取超额的风险收益，只是希望利用金融机构在风险管理方面的优势，如信息优势、分散化优势和技术优势，以消除部分直接投资的风险，保证资金的安全性并获得较为稳定的收益。由于中小投资者和储户的弱势及信息的不对称，金融机构追求超额利润而导致的过度风险承担行为，对中小投资者和储户的损害最大。因此，监管当局从保护中小投资者和储户的角度考虑，要求金融机构有充足的资本储备来履行其承诺。

2. 资本充足性要求是维持金融系统稳定性、减小系统性风险的最基本方法。这可以从两个角度来看：从单个金融机构角度看，充足的资本可以使金融机构抵御风险损失的能力增强，从而成为维持金融系统稳定性的第一道防线；从金融系统角度看，如果所有的金融机构都具有充足的资本准备，即使一家金融机构出现财务危机或倒闭，其他金融机构也能够对其所引起的信用链、交易链的暂时断裂造成的冲击给予有效抵抗，从而保持整个金融体系的稳定，减小系统性风险和防止金融危机的发生。

3. 资本充足性要求是防止由于信息不对称而引起的金融危机的最终保证。在不完全的市场中，金融机构内部与外部投资者、储户间存在着信息不对称，由此产生的金融机构的道德危机以及投资者对市场信号的错误理解，是引发金融市场危机的重要原因之一，特别是这种信息不对称引起的市场危机所伴随的非理性行为，会导致金融市场因子间的正常关系完全失灵。在这种情况下，对冲、分散化等风险管理手段将会失去效用。资本充足性要求一方面激励股东强化对金融机构的监督、减少道德危机，另一方面提高了金融市场对金融机构的信心，从而降低了金融危机发生的可能性。

4. 金融全球化使资本充足性要求成为各国监管部门必须依赖的手段。金融全球化使金融机构面临着除本国金融市场以外的全球金融市场的冲击，单个国家或地区的金融监管能力也因此受到了一定的限制。本国监管当局可以对本国金融市场的波动采取一定的控制手段，但对全球金融市场的危机却无能为力。为了保障本国金融体系的安全，加强对本国金融机构的资本充足性要求，是抵抗外部金融市场冲击的有力手段。

5. 资本既为金融机构的稳定经营提供了重要的保证，同时也是金融机构经营的基础。由于资本的稀缺性，过度的或不合理的资本充足性要求，会降低金融机构的资本运营效率，或使金融机构陷入不利的竞争地位。因此，如何确定合理的资本充足性标准也成为决定金融系统有效性的一个重要因素。

二、金融市场风险的监管

近年来，金融监管的发展表现出两个明显的特征。

1. 风险监管成为金融监管的主要内容。一般而言，金融监管主要包括对金融机构的合规性监管和风险监管。由于金融业的风险性经营本质及金融市场的波动性增加，加之金融交易的全球化、复杂化，因此近年来风险监管成为金融监管的核心和重点。例如，在金融监管领域具有里程碑意义的1988年《巴塞尔协议》的出发点在于，强化金融机构的风险管理，将风险管理作为金融监管的核心内容。

2. 金融风险监管的重点从传统的信用风险转向市场风险。其原因在于：（1）放松金融管制、资本市场全球化、金融创新，尤其是资产证券化趋势，促使银行业的经营从传统的国内信贷业务向国际金融市场业务扩展，银行和非银行金融机构更加依赖金融市场工具进行融资和投资；（2）金融市场风险成为近年来频繁发生的金融机构倒闭事件和金融危机的主要触发因素，严重威胁着金融业的稳健发展。

国际金融监管当局金融监管原则的变化，在实践上充分反映了这一趋势。20世纪80年代国际银行业对第三世界贷款而导致的债务危机，促使1988年发达国家金融监管当局对信用风险的国际性监管协议——《巴塞尔协议》出台。该协议针对金融机构的信用风险规定了最低资本金要求，即资本充足性标准。巴塞尔协议的核心有两点：（1）Cooike比。对不同类型资产规定了不同的风险权重，针对加权风险资产总和，规定了最低的资本储备金比率8%，即著名的Cooike比，并按照流动性将资本准备金分为核心资本和附属资本，其中核心资本比例不得低于4%。（2）大额风险限制。大额风险是指等于或超过银行资本10%的头寸，巴塞尔协议要求对大额风险必须报告监管当局，不允许持有超过银行资本25%的头寸，整体大额头寸不能超过银行资本的800%。这一规定是防止银行风险过度集中于某一交易对手。

巴塞尔协议为国际银行业监管提供了一个基准性的框架和方法。但它存在三个主要缺陷：（1）没有考虑信贷质量问题。对同类资产如所有企业债券的风险权重都一样（100%），这样势必导致银行追求高风险资产。（2）它只考虑了信用风险，而忽视了其他重要的金融风险，尤其是金融市场风险。该协议对资产采用账面价值记账法，与其实际的市场价值严重偏离。特别是对于交易性资产，这一价值误差蕴涵了严重的市场风险，而巴塞尔协议并未将这一问题加以考虑。（3）没有考虑分散化效应，许多信用风险实际上可以通过行业间、地域间的分散化被部分冲销。

随着金融创新浪潮和全球金融市场的发展，金融机构的经营方式发生了重大变化，1988 年的《巴塞尔协议》越来越难以适应不断发展的金融实践。为此，巴塞尔监管委员会等国际金融监管机构在近十年来发布了一系列 1988 年《巴塞尔协议》的修改补充文件，旨在针对日趋严重的金融市场风险，确定其资本充足性标准。在 1996 年的《资本协议市场风险补充规定》（以下简称《市场风险补充规定》）中，巴塞尔监管委员会最后确认了一个更为准确的市场风险资本充足性确定方法。《市场风险补充规定》指出，银行可以运用经过监管部门审查的内部模型来确定市场风险的资本充足性要求。对于非银行金融机构，主要是证券机构，金融监管重点也从传统交易清算的流动性方面转向金融市场风险。随着金融机构的混业经营，对银行业和非银行金融机构市场风险的资本充足性要求也逐渐趋同。金融监管的发展趋势表明，金融市场风险监管越来越成为监管当局的监管重点之一。

三、金融监管机构的市场风险监管

我国近几年设立了中国银行业监督管理委员会、中国证券监督管理委员会和中国保险监督管理委员会三家监管机构，从此，分业监管体系基本建成。目前，我国实行分业监管的依据是我国的金融市场发展水平仍处于较低层次，金融机构之间相互渗透不深，但三家监管机构的监管职能部门应加强横向联系，对金融机构作充分监督，以有效地防范金融风险。建议三家监管机构成立金融风险防范协调联络小组，其工作重点是实现监管信息共享、监管行动配合。设立这个小组将有着重要的中长期意义，可为将来企业监管积累经验和信息。

金融监管制度建立后，政府必须根据社会经济发展的实际情况随时调整其政策，以适应金融业的发展。当然，在实践中应该坚持政策的连续性和应变性的有机结合。在这方面，中国尚处于起步阶段，如果政策体系的颁布过于滞后，则对将来金融风险的增量遏制不能够起有效作用，如果过早同样起不到作用。对于金融监管，目前国际上强调国际间合作。各国政府在制定其金融监管政策时，应该根据国际上通用的相关标准并结合本国实际来研究。例如，巴塞尔委员会的一系列协议所规定的标准是我国制定金融监管政策的主要依据。早在 1974 年，十国集团国家的中央银行行长建立了巴塞尔银行监管委员会。1987 年，国际清算银行召开中央银行行长会议通过“巴塞尔提议”。1988 年由巴塞尔银行监管委员会在“巴塞尔提议”的基础上通过《关于统一国际银行的资本计算和资本标准的协议》，简称《巴塞尔协议》。2001 年 1 月，巴塞尔委员会公布了《巴塞尔新资本协议》草稿第二稿；2001 年 6 月巴塞尔委员会决定，《巴塞尔新资本协议》于 2002 年定稿，2005 年开始实施，取代 1988 年的《巴塞尔协议》。巴塞尔协议是各发达国家比较成功的经验总结，是宝贵的实践成果，巴塞尔委员会也正在世界各国不遗余力地推广该协议体系，未来各国的普遍接受将是事实。中国的经济、金融随着加入世界贸易组织必将融入世界经济体系，必须遵守国际经济的各种“游戏规则”。因此，参照巴塞尔协议体系制定中国金融监管政策，是中国经济发展的需要，也是金融稳定的需要。根据国外的先进经验，我国的金融监管政策应涵盖最低资本充足率、监管机构的监管、金融市场纪律。最低资本充足率是中国金融监管政策的重点问题。关于资本充足率监管的当务之急是提高国有商业银行的资本充足率。1998 年，我国发行 2 700 亿元人民币特别国债，用来向国有商业银行注入资本，以使其基本达到巴塞尔委员会的最低资本要求。从技术层面来看，我国国有商业银行受较低的资本充足率、较高的呆坏账比率和巨额存贷差等存量的约束。巴塞尔协议规定的最低资本充足率，对于我国商业银行来说，存在前提条件的约束问题。因为我国商业银行普遍存在很高的不良资产率和巨额存贷差问题。较低的资本充足率使存款人承担极大的风险，如果国有商业银行遭遇特别情况而破产，将产生严重的社会问题。监管机构监管的目的是确保金融机构建立完善的内部评估程序，对自身的资本充足率作出正确的评估。在实际监管时应坚持如下几个原则：一是银行必须具有正确评估资本充足率的完整程序；二是监管机构应对银行的评估结果经常进行检查，如有问题应及时改进；三是银行应努力争取其资本超过最低资本充足率规定的比率；四是监管机构的干预应该走在银行评估之前。金融市场纪律的核心问题是信息披露问题。由于金融业信息不对称问题严重，为了存款者和投资者的利益，金融机构应及时披露自身经营管理状况和清偿能力等方面的信息。

第四节 《巴塞尔新资本协议》和我国银行业对市场风险计量的要求

市场风险和信用风险一样，是商业银行在经营管理活动中面临的最重要的风险之一。根据 1996 年 1 月巴塞尔委员会颁布的《市场风险补充规定》的定义，市场风险指因市场价格波动而导致表内和表外头寸损失的风险，并根据导致市场风险因素的不同划分为利率风险、股票风险、汇率风险和商品价格风险。这一定义实际上把银行业务按其性质分为银行账户业务和交易账户业务，前者包括存贷款等传统业务及与之相关联的衍生产品，后者则是银行为获取短期收益或为交易项目套期保值而建立的头寸。二者的根本不同在于，后者的盈亏对市场价格波动更具敏感性，面临更大的市场风险，而前者面临的主要是信用风险。所以《市场风险补充规定》最大的进步就在于通过对交易账户提出资本充足性要求，成功地将市场风险也纳入到统一的监管框架之中。

一、加强市场风险管理：原因分析

作为典型的金融中介机构，以商业银行为主的银行业的传统业务主要是吸收存款、发放贷款以及提供一些结算方面的中间服务。因此，信用风险和流动性风险曾是传统商业银行最重要的金融风险。然而近年来银行业的经营环境发生了巨大变化，竞争日趋激烈，包括同业竞争，来自其他金融机构的竞争，来自企业的“脱媒”行为及其新型金融工具对银行传统业务的冲击等，都促使银行的经营行为和方式发生了重大的变化。银行业的经营重点由传统的贷款业务向市场业务转移，从而使银行业的风险状况发生转变，市场风险逐渐成为银行业最重要的风险，具体原因分析如下。

1. 市场价格的波动性。自1973年“布雷顿森林体系”崩溃以来，全球范围内汇率、利率、股票价格和商品价格呈现出高度波动性，加重了金融市场对商业银行经营的影响。最典型的案例就是20世纪80年代美国利率市场的剧烈波动导致的美国储贷协会破产。美国储贷协会主要通过吸收短期储蓄存款、发放长期的固定利率抵押贷款赚取收益。从损益报表看，其收入对利率无敏感性，而其支出却受到短期利率变化的很大影响——短期利率的上升直接导致支出增加，因此美国储贷协会具有巨大的潜在利率风险暴露。但20世纪70年代，由于美国利率始终维持着较为平稳的上升趋势，这种潜在的利率风险并没有对其产生很大影响。到了20世纪80年代，随着美国放松利率管制，收益率曲线发生逆转，短期利率急剧上升。结果，美国储贷协会对存款利息的支出迅速超过了其贷款收入，经营陷入困境。

2. 金融市场全球化。金融市场全球化导致各国金融市场的开放程度不断加深，资本在全球范围内的大量、快速和自由流动。这一过程促使商业银行的业务拓展到全球范围。经营区域的多元化使银行面临的市场风险因子增多，并且一个地区的局部金融市场波动会迅速波及传染到其他的金融市场中，引起全球金融市场的不稳定，从而使银行的系统性风险增加。

3. 金融创新与放松管制。金融创新与放松管制引起了银行业之间、银行业与金融市场机构之间的激烈竞争，并引发了金融的并购浪潮。其结果首先是银行业的集中，出现了若干家规模巨大的全球化经营的“巨无霸”，导致金融市场中交易行为的集中化倾向，市场风险更为集中；其次是银行的混业经营。传统银行业务利润率的下降，使得银行业务或资产组合中传统的贷款业务比率逐渐减少。20年前，大多数西方国家银行收益的90%来自于贷款利息收入，目前这一比率已下降到60%，有的甚至低于40%，而投资银行业务、资产管理业务、公司理财业务的份额却逐渐上升。银行业经营的重心向市场业务的偏移使得金融市场风险对于银行业而言变得越来越重要。

4. 衍生金融工具的大量使用。为了管理风险、提高经营的杠杆率，银行开始大量从事金融衍生产品交易。国际清算银行（BIS）对金融衍生产品OTC市场的统计报告显示：大量的OTC交易都集中于一些主要银行。由于高杠杆率，衍生产品的风险可能高出其基础产品风险的几十倍。衍生产品隐含的巨大风险导致银行经营具有更多潜在的市场风险。由衍生产品交易而引发的市场风险给银行带来的损失，已成为近年来银行倒闭的最主要原因，如英国著名的巴林银行的倒闭。

二、我国商业银行加强市场风险管理的主要原因

1. 不良资产处理过程中蕴涵着市场风险。我国四大国有商业银行存在着大量的不良

资产。巨额不良资产的存在，对我国经济金融影响深远，严重威胁着我国金融体系的安全。处理不良金融资产，化解金融风险是我国经济发展、金融体制改革的当务之急。国务院已成立了四家金融资产管理公司，专门处理四大国有商业银行的不良资产。资产管理公司处理不良金融资产的举措之一就是将不良资产证券化，但目前我国这些证券化的措施如债权转股权等，还不是真正意义上的证券化，因为这些证券化资产的信用风险并没有分散，而只是风险的转移，从四大国有商业银行转移到四家国有资产管理公司。真正分散风险的措施应是赋予这些资产以流动性。只有这些资产被允许流动，单个投资者的风险才会降低，投资者的积极性才能得以提高。然而，这样就产生一个问题：一旦这些不良资产获得了流动性，就会受到市场因素的影响，引发市场风险，即信用风险转化为了市场风险。不良资产经受市场风险的能力往往很弱，如果没有很好的风险管理技术，会导致资产的大量损失。

2. 货币市场中存在着市场风险。市场风险在我国货币市场中也有所体现，其集中表现为利率风险。虽然我国商业银行存贷款利率没有放开，但是同业拆借利率却接近市场利率。同业拆借利率随着市场情况上下波动，容易引发利率风险。随着我国中央银行公开市场操作的逐步开展，国债二级市场将进一步规范发展，越来越多的商业银行进入银行间债券市场进行交易，国债市场的利率风险也将显现。

3. 衍生金融交易中潜藏着市场风险。衍生金融工具主要包括远期外汇交易、金融期货与期权（利率期货与期权、货币期货与期权、股票指数期货与期权）、货币掉期、利率掉期、远期利率协定及其他一些对基本金融工具变形、组合、再变形、再组合而形成的结构型或复合型金融工具。衍生金融工具在转移与分散单个风险方面可以起到显著的作用，但从宏观角度来说，它们仅仅转移或分散了某种风险，并不意味着整个体系风险的减少。或有负债衍生金融交易潜藏着巨大的市场风险，如果管理不当，就会带来巨大灾难。近年来国际金融市场上多起因衍生金融交易而造成金融机构损失、倒闭的案例充分说明了这一点。我国的一些银行也已在国际金融市场上开展衍生金融交易，如果对市场风险不加防范，将有可能遭受资产损失。

三、中国商业银行风险管理水平与《巴塞尔新资本协议》规定的差距

1. 风险识别上的差距。从中国商业银行信用风险、市场风险和操作风险对风险识别的了解，可以看出目前对风险的识别还不是很明晰，并且相关的定量分析少于定性分析。目前，西方商业银行的风险识别主要有财务报表分析法、风险树搜寻法、专家意见法以及筛选—检测—诊断法。但是，商业银行普遍运用较广的是专家意见法，相比较而言，其他的方法运用较少。就算是有的银行也采取了财务报表分析法，但是往往涉及静态分析的较多，如比率分析、比例分析，对于动态分析，如时期比较分析、趋势分析等运用得较少。

2. 风险衡量上的差距。首先是风险管理专业化程度不高。商业银行的风险包括信用风险、市场风险和操作风险等，各种不同类别的风险，其管理方法也有所差异，特别是对于市场风险的管理要求较高，但是我们由于缺乏科学的定价信用，难以实现市场风险

和信用风险的分离，难以实行独立的风险管理。其次是风险量化管理技术比较落后。目前，商业银行的风险管理大致停留在资产负债指标管理和头寸管理的水平上，风险管理的内容大多还只是简单的比例管理，采用一些静态的财务数据计算一些比例指标进行比较，分析方法也主要是账面价值分析法，而较少使用市场价值分析法。对于当今国际上流行的分析量化和管理方法，只停留在理论介绍和引入阶段，尚未在实践中具体运用。

3. 风险监督上的差距。商业银行风险管理是一个系统工程，它需要诸多因素的密切配合，才能真正达到有效降低银行风险的目的。国外商业银行之所以风险管理比较到位，重要原因在于建立了健全有效的风险管理机制。具体说来有：风险预警机制，主要进行风险预警、传递风险信息并建立风险资料库；信息披露机制，使银行利益相关者全面了解银行的风险状况，对银行发挥监督约束作用；风险避险机制，具体实施风险规避行为，对风险进行再分配和转移，并作出风险管理评估报告。中国商业银行则普遍存在风险管理机制缺失问题，具体表现在风险管理的体系不完善，制度落实不到位，监控机制不健全。

4. 风险控制上的差距。西方发达国家商业银行一般都是按照严格的法律程序组建的股份制商业银行，它们产权清晰、制度完善、运作规范、激励机制和约束机制健全有效，特别是具有良好的公司治理结构。这些体制优势使国外商业银行具有较高的风险控制和管理能力。中国商业银行由于产权归属缺位，委托代理关系流于形式，政府以行政干预等非市场化、非透明的方式影响银行经营行为十分方便，加上激励机制和约束机制的欠缺，银行公司治理结构极不健全。商业银行即使设有风险管理委员会，也由于其独立性、权威性不够，以及风险承担主体的不明确，而无力对金融风险实现有效的控制，风险管理也只能停留在以盈利为目的的业务决策服务的层次上，而不能上升到银行发展的战略高度。另外，中国商业银行都是实行以分行为核算主体的横向管理体制，这种体制不利于董事会的控制，极易受外界因素干扰，使银行在风险的评估、控制、监管等方面存在滞后性。

【经典案例】　　中信泰富炒汇巨亏事件

一、案情

2008 年 10 月 20 日，香港恒指成分股中信泰富突然惊爆，因投资杠杆式外汇产品而巨亏 155 亿港元！其中包括约 8.07 亿港元的已实现亏损和 147 亿港元的估计亏损，而且亏损有可能继续扩大。中信泰富两名高层即时辞职，包括集团财务董事张立宪和集团财务总监周至贤。莫伟龙获任集团财务董事，负责集团财务及内部监控。

2008 年 10 月 21 日，中信泰富股价开盘即暴跌 38%，盘中更一度跌至每股 6.47 港元，跌幅超过 55.4%，当日收报于每股 6.52 港元，跌幅达 55.1%，远远超过业界预计的 20% 左右的跌幅。

2008 年 10 月 22 日，香港证监会确认，已经对中信泰富的业务展开调查，而由于中信泰富的股价在两天内已经跌了近 80%，联交所公布的公告显示，中信泰富董事会主席荣智健及母公司中信集团，于场内分别增持 100 万股及 200 万股，来维持股价稳定。

2008年11月，香港中信泰富在炒外汇衍生工具发生巨额亏损后，终于获母公司北京中信集团出手相助。中信集团向中信泰富授出116亿港元的备用信贷、认购中信泰富发行的可换股债券，以及承担中信泰富在外汇累计期权合约的损失。

2009年3月26日，中信泰富公布2008年全年业绩，大亏126.62亿港元，董事会主席荣智健强调集团财政状况仍稳健，暂时无供股需要。

2009年4月3日，中信泰富继早前被香港证监会调查后，3日再度接受警方调查。警方商业罪案调查科前往中信泰富总部调查，在逗留一小时之后运走大批文件。

2009年4月8日，中信泰富在港交所网站发布公告称，荣智健卸任中信泰富董事会主席，北京中信集团副董事长兼总经理常振明接任。

二、原因

由于参与澳元期权的对赌，荣智健主政的中信泰富发生了155亿港元的巨额亏损。这位以斐然经营业绩颠覆了“富不过三代”商业定律的“红色资本家”后代不仅因此丢失了中信泰富的最高管理权杖，而且可能面临着长达14年的牢狱之灾。从30余年商战风雨中走过来的荣智健为何如此惨败，扼腕叹息之余，人们更多的是诘问与思索。

1. 加框效应：高估收益头寸。加框效应是指在投资决策时，对低概率事件作出过高的期望，从而使得投资者愿意承担更大的风险。加框效应的实质是没有看到真正的输赢概率，降低对损失可能性的估计，而提高了对盈利可能性的估计，因此选择了与市场方向完全相反的决策。

由于特种钢生产业务的需要，中信泰富两年前动用4.15亿美元收购了西澳大利亚两个分别拥有10亿吨磁铁矿资源开采权公司的全部股权。这个项目使得中信泰富对澳元有着巨大的需求。而为了防范汇率变动带来的风险，中信泰富在市场上购买了数十份外汇合约，即中信泰富把宝完全押在了澳元多头上。在荣智健看来，澳元在最近几年的持续升值趋势还将保持，做多澳元肯定会盈利。然而，一场全球金融海啸最终让澳元飞流直下。对澳元价值前景的误判导致了荣智健决策的失误，并最终让中信泰富付出了惨痛的代价。

2. 投入升级：误判市场风险。投入升级主要是指投资决策者为了证明自己最初选择的正确性，进一步向已经存在较大风险或者证明可能失败的地方继续追加新的投资，希望能够弥补过去的损失，并最终获得盈利。投入升级实际上是投资者对未来获取高额收益的期望和即使在低概率条件下运气也会改变的信念相结合的产物。

中信泰富买入澳元期权合约共90亿澳元，比实际矿业投资额高出4倍多，并且其买入行为也不是一次完成的，而是采取分批买入的方式。应当说，如果中信泰富在投资澳大利亚磁铁矿时世界经济正处于上升时期的话，此时做多澳元完全可以理解；问题的关键在于，荣智健密集买入澳元的时段为2007年8月到2008年8月，而此时全球经济已显危险征兆，特别是到了2008年，所有不同经济体衰退的趋势非常明显。在这种情况下，尽管中信泰富已经发生明显亏损却仍在一味做多澳元。之所以如此，就是荣智健认为澳元跌势已经见底，并试图通过追加投资挽回前面的损失，结果窟窿越填越大。低估世界经济尤其是澳大利亚经济下行的风险，甚至某种程度上对澳大利亚经济作出过于乐观的预期，使中信泰富最终尝到了刀刃上舔血之苦。

3. 少数人统治：群体决策缺陷。由于现代投资市场的高风险以及决策规范化和民主化的要求，国际上许多大型金融企业都实行群体决策制度，如董事会制、委员会制等。但是，对于一个组织而言，如果高层管理者中存在一个特殊人物，群体决策就会陷入少数人统治的境地。

对中信泰富的组织成员构架和决策过程进行分析后，我们可以发现该公司具有明显的“少数人统治”的特征：一方面，荣智健对中信泰富有着非同常人的“钳控力”，如其身上有着一个极具分量的标签——荣氏家族第三代传人，同时他还是中信泰富的缔造者，这种特殊的背景造就了荣智健在公司重大投资决策中的特殊话语权，某种程度上可以影响和支配决策集团中其他决策成员的思想与态度；另一方面，中信泰富高层存在着明显的“内聚力”现象，即主要决策者之间相互吸引或者彼此喜欢的程度很强，其中以公司董事总经理范鸿龄、公司副董事总经理荣明杰、公司董事兼财务部部长荣明方三人与荣智健的关系最具代表性，范鸿龄与荣智健一起打下了中信泰富的江山，并追随荣智健20多年，形成了对荣智健“铭感于心”的特殊情感，而后两者分别作为荣智健的长子与爱女更是对父亲遵从有三。显然，无论是“钳控力”还是“内聚力”，两种力量都最终可能导致对荣智健个人决策权监督的失控。

4. 英雄不败：胜利思维变异。依据组织行为学有关理论，组织中核心成员和决策者往往持有这样的假设：自己就是因为过去的能力和业绩突出，才能进入组织管理层，所以今后仍然不会作出错误的决定，甚至整个组织都认为该核心成员和决策者不会犯错。

观察荣智健的经商过程，人们发现其不仅顺风顺水，而且业绩持续显赫。1978年荣智健只身南下香港，创办爱卡电子，仅仅经营了4年之后，就净赚5 600多万港元。紧接着，荣智健东进美国加州创办了另一家提供电子计算机软件辅助服务的自动设计公司，一年之后，该公司成功上市，两年后，荣智健卖掉公司的六成股权，而此时，他的财富已膨胀到了4.3亿多港元。1986年，荣智健加入中信香港公司，并出任副董事长兼总经理，在接下来五年不到的时间内展开了一系列不凡的资本并购：以23亿港元收购英资企业香港国泰航空公司12.5%的股份；出资3亿多港元收购了泰富发展49%的股权，不久又通过资产注入将其在泰富集团的股权扩至85%；出资69.4亿港元吞下恒昌36%的股权等。

如果从1987年运作并购国泰航空开始计算，短短5年内中信泰富市值暴涨了10倍，达到87亿港元。几乎从来没有失败记录的荣智健既在众人眼中形成了英雄不败的高大形象，也在自己头脑中培养了出手必胜的惯性思维，乃至在全球金融危机之下、澳元兑美元汇率为0.95，达到顶峰之际也敢接盘做多。

5. 官方兜底：忧患意识淡漠。产权经济学认为，国家控股企业由于事实上割裂了产权所有者和产权经营者的利益链条，不仅淡化了后者对前者的责任意识，而且也放松了经营者对市场的风险意识。因为在国有化的制度安排中，风险最大承接者是政府。

回顾荣智健经营中信泰富的历史，笔者也发现了外部经济环境的冲击对其构成生存性危机的事实。1998年亚洲金融危机期间，中信泰富不仅主营业务受到威胁，股票在二级市场更是风雨飘摇，但最后来自中信集团（中信泰富控股者）的10亿港元贷款支持让荣智健转危为安。也正是基于这一次中信集团的慷慨态度，当荣智健跌倒在“澳元门”事件上时，又再一次向其伸出了求救之手。笔者并不否认中信集团在每一次危机之时伸手援救中信泰富的必要性，毕竟后者是前者在香港的一个重要资本运作平台，然而，也许正是背靠着官方这棵不倒的大树，以为政府具备了超级的风险分解能力，荣智健才敢于大胆压赌，孤注一掷。

三、启示

1. 控制境外衍生品的交易风险，政府相关部门除了加强监管，应同时出台相应的规定文件，对于那些已经造成巨额损失的企业负责人及其相关责任人要严厉处罚。如果不处罚，就会导致更多的企业冒风险去违规。

2. 香港警方之所以对中信泰富大动干戈，是因为怀疑公司董事作出虚假陈述，董事之间可能存在串谋欺诈。这就会因为信息的发布不及时而侵害不知情的中小投资者利益，香港证监部门介入调查中信泰富事件同样也是基于这样一个切入点，由此可见，信息披露机制的严格执行，对维护中小投资者利益来说至关重要。

3. 由于央企的特殊身份，在海外成熟市场可以接受比较严格的监管，在国内主板市场同样需要采取更为严格的标准对其进行监管。尤其涉及央企的重大经营和重组事件时，监管部门和国资委要及时监督相关上市公司按要求及时发布公开信息。一旦发现存在违反规定的行为时，要像香港市场一样对央企一查到底，不留情面，维护中小投资者的利益。

随着市场经济的深化、金融市场的逐步国际化，衍生金融工具也必将在我国迅速发展起来。因而，我国必须完善法规制度，使企业在投资金融衍生产品时有据可依、有章可循，能够对高风险的投机业务实施必要的风险控制，以避免类似事件的再次发生。

【复习思考题】

1. 市场风险主要分类与基本内涵是什么？
2. 比较测度市场风险的几种方法。
3. 《巴塞尔新资本协议》的实施对我国银行业的监管有何影响？

【参考文献】

[1] 郭晓立：《关于我国金融风险的思考》，载《技术经济》，1999（3），12~16页。

[2] 陶士贵：《金融风险透析与防范化解对策》，载《中央财经大学学报》，1997（10），5~8页。

[3] 李丽娜：《加强财务监控，防范与化解金融风险》，载《长春工业大学学报（社会科学版）》，2003（4），56~64页。

第六章 操作风险与管理

【本章概要】

操作风险是银行面临的最古老的风险之一，在全球范围内给许多金融机构造成了严重的经济损失。近年来，操作风险的理论研究、实务应用、制度设计等方面都有了长足的进展，《巴塞尔新资本协议》在第一支柱最低资本金要求将操作风险纳入风险管理框架。本章介绍了操作风险的内涵、分类与特征，并结合《巴塞尔新资本协议》对操作风险的度量方法和资本金配置进行分析。

【要点提示】

1. 对操作风险认识深化的过程，金融界对操作风险的定义林林总总，本章在全面总结的基础上按不同层次给出操作风险的定义。

2. 就操作风险的管理战略而言，为了实现操作风险管理框架有效运行，根据风险识别、评估和量化，以及风险监控报告等环节的需要构建恰当的组织结构并制定战略政策。

3. 对国内监管部门与实务部门有关操作风险管理现状的了解，有利于明确如何将基本理论应用于管理实践。

【内容架构图】

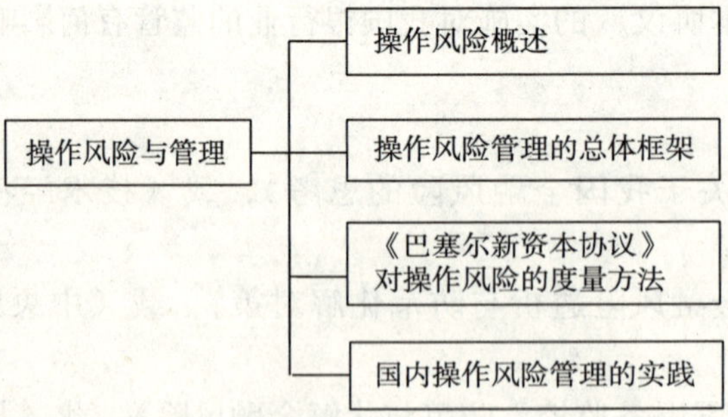

第一节 操作风险概述

一、操作风险的定义

金融界对操作风险有多种定义，总体看对操作风险的定义有两种方式，即直接定义和间接定义。直接定义是对操作风险的内涵和外延进行清晰界定，而间接定义方式则把信用风险、市场风险以外的其他风险都定义为操作风险。

操作风险论坛（Operational Risk Forum）① 是最早研究操作风险的一个非正式机构，它的一个主要由银行构成的小组对操作风险的定义进行了专门的研究，并从操作风险管理的实务出发，逐渐形成了两种观点：操作风险的狭义定义和广义定义。

狭义定义：操作风险仅指运营部门的操作性风险，具体指由于控制、系统及运营过程的错误或疏忽而可能引致潜在损失的风险。广义定义：操作风险是指除市场和信用风险以外的所有风险。操作风险论坛对操作风险进行狭义定义的目的是将运营部门之外的操作性风险，交给一个全面风险管理机构管理；而广义定义则是希望计量信用风险和市场风险损失以外所有潜在损失对商业银行经营的影响。

1997 年，英国银行家协会（The British Bankers' Association，BBA）将商业银行的操作风险定义为：它与人为失误、不完备的程序和控制、欺诈和犯罪活动相联系，由技术缺陷和系统崩溃引起。

巴塞尔委员会将操作风险定义为：操作风险是指由不完善或有问题的内部程序、人员及系统或外部事件所造成损失的风险。出于对操作风险监管资本最小化的考虑，以上定义包括法律风险，但不包括战略风险和声誉风险。

世界银行将操作风险定义为：操作风险是由于内部行为或外部事件引起信息交流、安全装置、业务连续性、监管、交易程序、清算系统和程序，以及执行法律、信托、代理职责出现问题，造成损失的风险。

对操作风险定义之所以困难，在于银行的各类经营管理活动之间的差异性以及操作风险同业务活动的密切相关性。本书认为可将操作风险定义在不同集合：

流程层面的操作风险是指银行后台在交易和信息处理时，操作不当造成损失的风险，包括以下几方面：错误地输入交易信息；丢失交易信息；计算机系统出错，如报价系统或者订单处理系统故障；数据库的意外毁损；供应商无法履行外包服务流程，造成损失；有时还包括由于流程处置不当，外部或者内部欺诈行为造成的损失风险。

运营层面的操作风险是指由于银行内部过程、人员或者系统的失效以及外部事件造成直接或间接损失的风险，包括以下几方面：流程层面的操作风险；交易人员人为失误风险，例如错将买入 10 000 股股票变成了买入 100 000 股股票，或者在定价模型中使用了错误的参数等；银行雇员的欺诈行为，例如雇员故意掩盖交易损失，从事未经授权的

---

① 操作风险论坛是由 IBM（英国）公司于 1998 年 5 月发起成立的，是一个行业先进管理思想论坛。

交易，或者将资金转入自己的银行账户等；外部人员的欺诈犯罪，例如从 ATM 非法提取现金等；法律运用错误，例如银行自认为在法律上拥有对某项抵押品的权利，但最终发现并不能强制执行，或者错误地理解合约上的某些保护条款等；雇员犯错或者失职，例如向客户收取不当费用，导致客户对银行采取法律行动等。

公司层面的操作风险是除了市场风险和信用风险之外的各种风险的总称，包括以下几方面：流程层面的操作风险；运营层面的操作风险；竞争环境改变带来的业务风险，例如竞争对手推出的新产品等；由于错误地估算新产品成本或收入所产生的业务风险；客户因市场变化给银行带来的企业收入下降的风险。

以上三个层面风险的关系如图 6－1 所示。

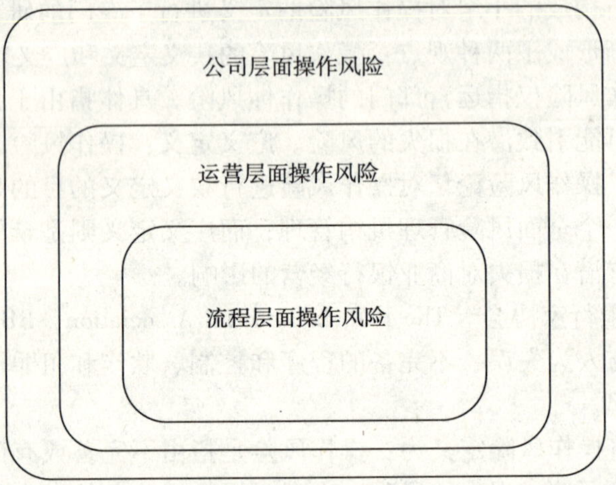

图 6－1　流程、运营及公司层面操作风险的关系

二、操作风险的特征

（一）成因具有的内生性

市场风险、信用风险一般为外生性风险，是由于外部不确定因素而引发的风险。操作风险包括内生于银行业务操作的风险和外部事件风险，其中大部分是由内部不合规的操作因素引起。只要银行业务没有被中断，操作风险将永远存在，而且每个操作风险因素与操作性损失之间并不存在清晰的、可以用数量界定的关系。因此，操作风险的管理防范依赖于银行的结构、效率和控制能力。

（二）与预期收益的弱相关性

现代风险管理理论对风险的认识已由发生损失可能性的单面风险概念发展到同时注重盈利可能性的双面概念，管理者不仅将风险视为损失的可能而加以控制，而且将风险视为盈利增加的机会加以充分利用，从而通过适度的风险承担能力，来获取更大的收益。商业银行对市场风险、信用风险的管理，存在“风险—收益”的对应关系。风险越大，可获得的收益也越大。操作风险所引起的损失在很多情况下与收益之间的关系并不明显，而且操作上引起的损失很多情况下与回报的产生没有任何关系。因此，市场风险、信用风险受银行追求利润的驱动，而操作风险则不受利润的驱动。

（三）与其他风险具有关联性

操作风险是商业银行日益复杂的业务经营管理活动所产生的“副产品”，是商业银行为产生利润而承担的风险中不可分割的一部分，它与商业银行各项业务经营活动紧密相连。例如，日益复杂的套利交易活动，在减少了市场风险的同时，却大幅增加了操作风险。

（四）较强的人为性特征

操作风险主要来自于商业银行的日常营运，人为因素在操作风险的形成原因中占了绝大部分，只要是与人员相关的业务，都存在着操作风险。如果说市场风险来自于金融市场上金融产品价格的波动，信用风险来自于借款人违约，那么大多数的操作风险来自于有意或无意的、银行内部的人为操作失误。

三、操作风险的分类

（一）《巴塞尔新资本协议》对操作风险的分类

巴塞尔银行监管委员会在《巴塞尔新资本协议》中对操作风险提出了三个分类维度：一是按业务性质，二是按事件类型，三是按风险来源。

1. 按业务的性质分类：巴塞尔银行监管委员会在《巴塞尔新资本协议》中，按业务性质把操作风险划分为八条业务线（见表6－1）。

表6－1　操作风险按业务性质分类

公司金融（Corporate Finance）	合并与收购、股份承销、资产证券化、首次公开上市发行、政府债券和高收益债券等
交易与销售（Trading & Sales）	固定收益债券、股权、商品期货、信用产品、自由头寸证券、租赁与赎回、经纪、债务
零售银行（Retail Banking）	零售的存贷款业务、私人的存贷款业务、委托理财、投资建议
商业银行（Commercial Banking）	项目融资、房地产、出口融资、交易融资、代收账款、租赁、担保、贷款
支付与清算（Payment & Settlement）	支付、转账、清算
代理服务（Agency Services）	契约、存款收据、证券借贷、发行和支付代理
资产管理（Assets Management）	可自由支配的资金管理和不可自由支配的资金管理
零售经纪（Retail Brokerage）	零售的经纪执行以及其他服务

2. 按风险事件的类型分类：巴塞尔银行监管委员会在《巴塞尔新资本协议》中确认了将可能导致重大损失的七类操作风险事件的类型（见表6－2）。

表 6－2　　　　操作风险按事件类型分类

内部欺诈（Internal Fraud）	机构内部人员参与的诈骗、盗用资产、违反法律以及银行规章制度的行为，如故意误报头寸、员工偷窃、员工通过自己账户的内部交易
外部欺诈（External Fraud）	第三方的欺诈、盗用资产、违反法律的行为，如抢劫、伪造、空头支票、黑客行为对计算机系统的破坏
雇用制度、工作场所安全（Employ Practices & Workspace Safety）	由于不履行合同或不符合劳动健康、安全法规所引起的赔偿要求，如员工补偿申诉、侵害员工健康和安全的规定、有组织的罢工、应对顾客的歧视申诉和一般性责任
顾客、产品和业务操作（Client、Products & Business Practices）	有意或无意造成的无法满足某一顾客的特定需求，如信用违约、顾客秘密信息的滥用、银行账户的不正当交易行为、洗钱和未经授权产品的销售
实物资产的损坏（Damageto Physical Assets）	由于灾难性事件或其他事件引起的有形资产的损坏或损失，如恐怖行为、破坏行为、地震、火灾和洪灾
营业中断和系统失败（Business、Disruption & System Failure）	计算机硬件和软件错误、通信故障、供电中断、设备老化等
执行、交付和流程管理（Execution、Delivery & Process Management）	交易失败、过程管理出错、与合作伙伴的合作失败，如数据录入错误、抵押管理失败、不完备的法律文件、非法进入顾客账户、非客户的交易对手操作失误和卖方纠纷

3. 按风险来源分类：巴塞尔银行监管委员会在《巴塞尔新资本协议》中按风险来源将操作风险分为人员、内部程序、IT 系统及技术和外部事件四类（见表 6－3）。

表 6－3　　　　操作风险按风险来源分类

人员（Staff）	违反内部政策、办法和细则，越权行为，内部员工犯罪，违反劳动合同，人员配置不到位，关键人员流失或缺乏
内部流程（Internal Process）	支付清算风险，文件、合同风险，产品估价、定价风险，内部、外部报告风险，数据输入错误，没有预案或者不充分
IT 系统及技术（IT System & Technology）	系统开发和执行风险，系统功能风险，系统安全风险，风险计量模型风险
外部事件（External Events）	法律合规风险，外部犯罪风险，外部采购或供应商风险，人为风险，自然灾害风险，政治、法规、政策、监管因素

（二）其他组织对操作风险的分类

英国银行家协会（BBA）将操作风险总体上划分为两类：一是操作性失误风险（Operational Failure Risk），是指由银行内部因素导致的操作风险，包括人员因素、流程因素和系统因素导致的操作风险；二是操作性杠杆风险（Operational Leverage Risk），是指由银行外部因素导致的操作风险。

德国银行采用了巴塞尔委员会关于操作风险的定义，但对操作风险的分类却有所不同。其将操作风险分为四类：人员/关系风险，是指由员工故意或非故意行为引发的损失风险，或是由金融机构与监管者的关系或契约造成损失的风险；内部控制风险，是指由于错误的交易、客户账户结算和日常商业运作过程中可能造成损失的风险，该类风险是在执行、传递和过程管理中产生的；系统性风险，是指由于业务混乱或系统失灵而可能造成损失的风险，该类风险来自于IT和设备；外部行为风险，是指由第三方行为可能导致银行损失的风险，包括外部欺诈、物质财产的损失、一些能影响市场行为的规则变化导致的损失。德国商业银行在以上分类的基础上，又对各子类型操作风险作进一步细分，定义每一细分类型的具体事件和具体行业。

第二节 操作风险管理的总体框架

一、操作风险管理组织结构

巴塞尔委员会提出为了确保操作风险管理活动被很好地理解和执行，管理层应该为操作风险管理确定一个组织结构，设定个人在风险管理过程中的任务和责任，并使每个人清楚地了解自己的任务和责任。为实现操作风险管理的目标，银行管理层应创造一种具有风险意识的工作环境和企业文化。

操作风险管理的最终责任应由高级管理层（董事会或同等的机构）承担。这种责任要求高级管理层对本银行的产品、业务过程和相关风险有全面的了解，把操作风险作为一种必须管理的主要风险类别，核准并定期审核本行的操作风险管理系统。实践表明高级管理层应该设立一个委员会（或适当机制），负责操作风险管理实施过程中的授权和日常决策工作，同时确保操作风险管理过程正常运行。管理层还应定期检查操作风险报告，以确定其对操作风险管理的要求得到了满足。

银行应建立独立的操作风险管理职能部门，其任务是辅助高级管理层完成其操作风险管理责任。这一任务将通过两方面活动完成，一方面是评估、监控和报告银行整体的操作风险，另一方面是评定风险管理活动是否按照操作风险管理战略和政策执行了。具体说来，操作风险管理职能部门的工作包括建立特定的政策和标准、协调风险管理活动、创建结构化的风险评估方法和事故处理机制、向管理层报告风险状态等。

二、操作风险管理战略和政策

就操作风险管理战略而言，为了使操作风险组织框架能有效运行，每一家银行需要识别其利益相关人，并了解他们的要求和银行对他们的义务。这有助于在决定操作风险管理战略时识别关键业务的驱动者和相关目标。明确了这些目标后，银行应考虑它在实现这些目标的过程中面临的战略挑战，以及不去实现这些目标的后果，从而建立一套操作风险管理战略。至于制定操作风险管理战略，以及确保其与银行整体业务目标相统一的责任，应该由高级管理层承担。

就操作风险管理政策而言，操作风险管理政策是为所有关键业务及其支持过程制定操作风险管理标准和目标的，操作风险管理的方法内含于这些政策之中。操作风险管理政策应该有助于业务活动及其支持过程的监控、测量和管理，能够反映业务活动发生的内外部环境，并接受定期的检查和更新。这些政策应该能够建立起一种机制，使得银行能够识别、测量和监控所有重大的操作风险。为了达到这个目的它们应该具有与风险和采取的行动相适应的范围和尺度，并定期清楚地传达给所有人员，以维持一定的风险意识水平，同时确保它们被一贯地执行。

三、操作风险管理过程

银行应该识别和评估所有重要产品、活动、程序和系统中固有的操作风险。确保在引进或推广新产品、活动、程序和系统之前，对其中固有的操作风险已经准备了足够的评估步骤。为了满足高级管理层和操作风险管理职能部门的要求，操作风险管理的实施应该围绕以下几个关键过程。

（一）风险识别

风险识别对后续开发可行的操作风险监测和控制系统至关重要。操作风险识别应该以当前和未来潜在的操作风险两方面为重点。这个过程应该考虑到以下六方面的因素：(1) 潜在操作风险的整体情况；(2) 银行运行所处的内外部环境；(3) 银行的战略目标；(4) 银行提供的产品和服务；(5) 银行的独特环境因素；(6) 内外部的变化，以及变化的速度。识别操作风险的过程中，应该考虑到风险的所有潜在原因，包括交易过程、销售活动、管理过程、人力资源、卖方、技术、外部环境、灾害、越权、非法行为等。

（二）风险评估和量化

操作风险被识别出来后，就应该加以评估，决定哪些风险具有不可接受的性质，应该作为风险缓解的目标。风险评估和量化的作用在于，它使管理层得以将操作风险与风险管理战略和政策进行比较，识别银行不能接受或超出机构风险偏好的那些风险敞口，选择合适的缓解机制并对需要缓解的风险进行优先排序。进行这一步骤时，通常需要通过考察一项操作风险的驱动者和原因，估计该项风险可能发生的概率；此外，还应在不考虑控制战略影响的情况下，评估一项操作风险可能的影响。这里对风险可能影响的评估，不仅要考虑经济上的直接影响，还应该更广泛地考虑风险对公司目标实现的影响。银行应该选择或开发适当的模型，以适应每一种风险的量化需要。

银行用于识别、评估操作风险的工具可能包括：(1) 自我风险评估。银行对其经营和业务中一系列可能蒙受的潜在操作风险进行评估。这一过程属于内部驱动并且经常通过列出清单和使用工作组的形式来识别操作风险的环境优劣。(2) 风险对应关系。在这一过程中，各业务单位、机构职能部门或程序流程都与风险类别之间建立起对应关系。(3) 风险指标。它是指用来考察银行的风险状况的统计数据和指标。对这些指标应进行定期审查。这些指标包括失败交易的次数、员工流动的比率、错误与遗漏的频率和严重程度。(4) 计量。一些银行已经开始使用许多方法来量化操作风险程度，例如历史损失记录的数据可以用于帮助评估银行蒙受操作风险的程度以及开发控制缓释风险的政策。

（三）风险管理和风险缓释工具

银行应该设计并实施具有成本效益的风险缓释工具，使操作风险降到能够接受的水平。在风险管理和缓释的步骤中，重要的一点是要将实施措施的责任明确地分配下去，并确保责任人有实施措施的动力。风险管理和内部控制程序应该由各个业务单元建立，但可能需要风险管理职能部门的指导。

尽管对每一家银行来说，适用的缓解措施的范围和性质可能有所不同，但适当的缓解措施都需要考虑以下领域：（1）外部责任（例如外部监管、法律或其他要求）；（2）变革管理；（3）新的交易对手和客户；（4）内部控制；（5）责任的界定；（6）协调；（7）信息系统管理；（8）对附属或参股的第三方提供服务；（9）专业人员和人力资源；（10）业务连续性规划；（11）内部审计和风险管理职能部门的责任；（12）保险。在上述过程中，委员会尤其强调的是，应当将内部审计从以平级审计转向以自上而下的垂直审计为主，并且审计部门出具的结果应该直接向总行董事会汇报并落实相应的改进措施。此外管理层还需要从降低一项特定操作风险概率的效果，以及降低一项风险发生时带来影响的效果两方面，评估措施的充足性。

（四）风险监控

银行制定一套有效的监测程序对充分管理操作风险至关重要。定期监测有利于快速发现并纠正管理操作风险的政策、程序和步骤中的缺陷，大大减少损失事件的频率和严重性。银行高级管理层应该建立一套操作风险监控程序，以实现以下目标：（1）对银行面临的所有类型操作风险的定性和定量评估进行监控；（2）评估缓解活动是否有效和适当，包括可识别的风险能在多大程度上被转移至银行外部；（3）确保控制充分、风险管理系统正常运行。应该为操作风险建立风险衡量标准或关键风险指标，以确保重大风险事件的相关信息被传递至适当的管理层级。在风险评估阶段建立关键风险指标是最容易的。内部审计部门或其他有资格的部门应该实施定期的检查，分析控制环境，检测已实施的控制的有效性，从而确保业务运作在有效的控制下展开。监控的频度应该反映所包含的风险以及操作环境变化的频率和性质。监测活动的结果应该写入定期的管理层和董事会报告之中。

（五）风险报告

操作风险报告过程应该涵盖诸如银行面临的关键操作风险或潜在操作风险、风险事件以及有意识的补救措施、已实施的措施的有效性、管理风险敞口的详细计划、操作风险即将明确发生的压力领域、为管理操作风险而采取步骤的状态等方面的信息。并且这些信息应足以满足以下要求：（1）使高级管理层和经营者能够确定风险管理职责的委派是有效的，并且他们对操作风险管理的要求得到了满足；（2）使整体风险预测能够与银行的风险战略和偏好相比较，得到评定；（3）使关键风险指标得到监控，可以判断出采取措施的需要；（4）使业务单元能够确定对关键风险的控制成功地实施了，有关信息得到了传递；（5）风险管理过程的重复。以上所述的风险管理过程是一个不断重复的过程，风险管理职能部门应该对关键操作风险管理活动以适当的频率检查复核，如每半年或每年一次。

（六）制订应急和连续营业方案

由于超过银行的控制，特别是当银行的物资、电信和信息技术基础设施受损或不可用时，严重事件可能导致银行无力履行部分或全部职责。因此要求银行建立灾难恢复和业务连续方案，方案应该既考虑银行可能遭受的各种可能的情况，还应该与银行经营的规模和复杂性相适应。银行应该定期检查灾难恢复方案和业务连续方案，保证其与目前的经营和战略相吻合。对这些方案要定期进行测试，以确保银行在低概率的严重业务中断事件发生时能够执行这些方案。

第三节　《巴塞尔新资本协议》对操作风险的度量方法

一、基本指标法

基本指标法是巴塞尔委员会规定的三种风险敏感度依次加强的计量方法中最为初级的方法，也是最为简单的操作资本计量方法，对采用银行没有标准要求，主要适用于业务较简单的中小银行。

（一）基本指标法公式介绍

《巴塞尔新资本协议》规定：采用基本指标法银行持有的操作风险资本应该等于该银行前三年总收入（Gross Income，GI）的平均值乘上一个固定比例，计算公式为

$$K_{BIA}=[\sum(GI_{1,\cdots,n}\times\alpha)]/n$$

其中，GI = 年总收入，为正值，是前三年总收入的平均值。总收入 = 净利息收入 + 净非利息收入。此计算方法包括：（1）所有准备（如未付利息的准备）的总额；（2）总操作费用，包括给外包服务供应商的费用；（3）不包括已实现的来自银行账户的证券销售利润或亏损；（4）不包括特殊项目以及保险收入①。

$\alpha=15\%$，由巴塞尔委员会设定，将行业范围的监管资本要求与行业范围的指标联系起来。n = 前三年为正的总收入的数量，负值将被剔除。

（二）巴塞尔委员会设定 α 的依据

在基本指标法中只有两个变量 GI 和 α，其中 GI 由银行经营规模决定，监管当局无法控制，α 是操作风险权重系数，它的高低直接决定操作风险资本要求，其具体比重和决定机制备受关注，同时也是基本指标法争议的焦点。

巴塞尔委员会曾经建议将其暂设在17% ~20%，确定 α 方法如下：先确定操作风险经济资本占最低监管资本②（不含操作风险资本）的比重，然后将此比重乘以银行最低监管资本数量再除以银行总收入，即可得到 α 值。

通过风险管理小组2001年的定量影响分析（QIS）研究，全球50多家银行的操作风险经济资本占最低监管资本比例的问卷调查中有41家国际活跃银行提供了这一数据，

① “New Basel Accord” part V，www. bis. org.

② 最低监管资本要求 = 8% × 银行各类加权风险资产。

结果如表6－4所示。

表6－4 操作风险经济资本占最低监管资本的比例

中间值	均值	最小值	前1/4	前3/4	最大值	银行数
0.128	0.153	0.009	0.074	0.170	0.87	41

资料来源：Working Paper on the Regulatory Treatment of Operational Risk，September 2001，www.bis.org.

二、标准法

（一）银行实施标准法的条件

标准法与基本指标法的主要区别之一在于监管当局对所实施银行提出了要求，只有满足这些条件的银行才可使用标准法进行操作风险资本衡量，具体条件如下。

1. 一般标准，它们是银行实施标准法的最低资格要求：银行的董事会和高级管理层适当积极参与操作风险管理框架的管理；银行的风险管理系统理论上稳健可靠，且被不折不扣执行；有充足的资源支持在主要业务线、控制及审计领域采用该方法。

2. 鉴于一些国际活跃银行希望采用标准法，巴塞尔委员会认为它们拥有完备的操作风险管理系统尤为重要。因此，国际活跃银行采用标准法还需符合以下额外标准。

（1）银行操作风险管理系统必须对操作风险管理进行明确的职责界定。操作风险管理功能旨在开发出识别、评估、监测、控制、缓释操作风险的策略，制定银行全行的操作风险管理和控制政策、流程，设计并实施银行的操作风险评估方法和操作风险报告系统。

（2）作为银行内部操作风险评估系统的一部分，银行必须系统地跟踪操作风险相关数据，包括各业务线发生的重大操作损失（Material Operational Losses）。必须将操作风险评估系统整合入银行的风险管理流程之中。评估结果必须成为银行操作风险状况监测和控制流程的有机组成部分。例如，该信息必须在风险报告、管理报告和风险分析中发挥重要作用。银行必须在全行范围采取激励手段鼓励改进操作风险管理。

（3）必须定期向业务管理层、高级管理层和董事会报告操作风险暴露情况，包括重大操作损失。银行必须制定出针对管理报告中反映的信息采取适当行动的流程。

（4）银行的操作风险管理系统必须文件齐备。银行必须有日常程序以确保遵守文件规定的操作风险管理系统内部政策、控制和流程，同时规定对不遵守规定的情形进行处理的办法。

（5）银行的操作风险管理流程和评估系统必须接受验证和定期独立审查。审查范围应当涵盖业务部门的活动和操作风险管理的职能。

（6）银行操作风险评估系统（包括内部验证程序）必须接受外部审计师和/或监管当局的定期审查。

以上对银行管理操作风险的标准要求旨在弥补标准法衡量操作风险敏感性不足的缺陷，这些定性规定无疑会提升银行操作风险管理的水平。同时，为节省资本达到操作风险管理要求的银行会选择风险敏感度更高的高级法，而操作风险管理水平达不到要求的银行会选择基本指标法。

（二）标准法的内容

尽管标准法与基本指标法同属初级法，但前者比后者在计算操作风险资本要求时对银行操作风险管理有更高的要求。标准法计算操作风险资本要求步骤如下：先将银行业务分为八条业务线，即公司金融、交易和销售、零售银行业务、商业银行业务、支付和清算、代理服务、资产管理和零售经纪，然后计算每条业务线的总收入（GI），总收入定义与基本指标法中相同，再将总收入乘以由巴塞尔委员会根据统计数据对每个业务线规定的资本要求系数 α，最后把各条业务线对应的资本要求加总，即可求出标准法下银行操作风险资本要求。计算公式如下：

$$K_{STA}=\{\sum_{1\sim3年}\max[\sum(GI_{1\sim8}\times\beta_{1\sim8}),0]\}/3$$

其中，K_{STA} = 标准法下的总资本要求，它是各业务线每年相应监管资本要求总和的简单平均值。在某些年份，由于一些业务线总收入为负值导致监管资本要求为负，从而抵消其他业务线的监管资本要求，这并不受限制，但银行监管资本要求最低为零。$GI_{1\sim8}$ = 按基本指标法定义的各条业务线的总收入，它是八条业务线中各业务线过去三年的平均总收入。$\beta_{1\sim8}$ 是由巴塞尔委员会设定的固定系数（根据需要可以调整），用以建立八条业务线中各业务线总收入与资本要求之间的数量关系。

表 6－5　　巴塞尔委员会对各业务线 β 值规定

业务单元	业务线	指标	β
投资银行	公司金融（β_1）	总收入	18%
	交易和销售（β_2）	总收入	18%
银行业务	零售银行业务（β_3）	年平均资产	12%
	商业银行业务（β_4）	年平均资产	15%
	支付和清算（β_5）	年结算流量	18%
	代理服务（β_6）	保管资产总值	15%
其他	资产管理（β_7）	管理资金总额	12%
	零售经纪（β_8）	总收入	12%

（三）巴塞尔委员会对 β 值的估计

巴塞尔委员会风险管理小组通过对 30 多家国际活跃银行就每个业务线对应的经济资本和总收入进行了调查，但是在对总收入数据进行审查时发现部分样本存在不一致性，即把各业务线总收入加总后与银行整体总收入进行核对，发现存在不相等的情况，于是剔除了这些数据。有时出现各业务线总收入数字加总小于银行整体总收入数字，可能是银行没有把总收入完全分配到各业务线；与此同时还存在银行各业务线总收入数字加总大于银行整体总收入数字，这反映出集中成本（Centralized Cost）可能没有完全分解到各业务线，出现重复分配。这两类数据的不一致产生了业务线数据准确性的问题，如果两类数据之差超过 20%，这些银行样本将被剔除，最后 QIS 调查的银行有效样本仅为 29 家。

表 6－6 巴塞尔委员会对标准法 β 值的估计

	均值	标准差	最小值	前 1/4 值	前 3/4 值	最大值	银行数
公司金融	0.236	0.249	0.035	0.063	0.361	0.905	19
交易和销售	0.241	0.183	0.023	0.123	0.391	0.775	26
零售银行业务	0.127	0.127	0.008	0.087	0.168	0.342	24
商业银行业务	0.169	0.116	0.048	0.094	0.211	0.507	27
支付和清算	0.203	0.128	0.003	0.100	0.248	0.447	15
代理服务	0.232	0.218	0.056	0.098	0.217	0.901	14
资产管理	0.185	0.167	0.033	0.079	0.210	0.659	22
零售经纪	0.149	0.073	0.050	0.097	0.199	0.283	15

资料来源：Working Paper on the Regulatory Treatment of Operational Risk，p. 35，September 2001，www. bis. org.

尽管表 6－6 中各业务线的 β 值有多种取值选择（如中间值、均值、加权平均值），但经统计检验证明这种差异并不显著，巴塞尔委员会最终参照表 6－6 数据，为各业务线规定了相应的 β 值。表 6－6 第 2 列的数据显示，各业务线的 β 值的离差较大，可能原因之一是调查样本容量过小，最多的业务线仅 27 家银行，也可能是各银行对操作风险损失的定义不同，计算的总收入不具有可比性所致。总之，仅仅凭借不到 30 家银行的调查数据来确定各业务线的 β 值，并将它推广到全球，科学性显得不足。

三、高级衡量法

高级衡量法是《巴塞尔新资本协议》相对 1988 年版《巴塞尔协议》的显著区别之一。巴塞尔委员会的高级衡量法旨在调动银行管理操作风险的积极性和主动性，以实现从定量监管到定性监管转变。

（一）银行实施高级衡量法的标准要求

1. 一般标准（General Standards），即采取高级衡量法的银行必须达到监管当局的最低标准，这些标准与银行实施标准法的要求相同，具体包括：银行的董事会和高级管理层适当积极参与操作风险管理框架的管理；银行风险管理系统理论上稳健可靠，且被不折不扣执行；有充足的资源支持在主要业务线、控制及审计领域采用该方法。

2. 定性标准（Qualitative Standards）。银行在采用高级计量法计算操作风险资本之前除需要满足最基本的一般要求之外还必须符合以下定性标准：

（1）银行必须具备独立的操作风险管理部门，从事银行操作风险管理框架的设计和实施。操作风险管理部门负责制定全行操作风险管理和控制的政策、程序，设计并实施银行的操作风险计量方法和风险报告系统，开发操作风险识别、计量、监测、控制/缓释的策略。

（2）银行应当将内部操作风险评估系统整合进日常风险管理流程之中，评估结果应当作为银行操作风险状况监测和控制流程的有机组成部分。例如，这类信息必须在风险报告、管理报告、内部资本分配和风险分析中发挥重要作用。银行必须在全行范围拥有对主要业务线分配操作风险资本的方法，并采取激励手段鼓励改进操作风险管理。

（3）操作风险管理部门必须定期向业务管理层、高级管理层和董事会报告操作风险暴露和损失情况，银行必须制定针对管理报告中反映的信息采取适当行动的程序。

（4）银行的风险管理系统必须文件齐备。银行应当建立日常程序以确保遵守成文的操作风险管理系统内部政策、控制和流程，且应该规定对不遵守规定的情形进行处理的办法。

（5）银行的操作风险管理流程和计量系统必须定期接受内部和/或外部审计师的审查，审查范围应当涵盖业务部门的活动和操作风险管理的职能。

（6）外部审计师和/或监管当局对银行操作风险计量系统的验证必须包括如下内容：核实内部验证程序运转正常；确保风险衡量系统数据流和程序透明、便于使用，尤其是必须存在适当的程序使审计人员和监管当局必要时能轻易获得系统的说明和参数信息。

3. 定量标准（Quantitative Standards）。巴塞尔委员会认为，考虑到操作风险计量方法尚处于宣传之中，暂不规定操作风险计量和计算监管资本采用的具体方法和统计分布假设。但银行必须证明所采用的方法考虑到了潜在的、严重的“尾部”损失事件。无论采用哪种方法，银行必须证实操作风险计量方法符合与信用风险 IRB 法相当的稳健标准（例如，相当于 IRB 法中持有期 1 年，置信度 99.9% 下的 VaR 值）。

巴塞尔委员会认识到高级衡量法的稳健性将赋予银行在开发操作风险计量和管理系统方面很大的灵活性，但银行在开发这些系统的过程中，应当有操作风险模型开发和独立验证的严格程序。银行采用高级衡量法的具体定量标准如下：

（1）任何操作风险内部计量系统必须与巴塞尔委员会所规定的操作风险范围（即操作风险的定义）和《巴塞尔新资本协议》规定的损失事件类型一致。

（2）监管当局要求银行通过对预期损失（EL）和非预期损失（UL）加总得出监管资本要求，除非银行证明在内部业务实践中已准确计算出预期损失。如果银行希望只基于非预期损失计算出最低监管资本，银行必须使所在国监管当局相信自己已经对预期损失暴露进行了衡量和计算。

（3）银行的风险计量系统应当足够“精密”，从而将影响损失估计分布尾部形态的主要操作风险因素考虑在内。

（4）在计算最低监管资本要求时，应将不同操作风险估计的计量结果加总。只要银行能证明其系统能在估计各项操作风险损失之间相关系数方面计算准确、实施有效、稳健可靠，考虑了相关性估计的不确定性（尤其是在压力情形出现时），达到了监管当局要求，这样银行在计算操作风险损失时就可以使用内部确定的相关系数。银行应当运用适当的定性、定量技术来证实其相关性假设。

（5）任何风险计量系统必须具备某些关键要素，以满足协议规定的监管当局的稳健标准。这些要素包括内部数据和相关外部数据的使用、情景分析和反映银行经营环境、内部控制系统状况的其他因素。

（6）银行需要具备可信、透明、文件齐备且可验证的方法来确定各基本要素在总体操作风险计量系统中的相对重要程度。该方法应在内部保持一致并避免对定性评估或风险缓释工具的重复计算。

通过对高级衡量法与标准法的标准比较可以发现，标准法的标准要求高级衡量法都必须满足，也就是说，银行要采用高级衡量法，首先要达到标准法的一般要求、定性要求，同时还要达到巴塞尔委员会的定量标准，否则只能采用初级法。

（二）损失分布法（Loss Distribution Approach，LDA）

巴塞尔委员会鼓励银行采用高级衡量法（AMA）来更准确地衡量面临的操作风险，计算抵御风险所需的最低资本数量。巴塞尔委员会考虑到操作风险衡量方法正处于发展之中，还不像信用风险、市场风险衡量方法那样成熟，更重要的是操作风险的衡量比前两种风险复杂得多，因此巴塞尔委员会把自主权交给了各家银行，以等待相对成熟、被业界认可的方法出现。

目前操作风险高级衡量法当中最为银行界接受的就数损失分布法。巴塞尔委员会把损失分布法定义为：根据对操作风险损失事件频率和损失强度的有关假设，对每一业务线/损失事件类型的操作风险损失分布进行估计的方法。可以把损失分布法理解为银行根据内部的操作损失历史数据，结合操作风险损失的外部银行数据，运用统计方法模拟出每一业务线/损失事件类型的操作风险损失的分布，然后得出一定置信度下业务线/损失事件类型操作风险的VaR值，最后求出银行操作风险的总VaR值，从而计算出监管资本要求。损失分布法的实施缩小了监管资本与经济资本的差距。

损失分布法建模步骤：

1. 确定建模的规则与参数。

（1）界定每一个需要衡量资本数量的机构单元。通常情况下，只有银行的利润和成本中心需要分配资本，损失分布法模型通常限定在整体机构下的一到两个层次水平内，因为更低层次单位可能难以获得足够的数据进行建模。

（2）对事件按照分析的目的进行分类，一般应该采用巴塞尔委员会制定的分类标准。不同类别的风险事件要按照特定规则进行量化，规则涉及操作风险的定义及如何量化。

（3）对参数建模。建模输入的参数包括需要的置信水平、时间要求和相关性假设。巴塞尔委员会建议使用99.9%的置信水平和一年的时间要求，经济资本模型通常使用的置信水平与银行期望的债券评级一致。

（4）确定每种类别的最大损失。损失分布理论上没有最大值，这可能导致模型的不稳定。为化解这一问题，可以为每类风险人为指定一个可能发生的最大损失。通常采用非常保守的方法，即以业内曾经发生过的最坏情形下的损失为基础，结合银行的规模、国家特征等因素进行调整。

2. 数据的收集与检验。损失分布法的核心在于运用银行内部和外部银行的历史损失数据估计该银行操作损失分布，而充足、合格的数据是确定损失分布的前提。

（1）对银行内部数据进行收集、分类、汇总和检查，是量化分析最重要的环节。由于一个损失事件涉及数个部门，所以数据收集中要注意剔除重复数据。另外，要考虑数据收集中阈值不同，数据累积使用程序各异的影响。同时还应有专门步骤对收集事件真正属于操作风险事件、事件已经结束、损失回收价值的合适测量进行确认。

（2）数据质量检查。通过对数据涉及范围的检查可以发现是否需要更多的数据调查，或者需要何种定性调整对已有数据进行补充。数据质量检查内容包括不同时期事件个数一致性、损失分布的“平滑性”、数据中低端与高端节点大小、各条业务线和事件种类的相对个数等。

（3）外部数据的整理。外部数据需要按业务线、风险类型进行整理，风险结构应该与本银行相似。外部数据使用的标准业务线可能与本银行内部组织不一致，这时可以选择最匹配的业务线数据，也可用两种或两种以上标准业务线数据分布的加权平均数表示。

3. 计算资本与检验。一旦拥有经过检验且充分理解的数据，即可着手构建操作损失分布、操作损失频率分布和累积操作损失分布。

（1）确立构建模型数据的一致性标准。对于自下而上法，通常需要对业务线和事件类型的交集矩阵单元计算资本量，业务线与事件类型（原因）最好使用巴塞尔委员会给出的定义。

（2）建立操作损失模型，即在给定损失事件发生的前提下估计损失各种可能数据相应概率。为了估计那些频率低、数额大的损失，常用方法是对得到的数据拟合一条曲线，从而对可能发生的全部损失数量建立模型。这种方法被用于解决原始数据中的不规则数据，为估计超出最大观测数据提供了成功方法。

（3）建立损失频率模型。实际业务中标准做法是假设损失频率服从泊松分布，负二项分布也是常用的密度函数，并且是操作风险频率分布中更为保守的分布形式。

（4）进行蒙特卡罗模拟。对频率分布和损失分布的模拟可以形成一个特定时间水平上所选择数据的总体损失分布。根据操作风险的总体分布，可以计算年度平均损失和一定置信度下的年度损失，两个损失数值之差就是该业务单元操作风险所需的资本数量。

（5）检验计量结果。此举旨在判断分析过程是否有效，对风险模型需要进行可信度检验。检验内容包括：模拟的平均损失是否与近期损失数据一致，不同置信水平的结果是否可信（例如10年、50年、100年中的最坏结果与实际是否相符），99.9%置信度下的结果与相关业务线、风险类型的外部数据是否相近，以及银行范围的模拟均值、在险值与实际历史数据是否相符。

（三）记分卡法（Scorecard Approach）

1. 记分卡法的特点。历史损失数据对于寻找银行风险管理的薄弱环节具有很高的价值，但毕竟历史损失数据反映的是过去的情形，至少用它们来预测未来损失水平的可靠性是值得怀疑的，加之损失数据通常都是不完整的，更限制了历史损失的预测能力。尽管借鉴外部损失数据可以弥补这一缺陷，但外部损失如何转化为内部风险状况，仍然是个有争议的问题。

单靠历史损失数据并不能形成决定损失频率和损失强度分布参数数据的充分来源，更佳的选择是让银行内部专家根据历史数据、保险覆盖程度、对流程的理解、在银行和产业领域的经验及具有的内部控制知识来对内部风险进行评估，这就是记分卡法的优势所在。

记分卡法是一种将操作风险框架建立在银行信息（专家打分）而不是历史损失数据基础之上的方法。操作风险的评估结果通常是以记分卡的形式提供的，一般以货币单位（欧元、美元）表示潜在损失强度，以年发生次数表示损失频率，以评级表反映操作风险质量。

2. 记分卡法实施的步骤。记分卡法的基本程序首先是设计操作风险的调查问卷，问卷设计的目的在于收集信息，包括操作风险和质量控制，必须保证所收集信息的完整性和代表性。因此，问卷设计必须遵循科学、合理的原则，使问卷调查的有效性和可靠性可以进行统计评估检验。有效性是指问卷调查能够对预计的结果进行检验，而可靠性使调查问卷能以一致、准确的方式收集信息。调查问卷设计对于每一种风险类型的关键风险指标目前尚无行业标准，因此关键风险指标的选择具有一定主观性。关键风险指标的标准化应当是记分卡法的一个努力方向。

问卷设计完成之后，接着就是银行专家的选择及专家填答问卷。一般记分卡法要求由银行内部专家来打分（一般是操作风险承受者打分），因为他们拥有银行历史损失情况、操作风险控制流程、内部控制状况、操作风险识别与评估等知识，但内部专家打分的客观性依赖于设计合理的管理过程（如非谴责文化），否则可能出现主观偏差。另外，要确保银行专家的风险评估具有一致性、可比性、可验证性和真实性，需要对专家进行大量的征询工作。但如果银行内部专家不足，那就需要聘请外部专家，但外部专家面临缺乏银行操作风险历史损失和控制质量等方面知识的不足，银行需要采取措施、耗费资源予以克服。在专家选定之后，要进行详细、明确的分工，如具体评估的地区、部门和产品等。专家以填答问卷的方式进行风险评估，形成单独的记分卡。最后，所有记分卡可以相互比较，并可以按地区、部门或产品进行汇总。

在专家组完成答卷，相应的记分卡业已生成之后，面临的问题就是数据检验。银行内部验证工作可以分为三个阶段：（1）数据质量检验，即每个专家的评估都需要通过另一位专家的检验；（2）通过内部审计程序检查专家的评估结果，以确定自我评估是否较好地反映出风险状况；（3）启动独立的监管程序，确保问卷间的一致性和答案的质量。这些阶段可通过面对面的问答或电话访谈、比较不同专家评估程序、详细检查问卷等方式进行。

（四）内部衡量法（Internal Measurement Approach，IMA）

1. 内部衡量法公式。内部衡量法是一种由初级法向高级法发展的一个过渡方法。内部衡量法对资本的要求基于对银行非预期损失的覆盖，但此法并不要求银行直接计算非预期损失（如果直接计算非预期损失则与损失分布法相同），而是让银行计算出其预期损失的数量，然后通过一个转换因子 γ 将预期损失转化为非预期损失，从而计算出银行的监管资本要求。公式如下：

$$ORCR = \sum i \sum j[\gamma(i,j) \times EI(i,j) \times PE(i,j) \times LGE(i,j)]$$

其中，$ORCR$ = 操作风险资本要求，i 代表业务线，j 代表风险类型；$EI(i,j)$ = i 业务线/j 风险类型联合的风险暴露，一般用总收入来表示；PE = 基于内部损失数据的损失事件概率；LGE = 给定事件下的损失率。

最初巴塞尔委员会在其第二次征求意见稿［BCBS（2001a）］中建议提供行业范围内通用的γ转换系数值，就像基本指标法中的α值和标准法中β值一样。目前，巴塞尔委员会建议银行在监管当局允许的前提下可以使用自己的γ值。

2. γ值的计算。*ORCR* 等于银行操作风险的非预期损失，只要获得了业务线/风险类型联合的年度损失分布，即可求出γ的年度预期损失。目前常用的公式为

$$\gamma = \frac{\text{年度损失 } 99.9\% \text{ 位点} - \text{年度损失均值}}{\text{年度预期损失}}$$

在银行决定了γ值以后，内部衡量法与损失分布法之间就没有什么实质性差别，都是通过收集内部、外部历史损失数据来模拟损失分布，从而求出一定置信度下(99.9%)、一定持有期限（通常为1年）的非预期损失，即VaR值。

第四节　国内操作风险管理的实践

一、监管当局对操作风险的管理实践

中国人民银行于2002年9月发布并开始实施的《商业银行内部控制指引》，对我国银行建立操作风险管理和控制框架提出了要求。与国际银行业一样，长期以来操作风险并没有得到监管当局的充分重视和关注，而将操作风险纳入日常行政管理范畴，没有上升到风险管理的高度。监管的重点一直定位在信用风险领域，对操作风险的认识和管理还停留在比较肤浅的层次，无论是在操作风险管理理念、管理框架，还是管理手段上均存在很多缺陷。由于监管资源过分倾斜于银行不良资产的处置，以至于银行操作风险近些年呈持续上升趋势。

2003年以来，许多银行连连爆发重大内部欺诈、舞弊、腐败丑闻，涉及金额动辄上亿元甚至数十亿元，覆盖范围囊括资产、负债、结算等业务领域，涉案人员遍及董事长、高管人员、基层行长甚至录入员等各个层次。在严峻形势下，2005年中国银行业监督管理委员会下发《关于加大防范操作风险工作力度的通知》，金融界开始真正关注操作风险问题。

二、商业银行对操作风险的管理实践

2006年银行业全面开放，我国各主要商业银行都对操作风险给予了越来越多的重视，在操作风险管理方面投入了越来越多的精力。随着银行风险管理技术的进步，一些银行已经从市场风险计量到信用风险计量，乃至操作风险计量。对操作风险量化模型的建立，使风险管理更加系统、科学，也更加有效率。

例如，建设银行在进行股份制改造时参照《巴塞尔新资本协议》的要求，构建出一套适合建设银行实际的内部控制体系标准。针对重大风险事项、重点客户增加了风险识别与评估程序、风险测量与报告程序、操作风险监测和报告作业指导书、应急管理程序、检查管理程序等新流程，强化了业务的全流程监管。

表 6－7　工行、建行、中行三家主要商业银行操作风险定义和管理措施

	操作风险定义	主要管理措施
工商银行	由于内部控制和公司治理存在的问题，员工业务操作中违规违纪以及信息管理系统由于自身或人为因素导致的风险	（1）健全规范授权、授信管理 （2）对发展较快的电子银行等业务开展专项稽核 （3）启用财务授权管理系统，对有关财务事项进行指标控制和授权控制 （4）开展全行信息系统安全生产管理检查，加强对防毒、防黑监控系统管理 （5）对部分分行统计制度执行情况进行抽查 （6）推广会计监测系统、实现事后监督对各营业网点内部账户余额自动监控管理 （7）成立稽核监督委员会，建立内控评价和整改制度
建设银行	由于内部流程、人员和系统的失败或不充分，或由于外部事件而导致直接或间接损失，如欺诈、未经授权交易、操作失误、疏忽、低效、系统故障或其他外部事件均可能导致潜在的经济损失	（1）实行有限授权管理 （2）对违规违纪行为进行追究和处分，建立严格的问责制度 （3）建立健全内部监控系统以确认、监控和报告主要风险 （4）推动全行风险文化建设 （5）对所有业务在后台均设立系统备份 （6）投保以降低特定运营事故可能造成的损失率
中国银行	由于内部流程、人员或者系统的错误和疏忽、欺诈事件或地震、火灾、传染病等自然灾害给银行带来的直接或间接的损失	（1）整合信息系统 （2）整合业务流程，推行扁平化管理和前、中、后台分离 （3）加强内部稽核，定期或不定期对各机构进行现场或非现场检查 （4）建立突发事件管理办法 （5）对特殊风险积极寻求第三方的帮助，如购买火灾意外险

【经典案例】　法国兴业银行因操作风险管理漏洞发生巨额亏损

一、案情

2008 年 1 月 18 日，法国兴业银行收到了一封来自另一家大银行的电子邮件，要求确认此前约定的一笔交易，但法国兴业银行和这家银行根本没有交易往来。因此，兴业银行进行了一次内部清查，结果发现这是一笔虚假交易。伪造邮件的是兴业银行交易员凯维埃尔。更深入地调查显示，法国兴业银行因凯维埃尔的行为损失了 49 亿欧元，约合 71 亿美元。

凯维埃尔从事的是什么业务，导致如此巨额损失？欧洲股指期货交易，一种衍生金融工具产品。早在 2005 年 6 月，他利用自己高超的电脑技术，绕过兴业银行的五道安全限制，开始了违规的欧洲股指期货交易。“我在安联保险上建仓，赌股市会下跌。不久伦敦地铁发生爆炸，股市真的大跌。我就像中了头彩……盈利 50 万欧元。”2007 年，凯维埃尔再赌市场下跌，因此大量做空，他又赌赢了，到 2007 年 12 月 31 日，他的账面盈余达到了 14 亿欧元，而当年兴业银行的总盈利不过是 55 亿欧元。从 2008 年开始，凯维埃尔认为欧洲股指上涨，于是开始买涨。然后，欧洲乃至全球股市都在暴跌，凯维埃尔的巨额盈利转眼变成了巨大损失。

二、原因

1. 风险巨大，破坏性强。由于衍生金融工具牵涉的金额巨大，一旦出现亏损就将引起较大的震动。巴林银行因衍生工具投机导致9.27亿英镑的亏损，最终导致拥有233年历史、总投资59亿英镑的老牌银行破产。法国兴业银行事件中，损失达到71亿美元，成为历史上最大规模的金融案件，震惊了世界。

2. 爆发突然，难以预料。因违规进行衍生金融工具交易而受损、倒闭的投资机构，其资产似乎在一夜间就化为乌有，爆发的突然性往往出乎人们的预料。巴林银行在1994年底税前利润仍为1.5亿美元，而仅仅不到3个月后，它就因衍生工具上巨额损失而破产。中航油（新加坡）公司在破产的6个月前，其CEO还公开宣称公司运行良好，风险极低，在申请破产的1个月前，还被新加坡证券委员会授予“最具透明度的企业”。

3. 原因复杂，不易监管。衍生金融工具风险的产生既有金融自由化、金融市场全球化等宏观因素，也有管理层疏于监督、金融企业内部控制不充分等微观因素，形成原因比较复杂，即使是非常严格的监管制度，也不能完全避免风险。像法国兴业银行这个创建于拿破仑时代的银行，内部风险控制不可谓不严，但凯维埃尔还是获得了非法使用巨额资金的权限，违规操作近一年才被发现。这警示我们，再严密的规章制度，再安全的电脑软件，都可能存在漏洞。对银行系统的风险控制，绝不可掉以轻心，特别是市场繁荣之际，应警惕因盈利而放松正常监管。

三、启示

衍生金融工具的风险很大程度上表现为交易人员的道德风险，但归根结底，风险主要来源于金融企业内部控制制度的缺乏和失灵。在国家从宏观层面完善企业会计准则和增强金融企业实力的同时，企业内部也应完善财务控制制度，消除企业内部的个别风险。

1. 健全内部控制机制。在一定程度上，防范操作风险最有效的办法就是制定尽可能详尽的业务规章制度和操作流程，使内控制度建设与业务发展同步，并提高制度执行力。内部控制制度是控制风险的第一道屏障，要求每一个衍生金融交易人员均应满足风险管理和内部控制的基本要求，必须有来自董事会和高级管理层的充分监督，应成立由实际操作部门高级管理层和董事会组成的自律机构，保证相关的法规、原则和内部管理制度得到贯彻执行；要有严密的内控机制，按照相互制约的原则，对业务操作人员、交易管理人员和风险控制人员进行明确分工，要为交易员或货币、商品种类设立金额限制、停损点及各种风险暴露限额等，针对特定交易项目与交易对手设定合理的“集中限额”以分散风险；交易操作不得以私人名义进行，每笔交易的确认与交割须有风险管理人员参与控制，并有完整准确的记录；要有严格的内部稽核制度，对风险管理程序和内部控制制度执行情况以及各有关部门工作的有效性要进行经常性的检查和评价，安排能胜任的人员专门对衍生金融交易业务进行定期稽核，确保各项风险控制措施落到实处；等等。

2. 完善金融企业的法人治理结构。金融交易人员的行为风险可以通过内部控制制度防范，但再严格的内控对于企业高层管理人员也可能无能为力，管理层凌驾于内控之上的现象是造成金融企业风险的深层原因。我国国有商业银行所有者虚位的现象严重，对管理层的监督和约束机制还相对较弱。对于金融企业主要领导者的监督应借助于完善的法人治理结构。首先是建立多元的投资结构，形成科学合理的决策机构；其次是强化董事会、监事会的职责，使董事会在风险管理方面扮演更加重要的角色；最后是强化内部审计人员的职责，建立内部审计人员直接向股东会负责的制度。

资料来源：http：//bank. jrj. com. cn/2008/05/00003607035. shtml。

【复习思考题】

1. 简述巴塞尔委员会对操作风险的定义。
2. 一般情况下操作风险可分哪几个层面?
3. 银行按标准法度量操作风险需要满足哪些条件?

【参考文献】

［1］张金清:《金融风险管理》，上海，复旦大学出版社，2009。

［2］王春峰:《金融市场风险管理》，天津，天津大学出版社，2001。

［3］寇宏、袁鹰、王庆芳:《套期保值与金融衍生品风险管理研究》，载《金融理论与实践》，2010（5），97～101页。

第七章　流动性风险与管理

【本章概要】

2007年开始，我国银行业全面对外开放，逐步被纳入全球化的竞争格局和游戏规则之中，不得不面对更为巨大的挑战。其中，流动性风险的度量与管理是最重要的一个方面。而我国银行在流动性风险管理的战略理念、方法手段和技术水平等方面均相对落后，学术界对于银行流动性风险的系统研究也刚刚起步。本章将对流动性风险进行界定，并分析流动性风险的成因、特征与分类，最后阐述流动性风险的度量与管理方法。

【要点提示】

1. 流动性风险是指一家银行无力为负债的减少或资本的增加提供融资的可靠性保证。当银行流动性不足时，无法以合理的成本迅速地增加负债或变现资产获得足够的资金，从而影响其支付能力和盈利水平。很显然，银行保持适当的流动性可以保证其债权人的债权得到偿付，可以有能力兑现对客户的贷款承诺，可以使银行及时把握有利可图的机会等。

2. 流动性风险表现为流动性供给与流动性需求匹配不一致。其产生的内部原因包括资产负债期限不相匹配、金融企业的信誉丧失，外部原因包括货币政策的影响、金融市场发育程度的影响、客户信用风险的影响以及利率变动的影响等。

3. 与金融风险中的信用风险、市场风险和操作风险相比，流动性风险具有以下特征：首先，流动性风险通常是一种结果风险；其次，流动性风险要求的保证金与其他金融风险的保证金不同。此外，信用风险、市场风险和操作风险是巴塞尔协议重点关注的银行基本风险，三种风险在一定条件下均可能转化为流动性风险。

4. 流动性风险可以分为资产流动性风险和负债流动性风险、外生流动性风险和内生流动性风险、筹资流动性风险和市场流动性风险等。

5. 流动性风险具有不同于其他金融风险的显著特征，作为银行所有风险的最终表现形式，流动性风险的度量方法处在不断发展和变化之中。传统的流动性风险度量方法是基于静态的计量，随着近年来金融风险的不断增加，对银行流动性风险进行动态管理已经势在必行。相比较而言，现代银行的流动性管理更依赖于动态的衡量方法。

6. 概括而言，流动性风险管理理论主要经历了三个发展阶段：资产管理理论、负债管理理论、资产负债综合管理理论。

【内容架构图】

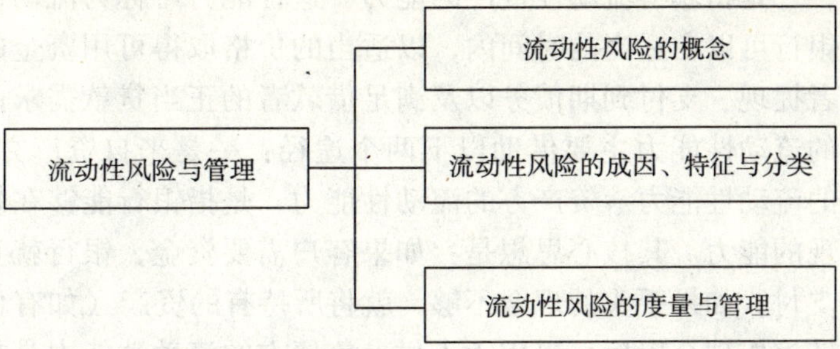

第一节 流动性风险的概念

一、流动性的定义

流动性和流动性风险是联系紧密但又有区别的概念，流动性风险或流动性危机首先源于流动性出现问题。因此，在讲述流动性风险问题之前，有必要先考察流动性这一概念。

流动性（Liquidity）是一个含义广泛的概念，有多种不同的理解，在学术界，流动性的复杂概念还远未得到很好的规范，目前不存在无异议的、可操作的流动性定义。按照《新帕尔格雷夫经济学大辞典》的界定“流动性是一种高度复杂的现象，其具体形式深受金融机构及其实际活动变化的影响，这些变化在近几十年来异常之快”。

一般而言，流动性涉及三个层面：资产的流动性、市场的流动性与机构的流动性。资产的流动性是对流动性最常见的一种理解，指资产迅速变现而不受损失的能力（Keynes，1930），托宾（1965）将流动资产定义为“那些可以马上以市场价值变现的资产”。市场的流动性是指市场使投资者迅速、低成本地交易金融资产的能力，Kyle（1985）将其定义为立即执行交易的成本。机构的流动性则主要指企业特别是金融机构的流动性，即机构能够保证经营正常支付的能力，Decker（2000）将其定义为机构在合理的价格下及时偿还负债和满足资产增长的能力。其中，资产的流动性是核心的流动性概念，是后两种流动性的基础，因为任何流动性市场都是由流动性的资产构成的，同时资产的流动性是机构流动性的根本保证（Lore and Borodosky，2000）。

关于银行流动性的定义，理论界、实务界和监管者的认识不尽相同，下文归纳了具有代表性的几种定义。

Ross（2001）将流动性定义为：一个银行在其需要资金时能以合理的成本获得可使用资金，该银行就被认为具有流动性。这表明一家具有流动性的银行，在需要资金的时候，拥有适当数量的可使用资金，或是通过借款与出售债券能迅速筹集资金。

Geroge（2001）认为，流动性是指商业银行能够在一定时间内以合理的成本筹集一定数量的资金来满足客户当前或未来的资金需求。

本书中流动性在概念上包含两层含义：一是指流动性资产，通常指可用来支付的现金或现金类资产；二是指获得流动性资产的能力，这种能力可称为流动性能力。所谓流动性能力，是指银行可以在适当的时间内，以适当的价格取得可用资金的能力，这是银行随时满足存款者提现、支付到期债务以及满足借款者的正当贷款需求的必然要求。通常情况下，银行的流动性能力主要借助以下两个途径：一是来自资产方的流动性能力，二是来自负债方的流动性能力。资产方的流动性能力，是指银行能够在较短时间内以合理价格将资产变现的能力。其核心思想是：如果客户需要资金，银行就直接运用手中所持有的现金进行支付，如果手头的现金不够，就将所持有的资产（如有价证券）在市场上抛售、变现，转换成现金以后，再用于支付。负债方的流动性能力是指银行能够在较短时间内在不支付太高成本的情况下，以借款方式获得现金的能力。其核心思想是：如果客户需要资金，银行在不动用（或无法动用）持有现金或可变资产的情况下，能够通过吸收存款、在公开市场上发行债券或存单，或者在同业市场上拆借，通过“借新债、还旧债”，满足客户对现金的需求。

综上所述，流动性的概念包括两层含义和三个要素。两层含义：一是资产的流动性，它是指银行资产在不发生损失的情况下，迅速变现的能力。二是负债的流动性，它是指银行以较低的成本适时获得所需要资金的能力。三个要素包括资金数量、成本和时间。一家银行若能在一定时间内以合理的成本筹集到所需数量的资金，或银行以合理成本较快地获取一定数量的资金，则具有较好的流动性。

二、流动性风险的定义

银行流动性风险的定义与流动性的定义类似，监管界、学术界和实务界各有侧重。一般来讲，流动性风险大都指由于流动性不足而导致资产价值在未来产生损失的可能性。当然流动性过剩也会形成流动性风险，因为过多的流动性也代表商业银行没有做到以合理成本筹集到期限相同或相近的所需资金，从而不能很好地满足客户需求。本书所指流动性风险均指流动性不足。

（一）流动性风险的定义

对于流动性风险这一概念，以下四家银行的表述略有不同，如表7－1所示。

表7－1　四家银行对流动性风险的定义

银行机构	流动性风险的定义
大通曼哈顿银行	银行不能满足客户提款、申请贷款或偿付到期债务的需求
第一芝加哥银行	银行不能及时履行现在和未来的金融义务
JP摩根	银行不能以合理的利率筹集到期限相同或相近的资金为其资产组合提供融资
汇丰银行	银行不能随时以合理成本筹集到所需数量的资金以履行自己的义务，满足顾客的需求

基于上述四种定义，可以对流动性风险作如下界定：流动性风险是指一家银行无力为负债的减少或资本的增加提供融资的可靠性保证，即当银行流动性不足时，无法以合理的成本迅速地增加负债或变现资产获得足够的资金，从而影响其支付能力和盈利水

平。在极端情况下，流动性不足会造成银行的清偿问题。

（二）流动性风险的表现形式

1. 银行的一切经营活动正常。信贷资金市场正常运转，银行本身并无严重问题发生。

2. 银行本身出现短期危机。例如银行出现坏账。

3. 银行业整体出现短期危机。这种情况往往是由国际金融危机所导致。

4. 银行陷入长期危机。例如银行不断出现营业亏损，从而存在倒闭的风险。

对银行流动性风险管理的研究通常重点放在第一种情况，后三种情况属于流动性风险的极端表现，往往伴有其他风险的存在。

（三）银行保持适当流动性的重要意义

1. 银行保持适当的流动性可以保证其债权人的债权得到偿付。银行的债权人，无论是小额储蓄者还是大额存单持有者或者其他金融机构，均属于风险厌恶者，他们将资金贷给银行，其首要目的是收回本金，其次才是获得利息。银行必须要保证适当的流动性才能确保如期如实偿还本金与利息。

2. 银行保持适当的流动性才有能力兑现对客户的贷款承诺。银行发出的贷款承诺往往是其贷款余额的数倍。当银行的几个高质量客户提出新的贷款需求时，银行会尽量满足他们的需求，银行保持适当流动性才可以在任何时候兑现其贷款承诺。

3. 银行保持适当的流动性可以使银行及时把握有利可图的机会。既可以在需要时扩展其资产规模，又可以使银行在不利的市场环境下出售其流动资产，避免资本亏损。

第二节 流动性风险的成因、特征与分类

一、流动性风险的成因

流动性风险表现为流动性供给与流动性需求匹配不一致。当流动性需求超过流动性供给的时候，流动性短缺的问题就暴露出来，客户提取存款的需求得不到满足，就容易导致恐慌性地提兑存款，从而诱发流动性危机。

流动性风险是由流动性供给与流动性需求共同决定的，商业银行日常的现金支出表现为流动性需求，现金收入表现为流动性供给。这就意味着，长期积累的现金收支情况决定着商业银行在某个时点的流动性净头寸与流动性风险程度。对大多数商业银行而言，对现金的两个主要需求是客户提取存款和客户贷款需求，这些贷款既可能是新增贷款也可能是到期后要求展期的贷款或者过度对贷款额度的使用。其流动性需求还包括：偿付银行之间的拆借，诸如央行或代理行的贷款，定期支付所得税和向股东支付红利等。而为了满足前述的流动性需求，相应的商业银行流动性供给来源包括客户存款、客户的偿还款、银行的服务收入和从货币市场上的借款。以上流动性需求和流动性供给决定了在某一时刻商业银行的流动性净头寸。

$$L_t = L_t^s - L_t^d$$

其中，L_t为净流动性头寸。

L_t^s（流动性供给）=存款流入+贷款偿还+货币市场借款+其他货币收入

L_t^d（流动性需求）=存款提现+可接受贷款申请+偿还同业借款+支付股东股利+其他货币支出

在任一时点上，商业银行的净流动性头寸为零的可能性不大，不为零为常态。当$L_t>0$时存在所谓的流动性过剩，银行必须将这些过剩的资金投入到盈利更高的资产组合中去，当$L_t<0$时则存在流动性不足或短缺，这时银行必须去筹集额外的资金满足流动性需求。

对于正常的银行来说，资产和负债期限的不匹配、利率水平的波动均可能导致流动性风险；而经营不善的银行，除上述原因外，信贷风险也会成为其流动性危机的重要诱因，此外宏观政策也会导致流动性风险的出现。

（一）流动性风险的内部原因

1. 资产负债期限不相匹配。商业银行的负债业务即资金的主要来源有存款、同业拆借、央行存款、从国际货币市场借款和发行金融债券等，其中具有短期性质的存款占了绝大部分比重；而商业银行的资金主要运用于贷款、贴现、证券投资、中间业务、表外业务等，其中贷款业务在商业银行资产构成中占了绝对比重，而这些贷款以盈利性较高的中长期贷款为主。在这种资产负债结构下，当市场发生突然变动，客户大量提取现金的情况下，如果其他要素不变，银行便很难在不受损失的情况下将其资产变现而满足其流动性需求，从而产生流动性风险，因为银行流动性保持是一个在时间上连续的过程，现期的资产来源和运用会影响未来的流动性需求和供给，靠短期拆借来维持流动性只能产生恶性循环。

2. 金融企业的信誉丧失。如果金融企业丧失信誉，必然会引起客户的不信任，产生挤兑及其他影响流动性的行为，使金融机构面临经营危机；相反，金融企业拥有良好的信誉，会增强客户尤其是存款人的信心，这样的金融企业一般流动性较强。

（二）流动性风险的外部原因

1. 货币政策的影响。中央银行的货币政策与商业银行的流动性风险关系密切。当中央银行采取扩张性货币政策时，商业银行较容易获得资金，存款量上升，客户的贷款也就比较容易被满足，在一定程度上避免了流动性风险的发生；而如果中央银行采取紧缩性货币政策，整个社会货币数量和信用总量减少，商业银行的资金来源减少，挤兑的可能性会增加，商业银行就较容易发生流动性风险。

2. 金融市场发育程度的影响。金融市场发育程度直接影响商业银行资产的变现能力及主动负债的能力，从而影响商业银行流动性风险。短期证券和票据是商业银行保持流动性需求的工具，如果金融市场不完备，证券和票据不能以合理的市场价格买卖，会加大交易成本和损失，使商业银行获得流动性的代价太大。同时，活跃的二级市场也为商业银行随时获得流动性提供了途径。

3. 客户信用风险的影响。假设一家银行管理不善，将资金贷给信誉极差的客户，由于借款者经营不善导致坏账而使银行盈利下滑，一旦金融市场传言该银行盈利下滑，该银行将不得不以高昂的代价去保留原有的存款或从市场上购买资金，这会使银行盈利状况进一步恶化，甚至严重亏损。

4. 对利率变动的敏感性。当市场利率水平上升时，其存款客户会将存款提现，转为其他报酬更高的产品，其贷款客户可能推迟新贷款的申请或者加速使用利率较低的信用额度。所以利率的变动对客户存款需求和贷款需求都会产生影响，以致严重影响到银行的流动性头寸。此外，利率波动还将引起银行所出售资产（换取流动性）市值的波动，甚至直接影响到银行在货币市场的借贷资金成本。

二、流动性风险的特征分析

（一）流动性风险特征

与金融风险中的市场风险、信用风险和操作风险相比，流动性风险特征如下：

1. 流动性风险通常是一种结果风险（间接风险）。

银行的市场风险、信用风险、操作风险与流动性风险是高度相关和互相影响的，有时甚至很难完全区分开来。银行的主要功能是为经济实体提供流动资金而不是制造流动性危机。如果没有基于市场风险、信用风险或者操作风险而使得银行遭受了严重损失，银行很难产生流动性问题。从这个意义而言，流动性风险是次级风险，其常常随着其他一个或者多个金融风险而增大。因此，流动性风险的特性在于，它是一种间接的综合性风险，是银行所有风险的最终表现形式，即一种结果性风险。也就是说，虽然流动性风险是银行倒闭的直接原因，但可能并不完全是由流动性管理本身引起的，如果其他各类风险长期潜伏、积聚而得不到有效控制，最终都会以流动性风险的形式表现和爆发出来。

2. 流动性风险要求的保证金与其他金融风险的保证金不同。

在现代银行风险管理中，通常通过持有资本（经济资本或者监管资本）来防范净资产价值的潜在损失。在著名的 VaR 框架中，要求银行持有的资本数量由 VaR 决定，即计算一定的时间内（一天、十天、一年）的损失分布，然后根据这个损失分布在一定置信水平（99%、99.95%）下的分位数，决定预防意外损失需要持有的权益资本的数量。

但利用 VaR 框架并不能很好地解决流动性风险问题。对于流动性风险而言，资本的使用价值是有限的。在解决流动性问题时，银行需要的是现金的流入，这比筹集资本更为容易。银行可以通过减少现金流出累计净值（Net Cash Outflow，NCO）与出售无抵押的合格资产以弥补现金流出累计净值这两种方法获取现金流入、保护流动性。但是，银行出售无抵押的合格资产以弥补现金流出累计净值的能力，取决于银行的总资产负债状况、银行在市场中的头寸和市场吸收这些资产的能力。因此，尽管资本充足是银行获得高的信用评级的前提，但如果不改善银行的融资成本和能力，那么在流动性危机发生时资本或许不是合适的缓冲工具，资本雄厚的银行在发生流动性危机时并不一定能迅速出售资产产生流动性，同理，一个银行可能有充足的流动性资产，但经济或者监管资本却很少。因此，流动性风险分析必须基于特定银行和市场情景进行。

（二）其他风险转化为流动性风险

美国货币监理署（Office of the Comptroller of the Currency）在2001年的一份报告中

指出，影响流动性的风险主要有信用风险、价格（市场）风险、交易（操作）风险、利率风险、声誉风险、战略风险。其中，前面三种风险是巴塞尔协议重点关注的银行基本风险。

1. 信用风险的转化。信用风险是指银行的债务人不能履行其合约义务（无力支付或不愿支付）而造成银行相应损失的风险。商业银行本质上经营的就是信用，信用风险是银行面临的最主要的风险。

对于一家经营不善的银行来说，信用风险往往是流动性危机的直接诱因。如果银行把资金贷给业绩不佳或信誉不高的客户，借款人经营不善无法还款带来银行的坏账，一旦市场上流传银行盈利下滑乃至亏损的传言，该银行将面临流动性困难，不得不以更高的成本去保留原有存款或取得新的资金。如果情况继续恶化，银行将不得不通过低价变卖资产满足其流动性需要，这可能导致其最终破产。

此外，宏观经济的恶化、资产的集中、大企业的倒闭、竞争的加剧等都会让银行面临更大的信用风险，并导致流动性风险的上升。而一旦信用风险上升，银行的信誉和评级都可能下降，从而使其筹资成本大幅度上升。更严重的是，如果信用风险破坏了银行财务上的健康，那么无论出多高的价格都可能无法获得资金，银行的流动性必然枯竭而面临倒闭。多数大的银行危机都包含了严重的信用问题和流动性恶化的共同作用。

2. 市场风险的转化。市场风险又称价格风险，Lore 和 Borodosky（2000）将其定义为由于市场价格水平的变化、价格波动性的变化或价格间的相关性变化引起的金融工具组合价值的不利变动。例如利率与汇率的变动、债券与股票的价格下跌、衍生产品（期货、期权等）的价格波动等带来的投资与交易损失。

市场风险对于积极进行金融工具交易的大银行最为普遍。市场风险带来的价格变化直接导致银行的损失和流动性水平的下降。资金提供者在评估银行的财务状况和信用时会仔细考察其交易账户的风险，如果市场风险以及它对盈利或资本的影响太大，资金提供者可能要求银行支付更高的利率，或者不愿提供长期融资，甚至不愿提供任何期限的融资。

3. 操作风险的转化。操作风险是一个含义很广的概念。《巴塞尔新资本协议》对操作风险的定义是：由不完善或有问题的内部程序、人员及系统或外部事件所造成损失的风险。未能识别和有效管理操作风险可能给银行带来巨大损失。例如，1995 年震惊全球的巴林银行损失 15 亿美元而破产，就是因为一个交易员的违规投资造成的。直接影响流动性的系统包括支票和证券清算系统、电子银行、监督借贷和银行卡使用的操作系统。如果产品变动，管理者必须调整系统以确保所有的交易都能处理，如果处理交易的系统未能或延迟执行，重大问题会很快出现。如果客户使用自己的账户遇到困难，他们可能关闭账户，这将降低银行的流动性，因此银行的应急计划中也必须考虑到操作风险。

三、流动性风险的分类

（一）资产流动性风险和负债流动性风险

资产流动性风险是指资产到期不能如期足额收回，进而无法满足到期负债的偿还和新的合理贷款及其他融资需要，从而给商业银行带来损失的风险。负债流动性风险是指商业银行过去筹集的资金特别是存款资金，由于内外因素的变化而发生不规则波动，对其产生冲击并引发相关损失的风险。商业银行筹资能力的变化可能影响原有的筹融资安排，迫使商业银行被动地进行资产负债调整，造成流动性风险损失。这种情况可能迫使银行提前进入清算，使得账面上的潜在损失转化为实际损失，甚至导致银行破产。

（二）外生流动性风险和内生流动性风险

外生流动性风险是指由于金融风险因素的外部冲击而造成流动性的不确定。外生流动性风险主要来源于国家的经济政策、政府的监管行为等因素的不确定性。这样的外部冲击是影响整个资本市场的事件，其结果是使所有资产的流动性降低，从而增加持有者的变现成本。外生流动性风险类似于系统性风险，不易度量，也难以控制。内生流动性风险是指由于内在原因导致流动性的不确定性。内生流动性风险的来源主要有资产配置的不合理性、资产需求的变化、债务期限的不当安排，等等。因此，内生流动性风险是部分可控的，可控程度取决于流动性风险的驱动因素。

（三）筹资流动性风险和市场流动性风险

筹资流动性，也称为现金流或负债流动性，或资金流动性，或机构流动性，主要是用来描述金融机构满足资金流动需要的能力。某一业务具有流动性是指其产生的现金流可以满足其支付要求，某机构具有流动性则是指机构经营所产生的现金流可以满足机构的支付要求，其中现金流既包括资产的收益，也包括从金融市场借入的资金。市场流动性，也称为产品或者资产流动性，主要指金融资产在市场上的变现能力，也就是在市场上金融资产与现金转换的难易程度，经常用广度或宽度、深度、即时性、弹性等四维概念来刻画。如果交易者能够按有利的价格迅速完成一定量的某种资产的交易，就表明市场的流动性较好。筹资流动性和市场流动性既相互独立也相互影响：相互独立是因为筹资流动性和机构本身的流动性管理有关，主要涉及资产和负债的匹配问题；市场流动性与机构持有资产的所在市场有关，更多地是由外在市场决定。同时，两者又相互影响，筹资流动性不足时，金融机构往往需要变现自己的资金来获得现金，这样良好的市场流动性可弥补筹资流动性的不足；反之，如果筹资流动性充足，机构往往可以有更多的余地选择交易时间和交易策略，使得市场流动性更大。

第三节　流动性风险的度量与管理

一、流动性风险的度量

流动性风险具有不同于其他金融风险的显著特征，作为银行所有风险的最终表现形式，流动性风险的度量方法处在不断发展和变化之中。传统的流动性风险度量方法是基于静态的计量，通过对表内不同项目的流动性作出估值，依靠各种指标和比率，反映银行在某一时点的流动性风险水平。然而，商业银行的经营环境总是处于不断变化之中，流动性本身是一个动态的概念，流动性风险是银行资产运动带来的风险，从此意义而言，纯粹的静态流动性管理是不足的。随着近年来金融风险的不断增加，对银行流动性风险进行动态管理已经势在必行。数学模型和计算机应用水平的提高，为商业银行考虑在未来一段时间内对潜在的现金供求情况进行动态预测提供了技术可能。基于动态现金流的现代流动性分析方法引入了建模和行为调整技术，弥补了传统的静态分析方法的不足。

（一）流动性风险度量的基本比例

传统上，商业银行通常从资产和负债两方面对流动性进行度量。规模较小的银行由于接触货币市场的机会较少，从而更多地关注与资产有关的流动性比例，而大银行则非常重视与负债有关的流动性比例。

1. 资产方流动性比例。银行资产的流动性主要指一项资产变现的难易程度。一般情况下，资产的到期日越近，市场流通性越高，其流动性越大。资产流动性通常表示为银行的特定资产占总资产的比例。一般来说，流动性较高的资产，在二级市场上往往表现出较低的违约风险、较近的到期日和较大的交易量等特征。

（1）流动比率。

流动比率＝（流动性资产/流动性负债）×100%

标准值：流动比率≥25%

（2）流动性缺口率。

流动性缺口率＝（流动性缺口/90天内到期表内外资产）×100%

标准值：流动性缺口率≥－10%或不低于同质同类机构平均值（按本币、外币分别计算）

（3）存贷比例。

存贷比例＝（贷款余额/存款余额）×100%

标准值：存贷比例≤75%（按本币、外币分别计算）

贷款被假定为流动性最低的资产，而存款是资金的主要来源。银行将其稳定的资金来源大都用于贷款，这就意味着银行若要增加其他的资产必须运用存款以外的负债购买。存贷比例越高，流动性越低。但还要看贷款是否产生现金注入，它携带较高还是较低的违约风险。

资产方流动性比例还包括总股本/总资产、风险资产/总资产、贷款亏损/贷款净额、贷款亏损准备金/不良贷款等。

2. 负债方流动性比例。负债的流动性是指一家银行以合理成本筹措新债以满足其债务的能力。负债流动性的衡量标准往往反映出一家银行的资产质量、资本实力、存款余额和其他负债的构成。

（1）核心负债比例。

核心负债比例＝（核心负债/总负债）×100%

标准值：核心负债比例≥60%或同质同类机构平均水平

（2）资金来源集中度。

资金来源集中度＝（最大十家存款户存款余额/总负债）×100%

资金来源集中度 =（最大十家银行同业往来轧差后负债方净额之和/总负债）×100%

资金来源集中度 =（境外联行往来轧差后负债方净额之和/总负债）×100%（仅适用于外国银行分行，按在华机构合并计算）

标准值：参考同质同类机构平均水平。

负债方流动性比例还包括各项存款的结构百分比、总存款/总负债、核心存款/总资产等。

商业银行还应关注负债的稳定性。通过提高核心负债率占总负债的比重，提高流动性来源的稳定性，并减少对波动较大的债务的依赖；通过优质服务建立与资金提供者的关系，并持续关注大额资金提供者的风险状况，定期监测大额资金提供者（如最大十家存款客户）及融资提供者在本行存款的情况，也可以制定存款（或融资）集中程度的触发比率。

（二）流动性风险的静态度量

1. 流动性风险静态度量的基本原理。资产负债表流动性方法是流动性风险静态度量的传统方法，其基础在于资产负债表中资产一方和负债一方不同项目之间的联系，其评价结果取决于资产是流动的或是非流动的以及其融资是稳定的（粘性）或是可变的。从流动性风险静态度量观点看，为了保证资产负债表的结构能够降低流动性风险，粘性资产要用稳定的债务融资，流动资产则可以用可变的债务融资。

表 7－2 列示了资产负债表内项目按照流动性由低到高的分类情况（不包括无形资产、战略投资和权益资本，因为这项些目不包括在银行的清算范围内）。其中，交易账户是指银行为在短期内转售而持有的，和（或）为在短期内从实际和（或）预期买卖差价中获益，或从其他价格或利率波动中获益而持有的自营金融工具头寸；为匹配经纪交易和造市交易，或为交易账户中的其他项目套期保值而建立的头寸。列入交易账户的金融工具主要包括可转让证券、集合投资项目中的单位、存款证及其他类似的资本市场工具、金融期货、远期合约、掉期合约、期权等。虽然贷款是商业银行资金运用的主要方式，但由于信息不对称和交易成本的因素，贷款难以转让，是银行流动性最低的资产。

表 7－2　资产负债表流动性分析（流动性由低到高排列）

资产	负债
客户贷款和垫款 债券投资 存放中央银行款项 存放同业款项及拆出资金 买入返售金融资产	客户存款 同业及其他金融机构存放款项和拆入资金 卖出回购金融资产 已发行债务证券
交易性金融资产	交易性金融负债

2. 资产负债表流动性分析的指标及比较。资产负债表流动性分析的静态指标较多，但其基本思想和原理相同，都是基于某一特定时点的资产、负债项目之间的特定关系。以下列示了常见的流动性静态分析指标及其含义。

(1) 存贷款比率。

存贷款比率是衡量银行流动性风险的一个基本指标，其计算方法为

$$存贷款比率 = 贷款/存款$$

存贷款比率综合反映了银行的资产和负债的流动性特征。在其他条件相同的情况下，该比率越高，银行的流动性越差。因为贷款难以变现，存贷款比率越高，意味着银行将大部分资金用于发放流动性低的贷款，并且银行要发放新的贷款必须运用存款以外的负债购买；而较低的存贷款比率意味着银行可以用稳定的存款来为新贷款融资，流动性风险较小。

(2) 核心存款比率。

$$核心存款比率 = 核心存款/总存款$$

银行的存款按其稳定性可分为核心存款（Core Deposits）与易变性存款（Volatile Deposits）。核心存款是指对利率变化不敏感、较为稳定的存款，受季节变化和经济环境的影响小，是银行稳定和低成本的资金来源。易变性存款则受利率等外部因素的影响较大，容易流失。在其他条件相同的情况下，该比率越高表明流动性越好。一般来说，大银行核心存款比率低于小银行，但这并不表示大银行的流动性风险更高。只是因为大银行的负债来源更加多元化，对存款的依赖度较低。

(3) 流动资产比率。

$$流动资产比率 = 流动性资产/总资产$$

该指标反映了银行资产方的流动性。其中，流动性资产是指期限短（不超过 1 年）变现能力强的资产，最主要的是现金、同业存款和国债等。在其他条件相同的情况下，该比率越高，银行资产中储存的流动性越多，银行应付潜在的流动性需求的能力就越强。总的来说，银行的规模越大，该比率越小，因为大银行的资金筹集能力强，不需要储存太多的流动性。使用该指标的一个困难在于如何准确界定流动性资产。与此类似的指标有现金与总资产比率、超额准备金比率，流动性资产与流动性负债比率等。

(4) 贷款占总资产比率。

$$贷款占总资产比率 = 贷款/总资产$$

该指标也是反映银行资产方流动性的重要指标。在其他条件相同的情况下，银行总资产中贷款的比例越高，说明银行资产的流动性越低；而贷款的比例越低，说明银行的资产越多元化，流动性越高。

(5) 流动性指数。

流动性指数由美联储的 Jim Pierce 提出，用来衡量金融机构因突然或紧急出售资产时，相对于正常市场情况下以市场公允价值出售所遭受的潜在损失。

(6) 存款集中度。

存款集中度可用于衡量存款提前支取风险。鉴于银行对大额存款的依赖性，存款集中度越高，意味着潜在的存款提前支取风险越大，银行的流动性风险也就越大。其计算公式为

$$存款集中度 = \sum E_i W_i$$

其中，E_i表示存款规模等级 i 的存款份额，W_i表示存款规模等级 i 的权重。

（7）其他指标。

除了上述指标之外，计量银行流动性风险的静态指标还有很多，如超额准备金率、活期存款与定期存款比率、长期贷款与短期贷款比率、不良贷款率、大额负债依存度、流动性缺口率、净拆借资金比率、热钱比率（货币市场资产与货币市场负债之比）等。这些指标相互补充，共同构成衡量流动性风险的指标体系。

3. 静态流动性缺口分析。流动性缺口是指银行资产和负债之间的差额。其产生有两个原因：其一，资产和负债之间不匹配的余额；其二，资产和负债的不断变化。

流动性缺口用公式表示为

$$LG = F_1 - F_2$$

其中，LG表示流动性缺口，F_1表示流动性供给，F_2表示流动性需求。

流动性缺口反映出银行流动性风险。当银行的负债（流动性供给）大于资产（流动性需求），$LG>0$，出现资金过剩，这种情况对银行不构成流动性风险。当银行的资产（流动性需求）大于负债（流动性供给），$LG<0$，说明银行有些长期资产或承诺没有得到资产负债表上现有资金来源的充分支持。这表明银行要维持目前规模的资产，必须从外部寻找足够资金来源。下表列出了银行主要的流动性需求与供给。为更有效地反映资产和负债如何影响流动性风险，分析中引入边际缺口指标，以反映银行资产和负债变化值之间的差异。边际缺口为正时，表示银行资产变动的代数值大于负债变动的代数值。假若资产和负债不断发生损耗，资产和负债的代数变化值都为负数，正的边际缺口表现为流动性过剩。如果流动性缺口产生于目前的资产和负债，被称为静态缺口，它反映了银行当前的流动性状态。

表 7－3　　商业银行的流动性供给与需求

流动性供给	流动性需求
客户存款	客户提取存款
非存款服务性收入	客户贷款
客户偿还贷款	偿还存款之外的借款
出售银行资产	运营费用和赋税
从货币市场上借款	向股东支付红利

资料来源：彼得·S. 罗斯，《商业银行管理》（原书第七版）北京，机械工业出版社，2004。

当银行资产的摊提（损耗）速度慢于负债的摊提时，资产所得偿付的流入量小于银行用于支付债务的流出量，存在累积的正缺口。但是，累积新的融资需要并不等于这个时期需要的新融资。这是因为以前时段发行的，用于对缺口进行融资的债务在以后的时段未必会发生摊提。负的边际缺口一般表示该时段新的融资需要，正的边际缺口则表示该时段需要进行投资的过剩资金。现代商业银行在缺口分析过程中，设定非常具体的期限，银行在每一个期限内将其资产和负债进行对比得出流动性剩余或不足。这种方式有利于银行了解目前资产和负债期限不匹配的状况，进而明了未来资金的需求。例如，美国银行典型的资产负债期限结构分割为浮动、隔夜、30 天、60 天、90 天、6 个月、1 年、18 个月、2 年、2 年以上。

4. 对流动性风险静态度量方法的评价。

（1）资产负债表流动性指标分析方法评价。资产负债表流动性分析方法最明显的优势就在于简单易行。使用者只需要银行的每年报告便可评估资产负债表结构中的流动性风险。但是，作为对银行流动性风险进行分析的传统模型，其在方便操作的同时，也存在如下缺陷。

①这些指标大都侧重反映了流动性风险的某个方面，它们相互补充，只有将其综合起来成为一个指标体系才能全面衡量银行的流动性风险。并且，由于不同银行的资产规模、经营环境、经营理念并不相同，所以这些指标并不存在一个特定的最优值，不宜进行简单的个体比较。

②缺失时间维度。资产负债表流动性分析仅仅以流动性或非流动性来刻画资产负债表的头寸，而无视资产负债清算或者到期的时间。因此，从这个分析中，信息使用者不能知道未来的一定期间内现金流出是否到期。例如，一般把发行债券看做是稳定融资，但是如果该债券即将到期，则不能把它看做长期融资。

③会计准则的影响。资产负债表是根据会计准则制定的，其并不反映银行的经济现金流。

④只考虑总量关系，忽略了存款和贷款的性质、期限、质量等结构因素。

（2）对静态流动性缺口分析方法的评价。静态流动性缺口法虽然对银行流动性的现状有一个大致的描述，但它仍有诸多缺陷，主要体现为：

①对某些资产和负债进行期限划分时，往往依靠主观判断。

②银行资产负债的期限结构既不能完全反映银行资产质量的差异，又不能把那些以或有负债形式出现的表外业务纳入缺口分析。

③资产负债期限结构不能对银行的借款能力进行评估。

（三）流动性风险的动态度量

资产负债表流动性方法主要侧重于银行过去某一时点的状况，因而是一种静态的分析方法。现代银行的流动性管理更依赖于动态的衡量方法。

1. 流动性缺口度量法。

（1）流动性缺口的定义。

$$流动性缺口 = 资产 - 负债$$

流动性缺口反映出银行流动性风险。当银行的负债大于资产，出现资金过剩，这种情况对银行不构成流动性风险。当银行的资产大于负债，说明银行有些长期资产或承诺没有得到资产负债表上现有资金来源的充分支持，这表明银行要维持目前规模的资产，必须从外部寻找足够的资金来源。

（2）流动性缺口产生的原因。

①资产和负债的余额之间不匹配；②资产和负债的不断变化。为更有效地反映资产和负债如何影响流动性风险，分析中引入边际缺口的概念。边际缺口反映的是银行资产

变化值和负债变化值之间的差异。边际缺口为正，表示银行资产变动的代数值大于负债变动的代数值。如果资产和负债不断发生损耗，资产和负债的代数变化值都为负数，正的边际缺口表现为流动性过剩。

（3）流动性缺口法的缺陷。流动性缺口法虽然对银行流动性的现状有一个大致的描述，但它仍有缺陷，具体为：①对某些资产和负债进行期限划分时，往往靠主观判断；②股本虽然在理论上的期限趋向于无穷大，但当银行根据需要不断增加股本时，也会影响流动性缺口。

2. 净流动性资产度量法。净流动性资产大于不稳定性负债，该缺口为正。通过正负流动性缺口的显示，银行的资产负债管理者可以清楚银行目前是否有足够的流动性资产可以变现，以此为即将到期的存款和债务提供资金来源。

3. 融资缺口度量法。融资缺口表示银行需重新筹集的用于对新的资产融资及对负债进行再融资的那部分资金。用公式表示：

融资缺口 = 资金总需要量 - 资金来源（稳定性部分）

银行对资金的总需要量等于对银行总资产的融资额扣除流动性资产和短期、可自由处置的资产，然后再加上银行开出但尚未使用的信贷额度。

融资缺口为融资需要量与稳定的资金来源的差值，被视为不稳定的融资。不稳定的融资所代表的是银行必须通过不稳定负债筹集的新资金。这些资金来源之所以被认为具有不稳定性是由于它们对信贷风险具有高度敏感性。

二、流动性风险的管理

在各个时期银行经营实践的基础上，流动性风险管理理论经历了一个不断演变和完善的过程。概括而言，流动性风险管理理论主要经历了三个发展阶段：资产管理理论、负债管理理论、资产负债综合管理理论。

（一）资产管理理论

传统的银行信奉资产管理理论，认为银行的利润来源主要在于资产业务，银行能够主动地加以管理的也是资产业务，而负债则取决于客户是否愿意来存款，银行对此是被动的。因此，银行流动性管理的重点在资产方面，着重于如何适当地安排资产结构，致力于在资产上协调流动性安排。在这种理论思想指导下，相继出现了“真实票据说”、“资产转换说”、“预期收入说”等，为拓展银行资产的经营领域奠定了理论基础，并发展出了一系列资产管理的办法。

资产管理理论强调负债是银行既定的前提，资产的规模受负债规模的制约，银行管理层所能做的只是在既定的资产规模基础上，努力实现资产结构的优化调整。它十分注重使资产在期限上同负债相匹配，注重保持资产的流动性及分层次的准备金，还注重银行资本的充足性。20 世纪 60 年代以前，资产管理理论支配着商业银行的经营管理。在当时的情况下，非银行金融机构尚未形成气候，金融市场尚不发达，银行资金来源的数量比较固定和狭窄，加之通货膨胀尚未成为普遍性的、长期性的问题，银行资金来源的数量比较稳定和充足，与此相适应的是资产管理的长期盛行。第二次世界大战以后，随着西方各国经济稳定增长，金融体系迅速发展，形形色色的非银行金融机构茁壮成长，证券市场迅速成熟。银行的资金来源，无论在渠道上还是数量上，都遭到越来越大的竞争威胁。尤其是20世纪60年代，通货膨胀开始成为困扰各国经济的难题，普遍受到政府利率管制的商业银行，都深感吸收资金能力的衰弱。寻求资金、扩大负债，已成为当时银行界的第一需要。传统的资产经营管理理论受到怀疑，银行能不能左右存款，能不能吸收新存款来应付资金需要？美国花旗银行率先发行了可转让大额定期存单，取得显著效果，使商业银行存款迅速回升。由此诱发负债管理理论的兴起。

（二）负债管理理论

随着金融创新的不断涌现和金融市场的迅速发展，负债管理理论盛行于20世纪60—70年代。当时，金融服务业的竞争加剧以及证券的利率高企，银行存款增长出现停滞趋势（存款的非中介化）；作为银行流动性来源之一的美国政府债券因其变现能力最强而一度出现供应短缺；不断上升的利率水平使得银行未能及时变现的政府债券面临资本亏损的风险。在这种情形下，负债管理理论或购买资金理论应运而生。该理论认为，银行可以合理的价格从货币市场买到其所需要的资金。

但在1966年，该理论受到严峻考验。当时，美国市场利率急剧攀升，许多美国银行根本未料及利率会飞涨，从而没有购买足够的廉价资金维持一定的正缺口，其结果是许多美国银行的盈利在这段时间下降；与此同时，由于资产贬值，这些银行的资本金也遭受严重损害。由此，暴露了负债管理理论的致命弱点：第一，提高了银行的融资成本。特别是当银行出现流动性困难急需资金的时候，由于资信下降，其从市场上融资的成本往往会迅速上升。第二，增加了银行的经营风险。负债管理过分依赖外部借入资金来维持流动性，而外部因素的不可预测性往往会增大银行的经营风险。

（三）资产负债综合管理理论

从上面的分析可以看出，无论是资产管理还是负债管理，都存在着某种程度的片面性。20世纪70年代末开始，资产负债综合管理理论应运而生，商业银行流动性管理进入了一个全新的时期。其基本思想是资产和负债并重，围绕两者的缺口或差额，根据银行经营环境的变化，动态地调整银行的资产负债结构和负债双方在某种特征上的差异，协调不同的资产与负债在利率、期限、流动性等方面的综合匹配，进行最优化组合和合理搭配，以实现银行盈利性、安全性和流动性的统一。无疑，资产负债综合管理是一种更先进和科学的流动性风险管理理论，但是，这种管理方式要求实现资产和负债流动性的动态综合均衡，对银行的管理理念、方法手段、技术条件等都提出了更高的要求。

（四）流动性风险管理的趋势

在20世纪的后40年中，美国商业银行的资产负债结构发生了较大变化，现金、国债等流动性资产比例大大降低，同时贷款比例大大上升，存款负债比例大大降低而借入负债大大提高。选取这一时间段的原因是1961年通常被认为是银行积极进行负债管理的开端，当年花旗银行创立的批发大额可转让存单（Negotiable Certificates of Deposit，CD_S）被视为负债管理兴起的标志。

总的看来，资产方流动性资产比例下降而贷款比例上升，但这并不等于资产方流动性的降低，因为贷款流动性也在变化。通过在二级市场出售资产以及资产证券化行为，商业银行的贷款流动性相比以往有了很大提高。

负债方的传统存款比例降低而借入负债比例上升，这正是商业银行采取积极的负债管理——主动购买负债的体现。然而，几十年的实践证明，相对于资产流动性管理，负债流动性管理具有更大的潜在风险。伊利诺伊大陆银行倒闭就是最典型的例子。这导致商业银行的流动性管理有向资产管理方向转变的趋势。

此外，近20年来金融工程学的发展也给商业银行流动性管理增加了许多新的思路。一些新的金融衍生产品为商业银行流动性管理提供了更多的方便。例如，商业银行购买中长期证券作为投资，同时买入一个未来出售该证券的期权。这样，银行在必要的时候就可以按照约定的价格出售该证券，这就解决了以往流动性较差的资产急速变现过程中需要承担较大的损失的问题。

前文指出，流动性问题的本质，主要在于资产和负债之间期限上的不匹配。对商业银行而言，资产方期限更长，则流动性较低；而负债方期限相对更短，则流动性较强。那么银行是否可以按照资产的期限结构来安排？这存在两个障碍，第一个障碍在于许多存款虽然有名义期限，但一旦发生信心动摇，多数可以立即提取；第二个障碍在于商业银行自身也希望较多利用短期的、流动性强的资金来源，因为越是长期稳定的负债，其融资成本越高。金融衍生工具又给商业银行解决上述问题提供了办法。利率掉期就可以将存款的期限和成本分离开来，银行可以发行一个中长期的负债，同时做一笔相应的利率掉期，将长期的固定利率转化为浮动利率的融资成本。

总的看来，流动性管理是随着整个商业银行经营管理趋势的变化而变化的，银行经营的经济环境、法律环境、监管环境都将影响商业银行的流动性管理。

【经典案例】　　英国诺森罗克银行挤兑事件

一、挤兑事件回顾

受美国次级债危机导致的全球信贷紧缩影响，英国第五大抵押贷款机构——诺森罗克银行（Northern Rock）发生储户挤兑事件。自2007年9月14日全国范围的挤兑发生以来，截至9月18日，仅仅几天的时间就有30多亿英镑从诺森罗克银行流出，占该行240多亿英镑存款总量的12%左右，其电话银行和网上银行业务一度出现崩溃。受此影响，几天之内，诺森罗克银行的股价就下跌了将近70%，创下7年来新低，成为英国遭遇本次信贷危机以来的最大受害者。

为防止系统性银行危机的出现，英国财政部、英格兰银行（英国央行）与金融管理局先后采取了注资以及存款账户担保等救助措施，至2007年9月18日，诺森罗克银行的储户挤兑情况才有所缓解，各大银行的股价也出现不同程度的上涨，银行体系的恐慌局面才得以控制。

该事件的表现特征为：发生储户挤兑，大量存款从银行流出，同时受挤兑影响的银行股价大幅下跌，金融环境进一步恶化。

二、挤兑事件的原因

第一，英国金融环境的严重影响。受美国次贷危机的影响，英国的金融业也同样遭受了巨大的打击。糟糕的金融环境加重了储户的不安，导致挤兑事件不可避免。

第二，融资过于依靠批发市场。与其他银行资金主要来自储户不同，尽管诺森罗克银行在1997年已经转变为一家上市银行，但是其大部分资金仍来源于金融机构。在诺森罗克银行的资金中，由零售存款业务所获的资金不足全部的1/4，而超过3/4的资金来自批发市场，即通过同业拆借、发行债券或卖出有资产抵押的证券来融资。鉴于零售存款融资的稳定性，资金绝大部分来源于批发市场的诺森罗克银行也就更容易受到市场上资金供求的影响。

第三，资产负债的利率缺口过大。批发市场和住房贷款市场不同的定价机制，又加大了诺森罗克银行的利率缺口。无论是发行债券还是住房贷款的资产证券化，它们都是依据市场上3个月的LIBOR来定价的。然而，诺森罗克银行的住房抵押贷款则是按照英格兰银行的基准利率来发放。这种投融资的定价方式在货币市场利率大幅高于官方利率时会造成银行损失。在诺森罗克银行的资产中，发放给消费者的抵押贷款达967亿英镑，占总资产的85.2%。在这960多亿英镑的抵押贷款中，有120亿英镑是直接暴露在这种利率缺口风险之下的。

第四，银行原有的融资渠道受阻。2007年7月份以来，受美国次贷危机造成的全球货币市场流动性紧张的影响，主要靠批发市场来融资的诺森罗克银行已经很难再获得稳定的融资渠道。而且，即便是没有受到美国次级债务危机的影响，英国次级债市场上的恐慌也会逐渐暴露。

第五，投资美国次级债带来损失。事实上，诺森罗克银行在美国次级债券市场上的投资并不多，仅占其全部资产的0.24%，大约有2.75亿英镑，其中2亿英镑投资在美国的债务抵押债券（CDO），0.75亿英镑投资于房产抵押担保证券。而且这些有价证券的持续期小于两年，不会对2006年或2007年的放贷产生影响。尽管相对于总体的资产来说损失不大，但这在诺森罗克银行的有价证券投资中已占40%的份额，而这对市场上投资者的心理影响效应可能更大。

三、诺森罗克银行挤兑事件的启示

第一，严格监控房地产市场泡沫所带来的金融风险。这次英国版的次贷危机，除了受国际环境的影响外，主要原因之一就是国内房地产市场的泡沫。随着英国房价不断攀升，抵押贷款公司发放了大量的住房抵押贷款，而且这些住房抵押贷款的审慎性评估又不足，结果是金融体系隐藏了大量的风险，一旦房价增长减缓或房价下跌，则难免形成大规模的坏账。我国国内房地产市场也存在增长过快的问题，因此要严格监控商业银行按揭贷款的风险，提高商业银行发放住房按揭贷款的审核标准。

第二，密切关注金融创新过程中的金融风险。住房抵押贷款的证券化是这次全球次贷危机的罪魁祸首，尤其是那些次级贷款的证券化资产。然而，在美国次贷危机爆发之前，贷款的证券化作为重要的金融创新产品一直被人们所称道，以致人们忽视了其存在的风险。

第三，提高监管当局对金融风险的预见能力。在2007年9月份之前，英国央行实施“无为而治”，一直拒绝向金融体系注入资金，即便是在全球的大部分央行都向银行注资的情况下也无动于衷。结果，当英国银行体系的流动性危机造成恐慌时，英国当局才不得不采取措施甚至是极端的措施来干预，英国央行也不得不改变初衷，多次向银行体系注资。这不仅因错过最佳的干预时期而付出了更大的成本，而且央行出尔反尔的出资举动也给其自身带来了信心危机。因此，金融监管当局要加强金融体系内风险的监测和分析，提高对金融体系风险的预测能力，尽量把危机化解于初始阶段。

第四，合理设计存款保险制度。存款保险制度设计的初衷就是要保护存款人利益，防范银行挤兑，进而维护金融体系的稳定。但是，在英国这次银行挤兑事件中，我们并没有发现存款保险机构发挥作用，存款保险对存款人信心的提升作用也无从体现，银行存款挤兑是在得到财政部的全额偿付的承诺后才得以缓解。虽然如此，但财政部对储户存款全额偿付的承诺无疑会增大市场中的道德风险，为以后的金融稳定埋下隐患。

第五，加强各部门的协调合作。在银行挤兑爆发前，英格兰银行和金融管理局缺少必要的沟通，结果造成各方出于各自的考虑没有及时向银行体系注资。而在银行挤兑爆发后，英格兰银行、英国财政部以及金融管理局的联合行动对于控制金融体系的恐慌起到了非常大的作用，这种一致行动在危机处理中尤为重要。

资料来源：金本网，2011－05－10。

【知识链接】　《商业银行流动性风险管理指引》的发布

为了全面提升我国商业银行流动性风险管理水平，2008年初银监会启动了《商业银行流动性风险管理指引》（以下简称《指引》）的起草工作，经过广泛征求意见和多次修改，《指引》终于在2009年9月发布，并于2009年11月1日正式实施。《指引》明确了商业银行流动性风险管理的合规标准和监管期望，对于稳步推进《巴塞尔新资本协议》的实施、提升我国商业银行流动性风险管理能力并防范金融危机的冲击具有重要意义。银监会一直高度关注商业银行的流动性风险管理，并始终把保持商业银行流动性充足作为日常监管的重要方面来抓，在《商业银行法》及一系列法律法规中从不同的侧面对流动性风险管理提出了监管要求，并通过对存贷比例等一系列流动性监管指标执行情况进行日常监测、督促商业银行开展压力测试、引导商业银行优化信贷结构等方式，确保商业银行流动性充足。各家商业银行也高度重视、积极探索改进流动性风险管理的好方法，并取得了一定的经验，培养了一批相关领域的人才。但是，我们也清醒地看到，此前监管法规对流动性风险管理的监管要求还不够完整和系统，尚不能指导商业银行全面构建流动性风险管理体系，亦不能很好地指导相关监督检查工作。同时，各商业银行在流动性风险管理方面发展水平差异较大，一些先进的理念、技术和方法未能得到关注和运用。

【复习思考题】

1. 简述流动性风险的概念与成因。

2. 简述流动性风险的表现形式。
3. 简述流动性风险的静态度量方法。
4. 简述流动性风险的动态度量方法。
5. 简述流动性风险管理理论的演变过程。

【参考文献】

[1] 陈畅、肖军：《把握提升流动性风险管理能力的新机遇》，载《中国金融》，2010（1），66~67页。

[2] 陈燕玲：《金融风险管理》，安徽，安徽大学出版社，2008。

[3] 陈德胜、文根第、刘伟、庄健：《商业银行全面风险管理》，北京，清华大学出版社，2009。

[4] 邓佳、张晓青：《商业银行流动性风险管理》，载《大众商务》，2010（10），121页。

[5] 戴媛：《我国商业银行流动性风险管理研究》，南昌大学博士论文，2009。

[6] 高静：《我国商业银行流动性风险管理的现状与对策》，载《金融会计》，2010（7），33~37页。

[7] 郭德维：《银行流动性风险度量与管理研究》，天津大学博士论文，2009。

[8] 金煜：《中国商业银行流动性风险：计量与管理框架》，复旦大学博士论文，2007。

[9] 刘国通、龙华、张志国：《流动性风险管理最新监管动态及影响》，载《银行家》，2010（6），26~29页。

[10] 綦相：《流动性风险管理新规及其挑战》，载《银行家》，2010（6），23~25页。

[11] 宋玮、罗宁：《流动性风险监管：英国新政与全球趋势》，载《银行家》，2010（3），88~91页。

[12] 温红梅、姚凤阁、王岩伟：《金融风险管理》，大连，东北财经大学出版社，2009。

[13] 张金清：《金融风险管理》，上海，复旦大学出版社，2009。

[14] 赵志宏：《银行全面风险管理体系》，北京，中国金融出版社，2005。

第八章 商业银行内部控制

【本章概要】

本章首先介绍了内部控制的演变过程以及最新进展，分析了商业银行内部控制的基本框架以及内涵。其次探讨了商业银行内部控制评价的含义、目标、原则及基本内容。最后结合我国商业银行内部控制的实践以及商业银行内部控制理论的最新进展提出了构建基于ERM的商业银行内部控制体系的方法。

【要点提示】

1. 内部控制是商业银行为实现经营目标，通过制定和实施一系列制度、程序和方法，对风险进行事前防范、事中控制、事后监督和纠正的动态过程和机制。

2. 商业银行内部控制基本目标是通过风险管理和内部控制来实现价值持续增加的经营目标。为了实现上述目标，商业银行在实行内部控制时必须遵循以下基本原则：全面性原则、审慎性原则、有效性原则、独立性原则。

3. 商业银行内部控制包括五大基本要素：内部控制环境、风险识别与评估、内部控制措施、信息交流与反馈、监督评价与纠正。

4. 商业银行内部控制评价是指对商业银行内部控制体系建设、实施和运行结果独立开展的调查、测试、分析和评估等系统性活动。内部控制评价包括过程评价和结果评价。过程评价是对内部控制环境、风险识别与评估、内部控制措施、监督评价与纠正、信息交流与反馈等体系要素的评价。结果评价是对内部控制主要目标实现程度的评价。通过商业银行内部控制评价的实施将有助于商业银行自我完善内部控制体系，有助于实现其与外部监管的协调互动，有助于提升商业银行的市场形象和公众的认可度。

5. 商业银行全面风险管理是一个由银行的董事会、管理层和其他员工共同参与的，应用于企业战略制定并贯穿于企业之中，用于识别可能对企业造成潜在影响的重大风险，并在银行风险偏好范围内管理风险，为企业目标的实现提供合理保证的过程。

6. 商业银行内部控制体系建设的目标模式是形成“控制有制度、部门有制约、岗位有职责、操作有程序、过程有监控、风险有监测、工作有评价、责任有追究”的内部控制体系，具体可以从ERM框架的构成要素着手，建立完善的内部控制体系。

【内容架构图】

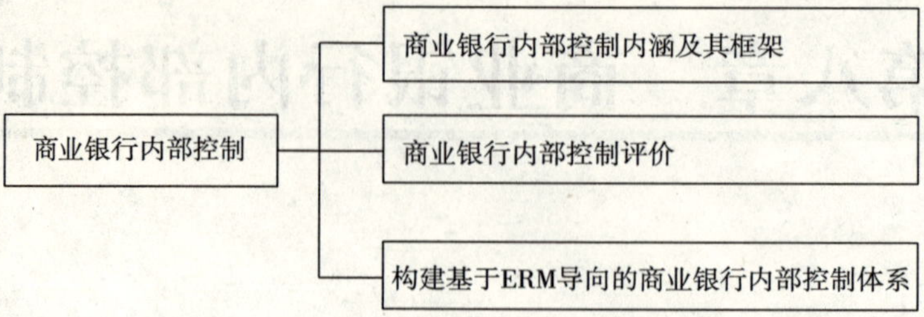

第一节 商业银行内部控制内涵及其框架

1995年的巴林银行倒闭事件和1997年的亚洲金融危机促使各国商业银行重新审视内部控制问题，商业银行安全系统薄弱、不良资产不断攀升、银行缺乏有效的监管与内部控制、金融汇率机制脆弱等问题凸显，由此给商业银行生存发展带来了巨大风险。创立200余年的巴林银行倒闭，缺乏有效的监管、内部控制是其最主要的原因之一。美国金融管理当局曾对1979年至1987年银行倒闭的原因开展调查，认为监督和管理不力是银行倒闭的主要原因，近60%倒闭银行的主管人员或者缺乏必要的银行知识，或者在监督银行事务上信息不灵或消极被动，因此，全球各商业银行开始重新审视和反思其现时的安全及风险防范体系，从理论上深入剖析金融危机和银行倒闭案例，分析金融体系的严重缺陷，加快求变过程，制订改革计划，重新定位银行业务，建立新的组织形式和金融法则，大力强化金融监管和内部控制，降低风险。

一、商业银行内部控制的演变及内涵

（一）内控制度的演变

现代内部控制，是为了适应现代企业管理和外部审计的需要而产生和发展起来的。一般认为，内部控制之所以产生和发展，是依据控制论特别是经济控制的理论建立起来的，并依据经济控制的基本方式而进行工作的。实际上，内部控制的产生和发展与20世纪40年代末产生的系统论、控制论、信息论都有直接的关系，系统论、控制论、信息论为内部控制系统的构建提供了坚实的理论基础。纵观现代内部控制理论的发展，大致经历了五个阶段：20世纪40年代以前的内部牵制阶段、20世纪40年代至70年代的内部控制阶段、20世纪80年代至90年代初的内部控制结构阶段、20世纪90年代至21世纪初的内部控制整体框架阶段、21世纪的全面风险管理阶段。

1. 内部牵制阶段。20世纪40年代以前，内部控制理论基本停留在内部牵制阶段。作为一种思想的萌芽和制度的雏形，内部牵制最早可以追溯到古代埃及的国库管理制度。现代意义上的内部控制理论的诞生始于20世纪初美国等西方国家的产业革命时期，公认的标志是《柯氏会计辞典》对内部牵制的定义，即内部牵制是为提供有效的组织和经营，并防止错误和其他非法业务发生而制定的业务流程。其主要特点是以任何个人或

部门不能单独控制任何一项或一部分业务权力的方式进行组织上的责任分工，每项业务通过正常发挥其他个人或部门的功能进行交叉检查或交叉控制。在这一阶段，内部控制的着眼点在于职责的分工和业务流程及其记录上的交叉检查或交叉控制，控制事项主要集中在钱、账、物等基本会计事项上，例如“簿记牵制”就是定期进行明细账和总账的核对，“实物牵制”就是将钥匙等重要物品分别交由两个以上的人员保管，等等。这一阶段的很多管理思想目前仍然在一些具体的控制环节上得以延续和应用，例如目前仍有很多商业银行会计柜面业务实行“双人记账、双人复核”，在现钞的运输管理上采用“双人解押”，等等。内部牵制阶段的内部控制思想尚未形成系统完整的管理体系，主要以查错防弊为重要目的。

2. 内部控制阶段。20 世纪 40 年代至 70 年代，内部控制理论发展进入内部控制阶段。1949 年美国注册会计师协会准则委员会首先在其专题报告《内部控制——调整协调诸要素及其对管理部门和注册会计师的重要性》中提出，内部控制是企业为保护资产，增进会计数据的真实性和可靠性，提高经营效益，贯彻执行所制定的各项管理政策，而在企业内部所采取的组织规则和一系列调节方法与措施。1958 年 10 月在该委员会发布的《审计程序文告第 29 号》中正式以文告形式对内部控制定义重新作了表述，认为内部控制包括会计控制和管理控制两个方面。前者包括所有与保护资产安全、保证财务记录可靠性直接相关的方法和程序，后者主要包括所有与提高效率、贯彻管理政策直接相关的方法和程序。并在 1972 年颁布的《审计准则公告第 1 号》中，重新解释了内部控制的定义，即管理控制包括（但不限于）组织规划以及与管理当局进行经济业务授权的决策过程有关的程序和记录。这种授权是与完成该组织目标的职责直接有关的一种管理职能，也是建立经济业务的会计控制的起点。内部控制包括组织规划以及与保护财产安全和财务报表可靠性有关的程序和记录，因此，它在设计上应能合理保证：（1）按管理当局的一般的或特定的授权进行活动；（2）经济业务的记录必须做到编制财务报表要遵循公认会计原则或适用于这些报表的其他标准，保持资产会计责任的记录；（3）只有由经济管理当局授权才能接近资产；（4）账面载明的资产要和实存资产存在合理的间隔期间进行核对，对发生的任何差异采取适当的措施。

3. 内部控制结构阶段。20 世纪 80 年代至 90 年代初，内部控制理论发展进入内部控制结构阶段。1988 年 4 月美国注册会计师协会发布《审计准则公告第 55 号》，该公告首次以“内部控制结构”取代了“内部控制”，公告指出，企业的内部控制结构包括为提供取得企业特定目标的合理保证而建立的各种政策和程序。在此基础上，内部控制结构由三部分组成：一是控制环境，即对建立、加强或削弱特定政策和程序效率发生影响的各种因素；二是会计制度，规定各项经济业务的鉴定、分析、归类、登记和编报的方法，明确各项资产和负债的经营管理责任；三是控制程序，即管理当局所制定的方针和程序，用以保证达到一定的目的。

内部控制结构最主要的特点是将会计控制和管理控制相融合，从企业管理的角度来对内部控制加以研究，第一次赋予了内部控制以具体的要素，将控制环境纳入内部控制的范畴，明确了管理层、董事会等企业相关人员和部门在内部控制中的影响、职责和作用等。从这一阶段开始，人们逐渐将内部控制的研究不再局限于会计或者审计的领域，而是建立起了系统的、整体的内部控制理念，从而为内部控制理论的延伸奠定了基础。

4. 内部控制整体框架阶段。20 世纪 90 年代后，美国新一轮的财务失败事件导致大量的金融机构破产。调查发现，惨败的原因很多，但几乎所有的案件都与审计师的失职联系在一起。为了探讨舞弊性财务报告对财务报告真实性的破坏程度，调查独立会计师在判断舞弊方面应担当的角色，以及确定公司治理结构对舞弊行为的影响，美国在 1985 年成立了“全美反舞弊性财务报告委员会”（又称 Treadway 委员会）。Treadway 委员会在调查中发现：在其研究样本中，有 45 个财务舞弊案件是由于或部分由于内部控制失败造成的。同时，调查还发现社会各界对内部控制的概念和内涵的认识存在着差异，评价企业内部控制有效性的标准不一。于是 1992 年，美国 Treadway 委员会下属的 COSO 委员会发布了《内部控制——整合框架》（*Internal Control—Integrated Framework*），也称 COSO 报告，并于 1994 年对其进行了增补。COSO 报告首次把内部控制从原来的平面结构发展为立体框架模式，代表着当时国际上在内部控制研究方面的最高水平，是内部控制理论研究历史性的突破。

COSO 报告将内部控制定义为：由企业管理人员设计的，为实现营业的效果和效率、财务报告的可靠性、合法及合规目标提供合理保证，通过董事会、管理人员和其他职员实施的一种过程。该报告认为内部控制由五个相互联系的要素组成，即控制环境、风险评估、控制活动、信息与沟通和监督。五要素中，各个要素有其不同的功能，内部控制并非五个要素的简单相加，而是由这些相互联系、相互制约、相辅相成的要素，按照一定的结构组成的完整的、能对变化的环境作出反应的系统。控制环境是整个内控系统的基石，支撑和决定着风险评估、控制活动、信息传递和监督，是建立所有事项的基础；实施风险评估进而管理风险是建立控制活动的重点；控制活动是内部控制的主要组成部分；信息与沟通贯穿上下，将整个内控结构凝聚在一起，是内部控制的实质；监督位于顶端的重要位置，是内控系统的特殊构成要素，它独立于各项生产经营活动之外，是对其他内部控制的一种再控制。相比较以前的研究成果而言，COSO 报告更加注重内部控制的系统性，将内部控制的各项因素统一辩证地进行分析，而不是割裂成一个个独立的部分；同时通过强调管理层的管理风格、管理哲学、企业文化等“软因素”对控制环境的影响，内部控制的研究更加符合人性，从而更具应用价值。

5. 全面风险管理阶段。虽然 COSO 报告已经被世界各国广泛接受，但随着时间的变化也不断有人提出改进的建议，这些建议最集中的部分就是希望内部控制框架可以和企业风险管理相结合。2004 年 9 月 COSO 委员会正式发布了《企业风险管理——整合框架》（*Enterprise Risk Management—Integrated Framework*，ERM 框架），这是对《内部控制——整合框架》的扩展，新框架确认了全面风险管理的总体框架，能够成为衡量企业风险管理是否有效的标准，也是一个帮助企业管理者有效处理不确定性和减少风险进而提高企业创造价值能力的框架。在内部控制理论方面，新框架引入了广义的内部控制与风险管理的定义，提出了风险偏好和风险容忍度等概念。ERM 框架的推出标志着企业内部控制理论发展到了全面风险管理阶段。

较之前期的内部控制理论，ERM 框架的创新与发展主要体现在以下几个方面：

第一，ERM 框架将企业风险管理界定为：一个由企业的董事会、管理层和其他员工共同参与的，应用于企业战略制定和企业内部各个层次和部门的，用于识别可能对企业造成潜在影响的事项并在其风险偏好范围内管理风险的，为企业目标的实现提供合理保证的过程。

第二，ERM 框架包括四类目标和八个要素。四类目标是战略目标、经营目标、报告目标和合法性目标。八个要素分别是控制环境、目标设定、事项识别、风险评估、风险对策、控制活动、信息与沟通、监督。ERM 框架在继承并包含了 COSO 报告的主体内容的同时，扩展了涵盖的内容。主要是扩展了目标设定、事项识别、风险对策三个要素。

第三，ERM 框架提出了风险组合与整体风险管理的新观念。借用现代金融理论中的资产组合理论，ERM 框架提出了风险组合与整体管理的观念，要求从企业层面上总体把握分散于企业各层次及各部门的风险暴露，以统筹考虑风险对策，防止分部门分散考虑与应对风险，如将风险割裂在技术、财务、信息科技、环境、安全、质量、审计等部门，并考虑到风险事件之间的交互影响，防止两种倾向：一是部门的风险处于风险偏好可承受能力之内，但总体效果可能超出企业的承受限度；二是个别部门的风险暴露超过其限度，但总体风险水平还没超出企业的承受范围。企业应统一考虑风险事件之间以及风险对策之间的交互影响，统筹制订风险管理方案。

（二）商业银行内控制度的系统框架

1998 年 9 月，巴塞尔委员会在吸收了各成员国经验及其以前出版物所确定的原则的基础上，参照内部控制理论，针对银行失败的教训，颁布了《银行组织内部控制系统框架》（以下简称《框架》），系统地提出了评价商业银行内部控制体系的十三项指导原则，是商业银行内部控制研究历史性的突破。《框架》将内部控制定义为由董事会、高级管理人员以及其他人员实施的一个过程，其目的是为了实现经营的效果与效率，会计与管理信息的可靠、完整与及时以及经营活动符合现行法律法规的要求。该定义进一步强调董事会和高级管理层对内控的影响，组织中的所有各级人员都必须参加内控过程，并会对内控产生影响。

《框架》进一步指出，商业银行内部控制由五要素组成：控制环境、风险评估、控制活动、信息与交流、监督评价与纠正。

1. 控制环境。

原则 1：董事会应当负责批准并定期审查整体经营战略和银行的重大政策，理解银行经营的主要风险，确定这些风险的可接受水平，保证高级管理层采取必要步骤，识别、衡量、评审和控制风险，并确保高级管理层不断评审内控系统的有效性。确保在建立和维护充分、有效的内控系统方面，董事会负有最终的责任。

原则 2：高级管理层负责执行由董事会批准的策略和政策，维护一种组织结构，能够明确责任、授权和报告的关系，确保所委派的责任能有效的执行，确定适当的内控政策，并监督评审内控系统的充分性和有效性。

原则 3：董事会和高级管理层负责促进在道德和完整性方面的高标准，在机构中建立一种文化，在各级人员中强调和说明内控的重要性。银行机构中的所有人员都需要理解他们在内控程序中的作用，并在程序中充分发挥他们的作用。

2. 风险评估。

原则4：有效的内控系统需要识别和不断地评估有可能对达到银行目的起负面影响的有关风险。这种评估应包括银行和银行组织集团所面对的全部风险（信贷风险、国家风险、转移风险、市场风险、利率风险、流动性风险、经营风险、法律风险和声誉风险），需要不时调整内控，以便恰当地处理任何风险。

3. 控制活动。

原则5：控制活动应当是银行日常工作不可分割的一部分。有效的内控系统需要建立适当的控制结构，明确规定各经营级别的控制活动，这些活动应当包括高层审查、对不同部门或处室活动的适当控制、检查对敞口限额的遵从情况、对违规经营的跟踪及处理情况、批准和授权制度、查证核实与对账制度。

原则6：有效的内控系统需要适当分离职责，人员的安排不能发生责任冲突。要识别和尽力缩小有潜在利益冲突的地方，并遵从谨慎和独立的监督评审。

4. 信息与交流。

原则7：一个有效的内控系统需要充分的和全面的内部财务、经营方面的数据，以及关于外部市场中与决策相关的事件和条件的信息。这些信息应当可靠、及时、可获，并能以前后一致的形式规范地提供使用。

原则8：有效的内控需要建立可靠的信息系统，涵盖银行的全部重要活动。这些系统包括那些以某种电子形式存储和使用数据的系统，都必须受到安全保护和独立的监督评审，并通过对突发事件的充分安排加以支持。

原则9：有效的内控系统需要有效的交流渠道，确保所有员工充分理解和坚持各项政策、程序，行使他们的职责，并确保其他的相关信息传达到应被传达到的人员。

5. 监督评价与纠正。

原则10：应当不断地在日常工作中监督评审银行内控的总体效果。对主要风险的监督评审应当是银行日常活动的一部分，并且各级经营层和内部审计人员应当定期予以评价。

原则11：内控系统应当进行有效和全面的内部审计。内部审计要独立地进行，应由通过适合的培训和得力的人员进行。内审作为内控系统监督评审的一部分，应当向董事会或其审计委员会直接报告工作，并向高级管理层直接报告。

原则12：不论是经营层或是其他控制人员发现了内控的缺点都应当及时地向适当的管理层报告，并使其得到果断处理。应当把有关内控的缺陷报告给高级管理层和董事会。

此外，巴塞尔委员会还针对监管当局对内控系统的评价提出了下列原则。

原则13：监管人员应当要求所有的银行，不论其规模如何，都具有有效的内控系统，而且其内控系统符合它们的表内外活动的性质、复杂性和内在的风险，内控制度应当随着银行所处环境和条件的改变而得到调整。

(三) 商业银行内部控制的内涵

根据2007年7月中国银监会颁布的《商业银行内部控制指引》的规定，内部控制是商业银行为实现经营目标，通过制定和实施一系列制度、程序和方法，对风险进行事前防范、事中控制、事后监督和纠正的动态过程和机制。换言之，商业银行的内控制度是指银行业为保证各项业务的正常开展，规避和化解风险所采取的一系列必要的管理制度和措施。这一概念包括以下四个方面的含义。

1. 商业银行内控制度的目标是防范银行经营风险，保障银行稳定运行，这一目标服从并服务于商业银行经营管理的总目标。

2. 商业银行内控制度的实质是对人或组织机构行为准则的规范，并使这种规范制度化。

3. 商业银行的内在功能，一是为银行各系统的运作提供动力，其功能体现为推动与吸引；二是制约银行各系统运转的轨迹，其功能体现为控制与调节。这两大基本功能对实现银行内控制度目标都是不可或缺的。

4. 商业银行内控制度的基本特征是它具有预防性。商业银行经营风险的多发性、连带性与扩散性的特点，决定着银行内部控制要以事前防范为基点，在前馈控制的基础上设计银行内部控制的制度。

二、商业银行内部控制的基本框架

(一) 商业银行内部控制的目标

商业银行内部控制的基本目标是通过风险管理和内部控制来实现价值持续增加的经营目标。

商业银行内部控制的具体目标一般包括战略控制目标、一般控制目标和业务控制目标

1. 商业银行战略控制目标，是指商业银行价值最大化，也即商业银行要保持利润、风险、持续经营的最佳均衡状态。商业银行董事会负责对战略控制目标的控制。

2. 一般控制目标，是指在战略控制目标制约下的商业银行的合规性控制目标、经营性控制目标、信息控制目标和风险可控目标，由行长及其高级管理层具体负责实施和执行。

3. 业务控制目标，是指商业银行战略控制目标和一般控制目标在商业银行各项业务经营管理活动中的具体渗透和分解。其业务包括存款业务、贷款业务、资金业务、中间业务、国际业务、财务会计管理和计算机信息系统运行等。一般由业务部门负责对业务控制目标的实施。

按照我国《商业银行内部控制指引》的规定，我国商业银行内部控制的目标包括：确保国家法律规定和商业银行内部规章制度的贯彻执行，确保商业银行发展战略和经营目标的全面实施和充分实现，确保风险管理体系的有效性，确保业务记录、财务信息和其他管理信息的及时、真实和完整。

(二) 商业银行内部控制的原则

商业银行内部控制的原则是保证商业银行内部控制合理制定和实施的前提，一般包

括如下原则。

1. 全面性原则：内部控制应当渗透商业银行的各项业务过程和各个操作环节，覆盖所有的部门和岗位，并由全体人员参与，任何决策或操作均应当有案可查。如果在某一领域或环节出现内部控制的盲点，那么就可能产生风险并直接影响到银行业的正常经营。

2. 审慎性原则：内部控制应当以防范风险、审慎经营为出发点，商业银行的经营管理，尤其是设立新的机构或开办新的业务，均应当体现内控优先的要求。如果仅强调和追求资产规模化和效益化而忽视了对风险进行预先研究和事前防范，那么经营就可能蕴涵风险。

3. 有效性原则：内部控制应当具有高度的权威性，任何人不得拥有不受内部控制约束的权力，内部控制存在的问题应当能够得到及时反馈和纠正。因此，银行业内部的全部机构和人员都应当遵循内部控制的有关原则，任何权力都不应得到无限制的膨胀，任何经营管理的缺陷都应当服从于内部控制。这是防范道德风险的有效保障。

4. 独立性原则：内部控制的监督、评价部门应当独立于内部控制的建设、执行部门，并有直接向董事会、监事会和高级管理层报告的渠道。如果银行业内部监督和评价部门不具备强大的队伍配备，不具有适当的稽核职权，不能及时有效的履行职责，那么内部控制的各项目标也就无法实现。

（三）商业银行内部控制的构成要素

我国监管当局总结了国内外商业银行内部控制的经验和教训，借鉴了美国 COSO 报告中内部控制要素的内容，体现了巴塞尔委员会关于内部控制的要求，提出了内部控制应该包括的五个要素，即内部控制环境、风险识别与评估、内部控制措施、信息交流与反馈、监督评价与纠正。

1. 内部控制环境。良好的内部控制环境是内部控制系统功能正常发挥的基础和关键，内部控制系统发挥作用的过程是内部控制系统与控制环境相互作用的过程，银行业内部控制环境一般包括公司治理结构、机构设置及组织结构、经营制度、内部审计、人力资源以及企业文化等方面。

中国银监会颁布的《商业银行内部控制指引》明确规定：商业银行应当建立良好的公司治理以及分工合理、职责明确、相互制衡、报告关系清晰的组织结构，为内部控制的有效性提供必要的前提条件；商业银行董事会、监事会和高级管理层应当充分认识自身对内部控制所承担的责任；董事会负责保证商业银行建立并实施充分而有效的内部控制体系，负责审批整体经营战略和重大政策并定期检查、评价执行情况，负责确保商业银行在法律和政策的框架内审慎经营，明确设定可接受的风险程度，确保高级管理层采取必要措施识别、计量、监测并控制风险，负责审批组织机构，负责保证高级管理层对内部控制体系的充分性与有效性进行监测和评估；监事会负责监督董事会、高级管理层完善内部控制体系，负责监督董事会及董事、高级管理人员履行内部控制职责，负责要求董事、董事长及高级管理人员纠正其损害商业银行利益的行为并监督执行；高级管理层负责制定内部控制政策，对内部控制体系的充分性与有效性进行监测和评估，负责执行董事会决策，负责建立识别、计量、监测并控制风险的程序和措施，负责建立和完善内部组织机构，保证内部控制的各项职责得到有效履行。

商业银行应当建立科学、有效的激励约束机制，培育良好的企业精神和内部控制文化，从而创造全体员工均充分了解且能履行职责的环境。

2. 风险识别与评估。风险的识别和评估就是管理层对各种风险因素进行准确识别和判断，通过合理的制度安排和风险计量方法，对风险的程度、等级、后果以及商业银行承受风险的能力进行评估，并提出相应的风险控制措施的全过程。它是内部控制的前提。

中国银监会颁布的《商业银行内部控制指引》明确规定：商业银行应当设立履行风险管理职能的专门部门，负责具体制定并实施识别、计量、监测和控制风险的制度、程序和方法，以确保风险管理和经营目标的实现；商业银行应当建立涵盖各项业务、全行范围的风险管理系统，开发和运用风险量化评估的方法和模型，对信用风险、市场风险、流动性风险、操作风险等各类风险进行持续的监控；商业银行应当对各项业务制定全面、系统、成文的政策、制度和程序，在全行范围内保持统一的业务标准和操作要求，并保证其连续性和稳定性；商业银行设立新的机构或开办新的业务，应当事先制定有关的政策、制度和程序，对潜在的风险进行计量和评估，并提出风险防范措施。

3. 内部控制措施。内部控制措施是商业银行具体实施内部控制的过程和政策，也即对所确认的风险采取的防范、控制和化解的必要措施，以此来确保商业银行目标的实现。它是商业银行内部控制的核心和神经中枢。它包括业务和经济活动的授权制、组织系统中不相容职务的分离、设置和使用各种文件和记录，以及只有经授权的人方可接近某项资产或记录等。

中国银监会颁布的《商业银行内部控制指引》明确规定：商业银行应当建立内部控制的评价制度，对内部控制的制度建设、执行情况定期进行回顾和检讨，并根据国家法律规定、银行组织结构、经营状况、市场环境的变化进行修订和完善。商业银行应当明确划分相关部门之间、岗位之间、上下级机构之间的职责，建立职责分离、横向与纵向相互监督制约的机制。商业银行应当利用计算机程序监控等现代化手段，锁定分支机构的业务权限，对分支机构实施有效的管理和监控。商业银行应当建立有效的应急预案，并定期进行测试。在意外事件或紧急情况发生时，应按照应急预案及时作出应急处置，以预防或减少可能造成的损失，确保业务持续开展。商业银行应当实现经营管理的信息化，建立贯穿各级机构、覆盖各个业务领域的数据库和管理信息系统，做到及时、准确提供经营管理所需要的各种数据，并及时、真实、准确地向中国银监会及其派出机构报送监管报表资料和对外披露信息。

4. 信息交流与反馈。信息交流与反馈是指商业银行对内部信息进行识别、捕捉、传递、交流和反馈的活动，以保证管理层和全体员工能够执行其相关职责。它是商业银行经营管理的及时保障，所有经营管理活动均可以通过信息交流和反馈来实现，它是内部控制的血液系统。它包括交流与沟通、内部控制体系的文件化要求、文件控制和记录控制等方面。

中国银监会颁布的《商业银行内部控制指引》明确规定：商业银行应当建立有效的信息交流和反馈机制，各部门、内部审计部门和其他控制人员发现内部控制的隐患和缺陷，应当及时向董事会、管理层或相关部门报告，确保董事会、监事会、高级管理层及时了解本行的经营和风险状况，确保每一项信息均能够传递给相关的员工，各个部门和员工的有关信息均能够顺畅反馈。

5. 监督评价与纠正。监督评价与纠正是对上述内部控制环境、风险识别与评估、内部控制措施、信息交流与反馈等四要素的有效性、充分性和合规性进行检查与评价，发现风险内部控制设计或运行的缺陷并及时改进，是商业银行内部审计部门完成风险防范的最后一道屏障，也是内部控制的再控制。

中国银监会颁布的《商业银行内部控制指引》中明确规定：商业银行应当指定不同的机构或部门分别负责内部控制的建设、执行和内部控制的监督、评价。内部控制的建设、执行部门负责设计内部控制体系，组织、督促各业务部门、分支机构建立和健全内部控制。内部控制的监督、评价部门负责组织检查、评价内部控制的健全性和有效性，督促管理层纠正内部控制存在的问题。商业银行应当建立内部控制问题和缺陷的处理纠正机制，管理层应当根据内部控制的检查情况和评价结果，提出整改意见和纠正措施，并督促业务部门和分支机构落实。商业银行应当建立内部控制的风险责任制。董事会、高级管理层应当对内部控制的有效性负责，并对内部控制失效造成的重大损失承担责任；内部审计部门应当对未执行审计方案、程序和方法导致重大问题未能被发现，对审计发现隐瞒不报或者未如实反映，审计结论与事实严重不符，对审计发现问题查处整改工作跟踪不力等行为，承担相应的责任；业务部门和分支机构应当及时纠正内部控制存在的问题，并对出现的风险和损失承担相应的责任；高级管理层应当对违反内部控制的人员，依据法律规定、内部管理制度追究责任和予以处分，并承担处理不力的责任。

第二节 商业银行内部控制评价

中国银监会颁布的《商业银行内部控制评价试行办法》第二条指出：“商业银行内部控制评价是指对商业银行内部控制体系建设、实施和运行结果独立开展的调查、测试、分析和评估等系统性活动。内部控制评价包括过程评价和结果评价。过程评价是对内部控制环境、风险识别与评估、内部控制措施、监督评价与纠正、信息交流与反馈等体系要素的评价。结果评价是对内部控制主要目标实现程度的评价。”

一、商业银行内部控制评价的作用

对商业银行内部控制的有效性进行全面评价，体现了中国银监会“管法人、管风险、管内控、提高透明度”的监管理念，主要作用体现在以下几个方面：

（一）有助于商业银行自我完善内部控制体系

内部控制评价是通过评价、反馈、再评价，报告银行在内部控制建立和实施中存在的问题，并持续进行自我完善的过程。通过内部控制评价查找、分析内部控制缺陷并有针对性地督促落实整改，可以及时堵塞管理漏洞，防范偏离目标的各种风险，健全优化管理控制制度，从而促进商业银行内部控制体系的不断完善。

（二）有助于实现其与外部监管的协调互动

金融监管当局有权对商业银行内部控制建立与实施的有效性进行监督管理。事实上，管内控作为中国银监会监管理念的一项重要内容，就是强调商业银行内部控制建设在风险控制方面的重要性。中国银监会通过督促商业银行完善内控制度，优化管理流程，提升对风险的内部控制水平，其监督重点一般涉及重大经营决策的科学性、合规性以及重要业务事项管控的有效性等。相应地，商业银行实施内部控制自我评价，能够通过自查及早排查风险，发现问题，并积极整改，有利于在配合金融监管中赢得主动，并借助于监管当局的监管成果改进内部控制实施和评价工作，促进自我评价和监管当局监管的协调互动。

（三）有助于提升商业银行的市场形象和公众的认可度

商业银行开展内部控制评价，出具评价报告，将商业银行的风险管理水平、内部控制的状况以及与此相关的发展战略、竞争优势、可持续发展能力等公开，树立诚信、透明、负责任的企业形象，有利于增强股东、存款人以及其他利益相关者的信任度，为自己创造有利的外部环境，促进商业银行长远可持续发展。

二、商业银行内部控制评价目标

商业银行实施内部控制评价工作，对于揭示、防范和管理银行风险，实现经营目标和发展战略具有重大意义。内部控制评价目标应该是从内部控制的目标出发，对内部控制的设计和执行进行评价，考核内部控制所规定的目标是否实现，为建立健全内部控制机制，有效实施内部控制体系提供保障。中国银监会颁布的《商业银行内部控制评价试行办法》第七条规定，商业银行内部控制评价的目标主要包括：

（一）促进商业银行严格遵守国家法律法规、银监会的监管要求和商业银行审慎经营原则。

（二）促进商业银行提高风险管理水平，保证其发展战略和经营目标的实现。

（三）促进商业银行增强业务、财务和管理信息的真实性、完整性和及时性。

（四）促进商业银行各级管理者和员工强化内部控制意识，严格贯彻落实各项控制措施，确保内部控制体系得到有效运行。

（五）促进商业银行在出现业务创新、机构重组及新设等重大变化时，及时有效地评估和控制可能出现的风险。

三、商业银行内部控制评价的原则

根据中国银监会《商业银行内部控制评价试行办法》第九条规定，内部控制评价应遵循以下原则：

（一）全面性原则。评价范围应覆盖商业银行内部控制活动的全过程及所有的系统、部门和岗位。

（二）统一性原则。评价的准则、范围、程序和方法等应保持一致，以确保评价过程的准确及评价结果的客观和可比。

（三）独立性原则。评价应由银监会或受委托评价机构独立进行。

（四）公正性原则。评价应以事实为基础，以法律法规、监管要求为准则，客观公正，实事求是。

（五）重要性原则。评价应依据风险和控制的重要性确定重点，关注重点区域和重点业务。

（六）及时性原则。评价应按照规定的时间间隔持续进行，当经营管理环境发生重大变化时，应及时重新评价。

四、商业银行内部控制评价体系内容

近年来，金融危机和银行恐慌不断涌现，商业银行开始重新审视和反思其现时的安全及风险防范体系，大力强化金融监管和内部控制。在此背景下，内部控制评价制度得到不断的发展和深化，国内外对银行内控进行评价已经形成了若干方法，其中比较重要的有英国的 ARROW 框架等。

（一）英国的 ARROW 框架

ARROW 评价体系是英国监管当局对被监管单位（包括银行、保险公司、证券机构）实行的一种监督评价方法，它将监管过程分为七个阶段，即评估准备阶段、可能性风险评估阶段、制订风险控制方案阶段、内部确认和调整阶段、发送信函与沟通阶段、跟踪评估阶段、新的评估循环阶段。各阶段的主要工作方法如下：

1. 评估准备阶段。这一阶段主要是从众多的被监管经营实体中确定评估的范围和对象，同时根据既定的评估标准确定被评估对象的风险影响程度。确定评估范围，主要依据以往的评估结论和非现场监管中掌握的各种信息，从而确定在所有被监管的金融机构中应该对哪些行业、哪些机构立即进行评估；风险影响程度共分为高风险、中高风险、中低风险、低风险四级，风险影响程度的确定，除使用经验判断之外，还要考虑被监管单位的经营规模，规模越大风险影响程度越高，目前，英国金融服务局将资产超过 18 亿英镑或者存款规模超过 65 000 万英镑作为高风险的判断标准之一。

2. 可能性风险评估阶段。这一阶段的主要任务是依赖非现场监管和现场评估访谈所取得的资料，在确定风险影响程度的基础上，进一步评估被监管机构发生风险的可能性。重点由以下三方面构成：诊断外部环境风险；识别特定风险，这是指被监管单位的内部风险，包括业务经营风险和内控环境风险；风险评价和汇总，即考虑被监管单位的风险控制能力对整体风险的影响之后进行汇总，并向被监管单位进行初步的反馈，就主要问题进行沟通以保证正式风险控制方案的准确性和理性。

3. 制订风险控制方案阶段。这一阶段英国金融服务局针对风险程度被评价为“高度风险”、“中高度风险”、“中低度风险”的被监管单位，研究制定具体的控制措施。这些措施包括：诊断性监管措施，即确定被监管机构的风险状况、衡量现有风险的关注程度、对被监管机构进行风险提示、决定是否采取进一步的风险控制行动等；监测性监管措施，即在诊断确认被监管机构存在严重风险的基础上，对该风险实施持续监测，以对被监管机构的高级管理层施加压力，迫使其控制风险；防止监管措施，即采取诸如提高被监管机构的资本充足率要求等措施，以便对可能发生的风险提供缓冲或稀释作用；援救性监管措施，这是风险产生后的补救措施，即由金融服务局帮助已经发生风险的被监管单位设计一整套援救行动计划，如限制经营活动范围、取消同业拆借资格、取消经营资格等，以解决风险产生的后果并防止风险的蔓延。

4. 内部确认和调整阶段。这一阶段是在完成风险关注程度的评价并制定风险控制方案之后，在内部对风险评价结果和方案进一步确认，以保证评价结果和风险控制方案的准确性、一致性和可靠性，并不是立即向被监管单位进行反馈。对于“高度风险”和“中高度风险”评价结果，要由英国金融服务局内的有关委员会正式开会研究，甚至对金融控制方案中的相关措施逐条论证。

5. 发送信函与沟通阶段。这一阶段英国金融服务局会向被监管机构的高级管理层发送一封信函，阐明风险评估的最后结论、风险控制的具体建议以及英国金融服务局拟采取的措施。一般情况下，被监管机构会对风险控制方案给予正式回复，并详细说明整改情况。

6. 跟踪评估阶段。这一阶段的主要工作是了解和监测风险控制的结果，包括了解风险控制方案的执行，跟踪、监测被监管机构的风险变化，对被监管机构进行持续评估，以实现风险的有效控制。

7. 新的评估循环阶段，即开始下一轮新的评估和监控活动。

从 ARROW 评价体系的内容分析，它具有以下几方面的特点：①它是一种对风险过程进行评估的程序和方法，而非简单的对经营结果的评级；②关注的重点在于被监管机构内部存在的、对监管目标构成危险的风险；③设置统一的评价标准和风险评估程序，通过对被监管单位内部存在的风险进行持续关注和评估，确定风险影响程度以及发生的可能性；④评价的目的是根据评价结果确定具体的监管措施，及时提供指导和帮助，对被监管单位实行过程控制，以防止风险的恶化和损失的产生。总之，它是监管机构根据需要所设计的一种外部监管的工具，对风险进行评估的过程虽然是动态的，但是它是在被监管单位已经存在的内部控制或者事实基础上所进行的，从被监管单位的角度出发则属于事后评价的范畴。

（二）我国内部控制的评价体系

1. 评价内容。我国商业银行内部控制评价内容主要包括：

（1）内部控制环境，即对商业银行公司治理、董事会、监事会和高级管理层责任、内部控制政策、内部控制目标、组织结构、企业文化、人力资源等方面进行评估；

（2）风险识别与评估，即对商业银行经营管理活动面临的风险进行阐述，并提出识别与评估风险的原则要求；

（3）内部控制措施，包括运行控制、计算机系统环境下的控制、应急准备与响应等方面；

（4）监督评价与纠正，包括内部控制绩效的监测，违规、险情、事故处置和纠正与预防措施，以及内部控制体系评价、管理评审、持续改进等方面的内容；

（5）信息交流与反馈，包括交流与沟通、内部控制体系对文件的要求、文件控制、记录控制等方面的内容。

2. 内部控制评价程序和方法。《商业银行内部控制评价试行办法》将内部控制评价分为过程评价与结果评价两部分，过程评价侧重对内部控制过程的充分性、合规性、有效性、适宜性的评价；结果评价是对内部控制主要目标实现程度的评价。该办法从过程和风险是否已被充分识别，过程和风险的控制措施是否遵循相关要求、得到明确规定并得以实施和保持，控制措施是否有效，控制措施是否适宜四个方面对商业银行的内部控制体系进行评价。

具体工作中，中国银监会将内部控制评价程序分为评价准备、评价实施、评价报告形成和反馈等步骤。在评价实施前应组成评价组，根据内部控制评价的安排制订评价实施方案，准备必要的工作文件，按照确定的评价方案实施评价。监管机构根据评价组的结论，依据有关法律和规定，对被评价机构作出评价结论和处理决定，以书面形式正式发送被评价机构并限期改正反馈。

银监会将内部控制评价的方法确定为：符合性测试，即通过获得评价证据以证实内部控制在实际中的合规性、有效性和适宜性，判断相关规定在实际中是否被一贯执行，控制措施能否达到控制目的，控制措施是否恰当，具体方法包括抽样法、穿行测试法、证据检查法、压力测试法、否定验证法等；实质性测试，即评价人员为了获取对被评价机构各项评价认定真实、公允的证据，采取的全面评价商业银行内部控制体系的方法，主要包括详细检查和分析性复核两种。

3. 内部控制评价的评分标准和等级评定。为确保评价结果的可比性，银监会对内部控制的过程评价和结果评价，均分别设置一定的标准分值，根据评价的实际得分确定被评价机构的评价等级。对内部控制过程的评价共设置标准分 500 分，其中内部控制环境 100 分、风险识别与评估 100 分、内部控制措施 100 分、信息交流与反馈 100 分、监督评价与纠正 100 分，五个过程评价得的总分加总后除以 5 换算成对过程评价的得分；内部控制的结果评价，可以通过非现场的方式进行，主要包括十项指标，即资本利润率、资产利润率、收入成本比、大额风险集中度指标、关联方交易指标、资产质量指标、不良贷款拨备覆盖率、资本充足指标、流动性指标、案件损失指标，内控结果评价指标的分值也为500分。最后，根据过程评价和结果评价综合确定内部控制体系的总分，其中，过程评价占比分权重为70%，结果评价占比分权重为30%。

表 8－1　　商业银行内部控制评价内容及分值分布表

评价内容	标准分值	评价内容	标准分值
一、内部控制环境	100	三、内部控制措施	100
1. 公司治理	10	1. 运行控制	60
2. 董事会、监事会和高级管理层责任	10	2. 计算机系统环境下的控制	20
3. 内部控制政策	20	3. 应急准备与处置	20

续表

评价内容	标准分值	评价内容	标准分值
4. 内部控制目标	20	四、监督评价与纠正	100
5. 组织结构	20	1. 内部控制绩效监测	30
6. 企业文化	10	2. 违规、险情、事故处理和纠正与预防措施	20
7. 人力资源	10	3. 内部控制体系评价	20
二、风险识别与评估	100	4. 管理评审	20
1. 经营管理活动风险识别与评估	50	5. 持续改进	10
2. 法律、法规、监管要求和其他要求的识别	20	五、信息交流与反馈	100
3. 内部控制方案	30	1. 交流与沟通	25
		2. 内部控制体系对文件的要求	25
		3. 文件控制	25
		4. 记录控制	25
总分值		500	

监管当局根据被监管单位的综合得分确定评价等级。定级标准为：一级，综合评分90分（含）以上，是指被评价机构有健全的内部控制体系，在各个环节均能有效执行内部控制措施，能对所有风险进行有效识别和控制，无任何风险控制盲点，控制措施适宜，经营效果显著；二级，综合评分80～89分，是指被评价机构内部控制体系比较健全，在各个环节能够较好执行内部控制措施，能对主要风险进行识别和控制，控制措施基本适宜，经营效果较好；三级，综合评分70～79分，是指被评价机构内部控制体系一般，虽建立了大部分内部控制，但缺乏系统性、连续性，在内部控制措施执行方面缺乏一贯的合规性，存在少量重大风险，经营效果一般；四级，综合评分60～69分，被评价机构内部控制体系较差，内部制体系不健全或重要的内部控制措施没有贯彻执行或无效，管理方面存在重大问题，会计记录失真，业务经营安全性差；五级，综合评分60分以下，被评价机构内部控制体系很差，内部控制体系存在严重缺失或内部控制措施明显无效，存在明显的管理漏洞，经营业务失控，会计记录不可信，存在重大金融风险隐患。

第三节　构建基于ERM导向的商业银行内部控制体系

2004年9月COSO委员会正式发布了《企业风险管理——整合框架》。在内部控制思想的基础上将风险管理的理念更为全面和深刻地嵌入其中，提出了全面风险管理理念。ERM框架将内部控制与风险管理的关联性推进至一种近乎无缝的结合。巴塞尔委员会颁布的《巴塞尔新资本协议》，将全面风险管理的理念引入商业银行领域。2008年6月28日，财政部、证监会、审计署、银监会、保监会等五部委联合发布了《企业内部控制基本规范》。该规范也体现了全面风险管理的思想。将ERM框架运用在商业银行的内部控制中符合立法监管趋势，有助于商业银行发现、防范风险，这对我国银行业发展具有极大的理论和实践意义。

一、全面风险管理的基本框架

（一）全面风险管理的内涵

根据COSO的定义和巴塞尔新资本协议的阐述，商业银行全面风险管理是一个由银行的董事会、管理层和其他员工共同参与的，应用于企业战略制定并贯穿于企业之中，用于识别可能对企业造成潜在影响的重大风险，并在银行风险偏好范围内管理风险，为企业目标的实现提供合理保证的过程。

这一定义应当从以下几个方面进行理解：全面风险管理是一个过程，是贯穿于银行经营管理中的一系列行为，并持续或反复的相互影响；全面风险管理是由银行的各层级人员来实施的；全面风险管理应用于银行的战略制定之中，银行面临的风险与银行的战略选择密切相关；全面风险管理被设计用于识别影响银行所有的潜在事件并将风险控制在银行风险偏好的范围之内，银行应当对各类风险进行识别、评估和科学管理，并支持银行资产的保值和增值，综合考虑风险和收益、风险偏好和风险策略，增强风险应对能力，提高对多种风险的整体反应能力。

（二）全面风险管理的构成要素

1. 内部环境（Internal Environment）。内部环境是指影响企业经营管理内部要素的集合，它是其他所有风险管理要素的基础，为其他要素提供规则和结构。其主要包括法人治理结构、管理哲学和经营风格、企业的风险偏好和风险文化、组织结构和职责分工、员工的职业操守及伦理道德、人力资源准则等。

2. 目标设定（Objecttive Setting）。为了实现企业的发展，管理者必须首先确定目标，才能够确定对目标实现有潜在影响的事项。企业的目标可以分为战略目标、经营目标、报告目标和合规目标。管理者借助风险管理过程可以将企业目标和企业风险偏好有效结合起来，保证设定的目标与企业的风险偏好相符。

3. 事件识别（Event Identification）。企业目标的实现存在着诸多不确定性，管理者必须对影响战略目标实现的潜在事件进行识别。对企业有正面影响的事项，可以视为机遇，管理者可以将其引入到企业战略或目标制定过程中；而有负面影响的事项是风险，管理者对潜在负面影响的事项要在风险评估和风险回应阶段予以考虑。

4. 风险评估（Risk Assessment）。管理者必须对企业的风险进行评估，识别和分析那些妨碍实现经营管理目标的因素。管理者应从两个方面对风险进行评估——风险发生的可能性和影响。风险评估应立足于固有风险和剩余风险。

5. 风险对策（Risk Response）。在对风险进行相应的评估后，管理者应当制定不同风险回应方案。管理者以风险组合观点评估风险回应的成本与收益，使剩余风险不至于超出自身的风险容限和风险容量。风险回应方案包括规避风险、减少风险、共担风险和接受风险四类。

6. 控制活动（Control Activities）。控制活动是为确保管理层的风险回应方案得到正确执行而采取的政策和程序，贯穿于整个组织。企业管理层辨识风险，应针对这种风险发出必要的指令，这就需要相应的控制活动，如批准、授权、审核、调整、经营业绩评价、资产安全以及职责分离等，从而使经风险评估确定的管理和控制风险的措施能够有效落实。

7. 信息与沟通（Information and Communication）。风险管理和控制活动所需要的相关信息以及与组织的各个阶层、各类目标相关的信息必须以一定的方式和时间间隔进行收集、确认和传递。有效的沟通应该包括企业内自上而下、自下而上以及跨部门横向的沟通，还应包括相关的信息与企业外部相关方的有效沟通和交换。

8. 监控（Monitoring）。监控是经营管理部门对内控的管理监督，以及内审监管部门对内控的再监督与再评价活动的总称。企业为保证风险管理在企业内部管理层面和各部门得到持续执行，可以通过两种方式对风险管理进行监控——持续监控和个别评估。

二、我国商业银行内控体系存在的问题

随着监管部门对商业银行监管的强化以及商业银行改革的深化，内控机制建设受到商业银行决策者的普遍重视，各商业银行基本上建立了内部控制体系，但内部控制制度的总体执行情况并不理想，仍然存在着诸多问题。

（一）商业银行内部环境不利于内控体系的完善

商业银行的内部环境在法人治理结构、企业文化、组织结构等方面均存在不同程度的问题，具体表现在三方面。

1. 银行法人治理结构不健全。目前国内各商业银行都建立了股东大会、董事会、监事会等机构，并制定了相应的议事规则，但这种法人治理结构多流于形式，其内涵和经营机制距离有效的法人治理结构要求还有较大距离。

2. 尚未建立良好的内控文化。在市场经济发展过程中，商业银行员工出现许多不规范或不道德的行为，商业银行尚未形成包括管理理念、经营风格、职业道德、组织结构、权责分配体系和人力资源管理等内容的内控文化，特别是基层机构还不能充分把握风险内控的理念。

3. 组织结构设置不合理。有些商业银行尤其是国有商业银行的组织机构仍然沿袭着计划经济体制下的老模式，机构设置过多考虑行政管理上的方便，而没有注意到自身组织结构的合理性问题。商业银行存在机构臃肿、管理层次多、工作效率低下的问题，同级部门的信息沟通不灵敏，协调性差。

（二）风险控制系统尚不完善

在日趋激烈的竞争环境中，风险管理正日益成为银行的核心竞争力。我国商业银行风险控制系统存在以下问题。

1. 从风险识别来看，目前商业银行全面风险管理的理念不强，以信用风险识别为主，不注重市场风险与操作风险的识别。风险管理活动并未覆盖可能面临的各类风险，对新产品和新业务风险不能充分、及时地认定，内部管理跟不上业务发展的需要，在业务创新过程中没有做到内控先行，未充分地对风险进行识别。

2. 风险评估手段相对落后，风险管理技术还不够成熟。长期以来，我国商业银行在风险管理方面比较重视定性分析，量化分析手段欠缺，在风险识别、度量、监测和管理方面客观性、科学性不够，风险管理统计活动不能根据经营环境和经营状况的变化及时更新。受金融市场发育程度不足的影响，市场风险管理技术方法落后，风险控制技术和工具缺乏。

3. 部分商业银行虽然成立风险管理部门，但职能仅限于资料的收集和传递，没有赋予与其管理职能相应的决策权力，造成风险回应迟缓。

（三）控制行为分散，控制措施不到位

由于机构岗位之间的分工不明确，经常会出现责任推诿的情况，利益的交叉也使得权力制衡在运行中失灵。而且，各层之间的授权审批制度没有规范化，授权过大、过小或越权现象严重。

（四）有序、有效的信息交流机制尚未建立

我国国有商业银行的计算机应用还主要停留在操作层面的会计信息系统，面向管理层面的管理信息系统建设落后。国有商业银行的信息传递是靠金字塔式的组织来完成的，由总行到一级分行、二级分行等，最后到基层，最多可达七个层级，链条冗长，信息的传递效率低下。

（五）内部监督职能弱化

内部审计独立性不强。大部分银行的稽核部门直属行长领导，对行长负责，报酬由行长决定，这实际上一定程度削弱了对行长及其负责范围内业务的监督，严重影响了审计的独立性，从而影响了审计工作的公正性和效果，大大削弱了稽核监督的作用和功能。

三、构建基于 ERM 导向的商业银行内部控制体系

根据《企业风险管理——整合框架》报告和《巴塞尔新资本协议》的精神，结合我国商业银行在内控制度建设和运行中的问题，我们认为商业银行内部控制体系的建设应当构建一个以全面风险管理为导向的内部控制体系。商业银行为实现经营管理目标，通过制定并实施系统化政策、程序和方案，形成一个对风险进行有效识别、评估、控制、监测和改进的动态过程和机制。将过程形成文件加以实施、保持和改进，建立一个系统、透明的内部控制体系，并不断对体系进行改进和评审。

商业银行内部控制体系建设的目标模式应该形成“控制有制度、部门有制约、岗位有职责、操作有程序、过程有监控、风险有监测、工作有评价、责任有追究”的内部控制体系。

具体而言，我们可以从 ERM 框架的构成要素着手，建立完善的内部控制体系。

（一）营造良好的内部环境

内部环境直接影响到内部控制的贯彻和执行，以及经营目标及整体战略目标的实现，加强和完善商业银行内部控制，首先应注重内部环境的建设。

1. 建立完善的法人治理结构。首先加强董事会的建设，积极探索在董事会下设立审计委员会、价格委员会、薪酬委员会等控制机构，确保董事会“不丧失控制的授权”进

而保证商业银行政策的贯彻和目标的实现；其次依据《公司法》和公司章程，真正建立以“股东大会—董事会—监事会—经理层”相互制衡为核心的公司治理结构。

2. 培育内部控制文化。通过培育金融企业文化，营造良好的内控文化氛围，以积极的方式影响整个企业成员的思维和行为，增强企业的凝聚力，提高银行员工对内部控制的认同感，加强银行内部控制的自觉性。

3. 建立合理的组织架构。商业银行要实现扁平化管理，减少管理层次。首先是董事会及其下属的风险管理委员会，董事会对内部控制负有总体责任，负责审批风险管理战略及政策，风险管理委员会主要负责设计、修正银行的风险管理政策和程序，颁布风险管理准则，规划部门风险限额，审批限额豁免，监控风险暴露；其次是高级行政管理层，要设立首席执行官和首席财务官以及首席风险管理官，负责建立操作流程、风险限额、风险准备的提留等；最后是具体执行层面，由专门的风险管理部门负责对具体业务风险的管理、授信业务的审批、检验风险管理程序是否合理。

4. 建立公正、合理、高效的人力资源管理体制。在激励约束机制上，可适当拉开员工收入差距，提高高层管理人员的工资，将薪酬和晋升机会与内控执行情况相挂钩。

（二）建立风险识别和评估机制，构建全面的风险管理模式

首先强化风险管理意识，培育良好的风险管理文化，风险评估是关系到企业可持续发展的长期事项，应将其提高到企业发展战略的高度来考虑。

其次要识别各种风险，风险评估的内容就是要识别阻碍企业和企业集团经营目标实现的全部风险，包括信用风险、市场风险、操作风险、流动性风险、法律风险、国家风险等各种经营风险，确定风险级别；同时评估的结果应该形成文件，作为建立和改进内部控制体系中各项决策的基础。

再次在风险评估阶段，要由定性分析转向定性与定量并用的分析方法，全面提升我国商业银行的风险管理技术水平。借鉴战略管理中常用的 SWOT 分析法，分析自身的优势与劣势。当环境和条件发生变化时，应对风险进行再识别和再评估，以识别和防范新的风险。

最后建立有效的风险回应机制，明确风险的处理方式。

（三）设立良好的控制活动

首先建立授权审批制度。商业银行应根据各种业务经营活动性质及功能，强化一级法人制度和完善授权授信制度。要突出一级法人在内控体系中的主导作用，完善授权和转授权制度。

其次完善业务控制制度。在健全资本金制度、实行资产负债比例管理的基础上，对各项业务建立完善的内部监督与风险防范制度并严格实施，特别要注重建立和分析具体的业务流程，针对业务流程中的关键风险点设计专门的管理控制制度。

（四）构建稳固的信息和沟通渠道

信息系统的好坏直接影响到企业内部控制的效率和效果，因此需要建立良好的信息系统，保证信息交流的畅通与完整。

首先构建良好的信息系统要明确组织层级关系，确保组织中每个人均清楚地知道其

所承担的特定职务。

其次要建立良好的信息沟通系统，不仅要有向下的沟通管道，还应有向上的、横向的以及对外界的信息沟通管道。商业银行通过上市，可以使其经营活动处于公众的监督之下，必将大大提高财务信息的真实性，在技术层面上应该全力支持和完善这项工作。

（五）加强企业的内部监督

确保内部控制制度被切实地执行且执行的效果良好，必须构建起独立、权威的内审体系，实行对审计部门的垂直管理。首先，应建立独立的、具有监督权威的内部稽核部门，建立隶属总行垂直领导、独立运作的内审系统，组织形式按经济区域设置，人员实行在法人代表、监事会直接指挥下的派驻制，业务与监督分离；其次设置科学的量化监控指标体系，形象反映监控对象的主要内容，作为警戒线对监控对象的状况作出快捷的判断；最后，要提高内审人员的执业水平，内审人员的人事、工资、福利等由总行负责，割断现行的人员同所在行的利益关系。

【经典案例】　　齐鲁银行伪造票据案

2010年12月23日，济南市公安局通报了一起涉嫌伪造金融票证案。通报称，2009年12月6日，山东齐鲁银行在受理业务咨询过程中发现一存款单位所持“存款证实书”系伪造。经初步查明，犯罪嫌疑人刘某通过伪造金融票证等手段多次骗取资金，涉及该市一些金融机构和多家企业，齐鲁银行涉案金额较多，预计在10亿~15亿元。伪造票据的事情之前也时有发生，但像这次这么大的金额还是首次。

一、案件发生的背景

齐鲁银行出事的主要原因是在城市商业银行快速扩张的背景下，银行内部风险控制失效。数据显示，截至2009年末，齐鲁银行总资产为617.35亿元，较年初增长28.06%，而各项存款余额为546.55亿元，增长22.98%；各项贷款余额为353.1亿元，增长25.41%。其资产规模和存贷款指标相当于1996年成立之初的20倍。2010年存款增幅为100亿元，总资产达到810亿元。

齐鲁银行的扩张速度，可以说是所有城市商业银行发展的缩影。统计显示，2010年前9个月，大型商业银行资产总额增长15.3%，股份制商业银行增长27.5%，而城市商业银行资产则增长34.8%。在扩张速度上，城市商业银行明显快于其他银行类金融机构。

城市商业银行追求规模扩张为经营埋下了隐患。规模的扩张加剧了城市商业银行对于资本金的渴求，为了拉到存款，各商业银行使出浑身解数，从企业吸纳存款而后返还、高息揽储等手段层出不穷。“鸡蛋也就有缝了。”

二、高息揽储是直接原因

一位资深银行业人士表示，2010年，受存贷比考核压力的各家商业银行纷纷展开揽储大战。而在拉存款竞争白热化背景下，通过高息揽储吸引单位存款，勾结银行人员伪造金融票证诈骗案屡见不鲜。

所谓伪造、变造金融票证罪，是指伪造、变造汇票、本票、支票，伪造、变造委托收款凭证、汇款凭证、银行存单等其他银行结算凭证，伪造、变造信用证或者附随的单据、文件或者伪造信用卡的行为。

一位大型银行信贷部人士指出，常见的伪造金融票证罪有几种：一是“克隆假票”，即通过伪造承兑汇票或大额定期存单，以此为质押获得银行贷款；二是犯罪嫌疑人谎称帮助银行完成拉存款任务，以高息为诱饵骗取企业或个人存款。若存款人是企业，犯罪嫌疑人往往通过偷出企业预留印鉴伪造票据实施诈骗，若是个人存款，则在客户办理存折时，偷办信用卡挂于该账号下，再实施诈骗。

三、内部控制失效是根本原因

相比外因，起主导作用的还是内因。这一事件也暴露出中小银行自身在内控方面的漏洞。事实上，早在2010年4月，由普华永道中天会计师事务所出具的《齐鲁银行股份有限公司2009年度财务报表及审计报告》显示，齐鲁银行的第三方存款质押业务存在借款人营业收入与贷款规模不匹配、存款质押合法性等诸多问题。为此，报告注明了“保留意见”，说明骗贷案在去年初就已显露。但遗憾的是，这一提醒当时并没有引起当事银行和监管层的注意。

不仅如此，事后齐鲁银行反而撤换了该会计师事务所，这的确让人费解。使人不由得产生该案有“内鬼”的想象空间。因为告破的历次金融骗贷事件证明，没有一个“内援”，骗子的手段再高明也很难成功。

本案也凸显出我国银行业中的内部控制制度建设有待完善。尽管各城市商业银行普遍采用股份制的组织形式，并且按照《公司法》的规定建立了法人治理结构，但在实际运作中，由于占股地位的国有资本和集体资本的所有人缺位，委托代理关系不明确，因此各城市商业银行实际被控制在少数政府资本代理人手中，董事会、监事会等部门形同虚设，无法对银行代理人形成有效的监督。

资料来源：http：//topic. eastmoney. com/qilu/。

【复习思考题】

1. 试述内部控制制度的演变过程。
2. 简答商业银行内部控制的内涵及其原则。
3. 试述商业银行内部控制的构成要素。
4. 什么是商业银行内部控制评价，商业银行内部控制评价有何作用?
5. 简述商业银行内部控制评价体系的基本内容。
6. 什么是全面风险管理？试述如何构建基于ERM的商业银行内部控制体系。

【参考文献】

[1] 汪竹松、刘鹰：《商业银行内部控制精析》，北京，中国金融出版社，2007。

[2] 宋良荣：《银行业金融机构内部控制》，上海，立信会计出版社，2010。

[3] 陈德胜、文根第、刘伟、庄健：《商业银行全面风险管理》，北京，清华大学出版社，2009。

[4] 谢荣、钟凌:《商业银行内部控制系统研究》，北京，经济科学出版社，2004。

[5] 宋良荣:《商业银行内部控制》，上海，立信会计出版社，2006。

[6] 张金清:《金融风险管理》，上海，复旦大学出版社，2009。

[7] 赵志宏:《银行全面风险管理体系》，北京，中国金融出版社，2005。

[8] 温红梅、姚凤阁、王岩伟:《金融风险管理》，大连，东北财经大学出版社，2009。

[9] 苏邃墨:《企业风险管理（ERM）框架在我国商业银行内部控制中的应用》，载《北京师范大学学报》，2008（8），444~448页。

[10] 安瑛辉、欧阳世伟:《商业银行强化内部控制体系建设研究》，载《经济研究导刊》，2010（21），51~62页。

第九章　金融监管导论

【本章概要】

金融监管这一章首先介绍了金融监管的演进及其内涵，以及金融监管的一般理论，探讨金融监管的必要性；其次分析了金融监管的目标以及应当遵循的基本原则；最后对金融监管的体制进行了分析，并简要介绍了我国金融监管体制的基本情况。

【要点提示】

1. 金融监管是金融监督与金融管理的总称。狭义的金融监管是指金融监管当局依据国家法律、法规的授权对整个金融业（包括金融机构以及金融机构在金融市场上所有的业务活动）实施的监督管理。广义的金融监管除包括上述监管之外，还包括金融机构的内部控制与稽核、同业自律性组织的监管、社会中介组织的监管等。在实践中，对于金融监管一般用其狭义的概念较多。

2. 金融监管的现实理由是金融危机与金融脆弱性的广泛存在。金融监管的内在原因则是对金融市场失灵的补救。

3. 金融监管的总体目标是通过对金融业的监管，构建和维护一个稳定、健全和高效的金融体系，保护投资者的利益，推动经济和金融的发展。具体体现为经营安全性、竞争平等性、政策一致性。

4. 金融监管的组织体系，也称为金融监管体制，是指金融监管的职责和权力分配的方式和组织制度。金融监管的组织体系按不同划分标准可分为不同种类：按监管主体的数量分类，可分为单一监管体制和多元监管体制；按照监管的业务范围来划分，可分为集中监管体制与分业监管体制；按被监管机构的业务属性或机构属性划分，可以分为机构监管和功能监管。

5. 集中监管体制是指由统一的监管主体对从事银行、保险、证券等不同类型业务的金融机构实施统一监管。分业监管体制是根据金融业内不同的机构主体及其业务范围的划分而分别进行监管的体制，一般由多个金融监管机构共同承担监管责任。

6. 机构监管是将金融市场上的金融机构按照从事行业的不同，划分为几种类型，然后对应不同类型的金融机构设置各类金融监管部门，划定每个金融监管部门的管辖范围，监管某一类型金融机构的监管部门不得越权监管其他类型的金融机构。功能监管改变了机构监管模式的制定依据，它根据金融机构的基本功能而设计金融监管模式，相似的功能应当接受相同的监管，即某一类具体的金融活动由同一个监管者负责监管。

【内容架构图】

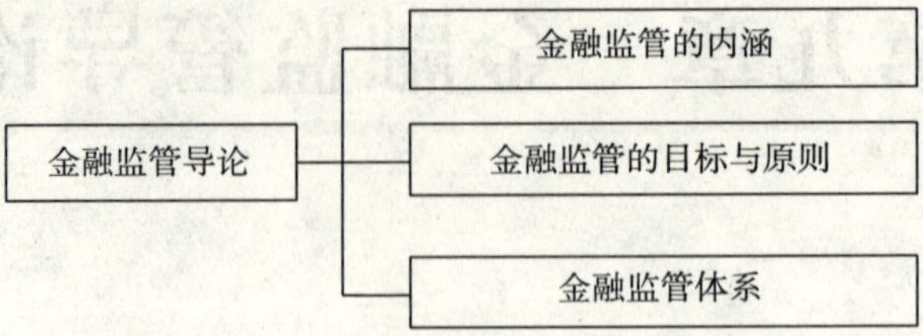

第一节 金融监管的内涵

一、金融监管的定义

金融监管是金融监督与金融管理的总称。金融管理是国家按照有关法律对金融体系构成及其行为活动建立一种模式，以维护金融体系的安全稳定并对客户提供公平、有效的服务。在世界各国近现代金融业发展史中，最低限度的金融管理始终存在，最初、最直接的管理是对银行开业的注册登记和发照管理。金融监督则是指金融监管当局对金融机构实施的全面的、经常性的检查和监督，以促进金融机构依法稳健的经营和发展。20世纪90年代以来，人们一般不再区分这两个词的细微差别，而是统一地采用金融监管的提法。

金融监管有狭义和广义之分，狭义的金融监管是指金融监管当局依据国家法律、法规的授权对整个金融业（包括金融机构以及金融机构在金融市场上所有的业务活动）实施的监督管理。广义的金融监管除包括上述监管之外，还包括金融机构的内部控制与稽核、同业自律性组织的监管、社会中介组织的监管等。在实践中，对于金融监管一般用其狭义的概念较多。

从金融监管的含义中我们不难看出，理解金融监管内涵关键是要把握以下几个问题：第一，为什么需要进行金融监管（Why）；第二，由谁来进行金融监管，即监管的主体是谁（Who）；第三，谁是金融监管的对象，即监管的客体是谁（Whom）；第四，监管什么，即监管的内容是什么（What）；第五，通过什么手段来进行金融监管（How）。这五个问题可以概括为4W1H。简而言之，即金融监管的原因、主体、客体、内容和手段。一般来说，一个有效的金融监管体系必须具备三个最基本的要素，即监管的主体（监管当局）、监管的客体（监管对象）和监管的手段（各种方式、方法、工具等）。金融监管的手段将金融监管的主体和客体联结起来。

二、金融监管的演进

金融监管的发展历史大致可以划分为四个阶段。

（一）20世纪30年代以前——金融监管理论与实践的自然发轫

1776年亚当·斯密提出的“看不见的手”成为市场经济的准则，也成为西方国家金融业发展初期的基本指导原则。但是市场经济理论上的完美性在现实世界并不存在，西方国家政府在金融实践活动中，逐步认识到了“看不见的手”的非完美性，由此开始了对金融监管的初步实践。从时间上看，对金融活动实行监管的法规依据最初可以追溯到18世纪英国颁布的旨在防止证券过度投机的《泡沫法案》。但真正意义上的金融监管是与中央银行制度的产生和发展直接相关的，可以说，中央银行制度的普遍确立是现代金融监管的起点。当时确立中央银行制度的目的是为了统一货币和统一票据结算。但是，由于主流的古典经济学认为货币是中性的，对实体经济并没有实质性影响，因此，从总体上来说，中央银行统一货币就如同统一度量衡，只是为经济活动的方便，并没有监管或干预金融活动的色彩。后来，中央银行统一票据结算的职能衍生出最后贷款人的职能，才为中央银行监管金融体系奠定了基础。因为中央银行的最后贷款成为其迫使商业银行服从某些指示的砝码，由此，中央银行有可能对金融机构的经营活动进行检查。当然，这种检查只是一种相互之间的协议安排，并不具有法律上的或行政上的强制性，因此还不能算是现代意义上的金融监管。真正现代意义上的金融监管是从20世纪30年代的大危机之后才开始的。

这一阶段金融监管的特点具有自发性、初始性、单一性和滞后性，对金融监管的客观要求与主观认识不足，处于金融监管的初级阶段。

（二）20世纪30年代至70年代——严格监管，安全优先

1929—1933年的世界性的经济金融大危机进一步表明金融市场是不完全的，所谓“看不见的手”无所不能的能力并不存在。而且，由于金融业巨大的外部性，一旦金融体系出现危机，将给经济和金融体系带来极大的冲击，甚至危及社会稳定的基础。在这种背景下，20世纪30—70年代，主张政府干预的思想占了上风，要求强化对金融体系监管的理论主张也受到推崇。因此，中央银行的货币管理职能演变成制定和执行货币政策，并服务于宏观经济政策，金融监管之严厉甚至倾向于政府的直接管制，对金融机构的经营范围和方式进行全面的管制和干预，并且非常强调金融体系的安全性。

20世纪30年代大危机后，以美国、英国、日本、法国为主要代表的西方国家实行了分业经营和分业监管体制，在分业监管体制下，监管当局对金融机构的业务范围一般有严格限制，主要包括：（1）禁止商业银行从事投资银行业务，商业银行除了可以经营法律规定的债券外，不得从事购买股票或其他有价证券的交易；（2）禁止证券经营机构吸收存款和发放贷款；（3）银行、证券等金融机构的高级管理人员不得互相兼任等。

以美国为例，大危机确立了凯恩斯主义国家干预经济思想的主导地位。美国在20世纪30年代这场深刻的金融危机后产生的管制条例着重于安全并限制竞争。为了恢复公众对商业银行的信心、迅速恢复经济稳定，美国政府于1933年制定了《格拉斯—斯蒂格尔法》（*Glass - Steagall Act*，以下简称GS法案），对商业银行实行管制，强化监督管理。其主要内容包括确立了以利率管制为主的Q条例，将投资银行业务与商业银行业务分离，同时还限制银行设立分支机构，此外，政府对银行的存款给予保险。《1956年银行持股公司法》及其1966年、1970年修正案，对银行持股公司的业务范围和地理范

围进行了严格限制。

这一阶段金融监管的主要特点是全面而严格的限制性，主要表现在对金融机构具体业务活动的限制，对参与国内外金融市场的限制以及对利率的限制等方面。

（三）20世纪70年代至80年代末——金融自由化，效率优先

严厉的金融监管付出了金融体系效率损失的沉重代价，20世纪70年代困扰西方国家的“滞胀”宣告了政府干预主义的破产，在金融领域，金融自由化理论逐步抬头。金融自由化理论以麦金农和肖的金融抑制和金融深化理论为代表。这一理论认为，金融管制一方面使金融机构和金融体系的效率严重受损，金融业发展受到抑制；另一方面，政府也会失灵。因此，金融自由化理论主张放松金融管制，特别是利率管制、经营范围限制、经营地域限制，以恢复金融业的竞争，提高金融业的活力和效率。该理论特别指出，金融抑制是导致发展中国家经济落后的主要根源。实际上，金融自由化理论也不是全面否认金融监管，它只是认为在金融体系比较稳定的情况下，金融体系的效率成为更重要的目标，因此，金融监管要充分考虑金融机构和金融体系的效率。

之后，西方发达国家以及一些发展中国家在自由化理论的影响下纷纷放松了金融业的严格管制，实行金融自由化。内容主要包括利率自由化、金融业务自由化、金融市场自由化、金融国际化。金融自由化推崇效率优先的原则，在很大程度上促进了这一时期的金融发展和经济繁荣。

这一时期金融监管的主要特点便是放松管制，效率优先。

（四）20世纪90年代至今——安全与效率并重

到20世纪90年代初，金融自由化达到高潮，世界各国纷纷放松对金融业的管制。但是，到了90年代中期，国际金融市场接连发生国际性金融危机，又促使人们认识到，简单地放松管制也不可取，对金融业的监管依然重要，只是现在的金融监管从观念到方式、方法都要有所转变。当前的金融监管侧重于两个方面：一是金融监管要与安全、效率和公平的金融监管目标相配合，始终重视金融安全；二是由于金融业发展全球化的趋势，金融监管必须加强国际合作与协调。

20世纪90年代频繁爆发的金融危机已经向我们清楚地揭示出：就经济与金融的长期发展来说，金融体系的安全与稳定和效益与效率相比是更具根本性的问题。这既是由金融在经济中的地位决定的，也是由金融自身的特殊性决定的。这相应地决定了金融监管的目标仍然应该以维护金融体系的安全和稳定为首要任务。英美等发达国家在金融业的长期发展过程中形成了较为完善的金融市场体系和金融监管体系。但是，随着金融创新、混业经营的不断发展，以美国为代表的西方国家也暴露了它们在金融监管方面的问题与缺陷。2008年以来爆发于美国并蔓延至全球的金融危机，表明进一步完善金融监管，强化稳健型金融监管体制的任务仍十分紧迫而艰巨。

90年代以来的金融监管最主要的特征是安全与效率并重。

三、金融监管的必要性

（一）金融监管的现实理由：金融危机与金融脆弱性

综观世界各国经济发展的历史，人们最关注的是金融危机。金融风险的积聚、金融

机构的风险失控，特别是流动性和清偿力的缺乏导致了金融机构支付困难、银行挤兑、信用破产，给一个国家的金融体系带来危害，以至发生金融危机。从金融监管的角度看，一部金融发展史实际上就是治理金融危机的历史。金融危机的频繁爆发造成了很大的负面影响，它使经济发展停滞、社会信用环境遭到极大的破坏，严重危害社会生产和居民的生活。金融危机的深刻教训促使各国政府不断改革金融监管体制，加强金融机构管理和金融风险控制。

近年来，世界各地金融危机频繁发生，其频率甚至超过历史上任何时期。或者是一家金融机构，比如英国巴林银行、法国里昂信贷银行、日本大和银行、美国长期资本管理公司（LTCM）等倒闭引发的银行危机；或者是一国或地区的问题而引发的区域性甚至全球性的危机，比如1994年的墨西哥金融危机、1995年的欧洲货币危机、1997年的亚洲金融危机、1998年的俄罗斯金融危机、2000年的美国互联网泡沫破裂、2008年的美国金融危机。

金融危机对相应国家和地区造成了极大的负面影响，虽然金融危机由多种因素导致，但金融监管的不力也是其中的一个重要原因。国际货币基金组织（IMF）的一些经济学家的研究表明，从1980年到1996年，该组织的181个成员国中有133个都曾在某个阶段经历过银行部门的重大问题或危机。以伦敦经济学院古德哈特为首的经济学家也对金融监管，特别是银行监管问题进行了专门的研究，得出的结论与前者基本相同。

金融危机频发的原因是多方面的，但从金融业本身探寻则与金融脆弱性分不开。金融脆弱性（Financial Fragility）有广义和狭义之分。狭义的金融脆弱性是指金融业高负债经营的行业特点决定的更易失败的本性。狭义的金融脆弱性强调内在性，即它是金融部门与生俱来的一种特性，故有时也称之为金融内在脆弱性。广义的金融脆弱性简称为金融脆弱，是指一种趋于高风险的金融状态，泛指一切融资领域中的风险积聚，包括信贷融资和金融市场融资。现在通用的是广义金融脆弱性概念。

对金融脆弱性的研究，大体上可分为信贷市场上的脆弱性和金融市场上的脆弱性两个大的类别。明斯基和克瑞格研究的是信贷市场上的脆弱性。所不同的是前者从企业角度研究，后者则从银行角度研究。信息经济学将信息不对称概括为金融脆弱性之源，适用于信贷市场和金融市场，但其分析思路还是着重于金融机构信贷的角度。金融市场上的脆弱性主要来自于资产价格的波动性及波动性的联动效应。

从信贷市场看，商业银行面临着流动性风险及其资产负债结构的特点，从而使其具有很高的脆弱性。商业银行的功能之一就是通过吸收资金和发放贷款，把对零星储户的流动性负债转化为对借款人的非流动性债权。根据大数原理，如果存款者提款是随机发生的，则商业银行的资金流量就是稳定的。但是，当储户对商业银行失去信心时，他们就会纷纷提取自己的存款，尽管他们知道提款继续下去的结果，必然是商业银行被迫提前出售流动性低的资产来满足储户提款的要求，商业银行蒙受损失将使排在挤兑大军后面的储户很可能收不回全部存款，最终结果将导致商业银行流动性严重不足，甚至破产。挤兑还会殃及那些经营状况本来比较健康的银行，即使人人都明白不挤兑更有利于整体的利益，但出于对自身利益的考虑，还是不可避免地会发生挤兑，从而带来银行危机甚至金融危机。此外，商业银行的高负债经营特点也使其具有很高的脆弱性。商业银行的自有资本只占其资金来源的很小比例，其净值越小，从其错误决策中可能招致的损失也就越小，因而银行从事高风险贷款的可能性就越大。

从金融市场看，金融市场的脆弱性是指当一个意外事件的冲击导致人们信心丧失时，易引发金融市场，尤其是股票市场价格的急剧下跌，从而严重扰乱经济金融秩序。事实上，人们在判断金融资产的价格时往往具有一定的盲目性，这就导致了人们在进行金融资产投资时具有羊群效应，即金融资产投资时具有跟风操作的现象，这将导致股票价格大起大落。金融市场交易的一些技术特征也加剧了市场的波动，如投资者可通过保证金交易从事规模很大的金融交易，从而推动市场价格急剧变化。金融市场脆弱性的最大表现是市场泡沫的崩溃。当金融市场投机达到一定程度后，人们对金融市场的信心开始动摇，某个平常看来微不足道的小事件都可能会引发股市崩溃，并在以后一段相当长的时间里维持非常低迷的行情。

（二）金融监管的内在原因：对金融市场失灵的补救

微观经济学理论认为，完全竞争的市场经济只是一种理想的状态，在现实生活中，由于存在不完全竞争、外部性和信息不对称等因素，市场无法保证资源的配置符合帕累托最优的要求。在金融市场中存在着信息的不对称性与不完全竞争，金融体系处于市场经济的中心环节，所以面临着比一般行业更大的风险。从某种意义上说，金融体系的稳定可以被看做一种公共物品，这也就成为政府进行金融监管的依据。金融监管也可理解为政府为弥补市场内在机制缺陷而进行的一种制度安排。

1. 金融市场中的自然垄断要求进行金融监管。自然垄断是指由于市场的自然条件而产生的垄断，经营这些部门如果进行竞争，则可能导致社会资源的浪费或者市场秩序的混乱。传统意义上的自然垄断往往与规模经济以及范围经济相关。市场本身存在一个悖论：竞争是市场机制发挥作用的前提，但市场竞争往往导致积累和集中，形成垄断，从而抑制竞争，妨碍效率的提高，因此反对垄断是政府的重要职责。某些公用事业部门（如电、煤气、自来水、通信等）具有很强的、由其技术决定的规模经济效益，同时这些部门的固定资本又具有很强的长期使用性和外部沉淀效应，因而极易构成加入壁垒和自然垄断。赋予这些部门或行业内的特定企业以垄断供给权，有政策上的合理性，但为了防止价格歧视和损害消费者利益的不良现象，就必须对这些企业实行价格管理，使其定价维持在社会平均成本的水平。

金融业存在规模经济和范围经济的效应，即规模越大，经营范围越广，成本越低，边际报酬越高，比如银行规模越大，业务品种越多，分支机构分布越广，就越有可能为客户提供安全、便捷、高效、全面的服务，因而能吸引更多的客户。一旦占领了相当的市场份额就出现了垄断的倾向。20 世纪 90 年代以来世界范围内的金融业并购重组现象充分体现了这一特征。另外银行业在经营中信贷配给的特点也会使银行获得对与其长期合作的客户的垄断地位，长期稳定的客户大大节约了银行的信息搜寻成本，减少了银行与客户的信息不对称，同时客户也更可能获得灵活的资金支持。这就等于断绝了其他银行进入的可能，形成了事实上的业务垄断。

2. 金融市场的负外部性尤其严重，要求加强金融监管。外部性经济主体（包括厂商或个人）的经济活动对他人和社会造成的非市场化的影响，分为正外部性和负外部性。正外部性是某个经济行为个体的活动使他人或社会受益，而受益者无须花费代价，如河流上游植树造林给下游居民带来好处等；负外部性是某个经济行为个体的活动使他人或社会受损，而造成外部不经济的人却没有为此承担成本，如环境污染等。

外部效应最重要的后果是它对资源配置产生的不利影响。约瑟夫·斯蒂格利茨说，只要存在外部性，资源配置就不是有效的。为消除负外部效应，从理论上说可通过当事人之间的磋商和谈判来解决。如科斯在其著名论文《社会成本问题》中指出，只要产权是明晰的，私人之间的交易活动不存在交易成本，则私人之间达成的契约同样可以解决外部效应所引起的问题，实现资源的最优配置。但实际上私人交易（协商谈判）需要花费交易成本，这种交易成本的存在阻碍外部效应的消除。因此更符合理性和现实的选择应是政府管制。但由于政府管制同样需付出成本，因此政府消除外部负效应的唯一理由在于，它消除一种外部效应所需的管制成本，不仅小于私人之间所需的交易成本，而且小于管制之后所获得的社会收益。

金融领域中负的外部性主要表现在单个银行的破产可能会殃及那些经营状况比较良好的银行，引发后者的挤兑，从而导致大批银行陷入流动性困境，甚至破产。在资本市场中，一家上市公司的财务造假案会引发投资者对其他财务状况较健全的上市公司的信心危机，从而造成股票和债券市场价格的大幅下跌。为减少负的外部性，对金融业进行监管是必要的。随着金融创新的不断发展，金融业的负外部性被进一步强化。

3. 信息不对称导致金融交易低效率，要求加强金融监管。在完全竞争的市场机制下，所有的信息都可以充分反映在价格中。但现实中，信息不对称的情况是大量存在的。信息不对称是指一方拥有相关的信息而另一方没有这些信息，或者后者拥有的信息没有前者多，从而对信息劣势者的决策及利益造成很大影响。信息不对称可能产生道德风险和逆向选择问题。逆向选择是事前的，道德风险是在交易后发生的。例如，在旧车市场上，每一辆旧车的质量好坏是不同的，但只有卖者知道车的真实质量，买者对每一辆车的具体情况并不了解，只知道此种车的一般质量，因而愿意根据一般质量支付价格，那些低于平均质量的次品车就可以乘机脱手。这种信息不对称现象在其他市场中也存在。比如，在劳动力市场上，对于雇主来说，面对大量的应聘者，他不可能在短时间内了解他们的全部信息，只能根据应聘者提供的信息，像学历、经历、是否做过学生干部等有限信息来选择人员。正是由于劳动力市场上雇主和雇员之间的信息不对称，雇主必须靠一种市场信号（比如学历要大学本科）来进行识别。但实际上所选的大学本科生能力并不一定都强，有的甚至不能胜任工作。这就是信息不对称造成的。

金融领域的信息不对称广泛存在。比如在保险领域，保险公司和投保客户之间就存在严重的信息不对称，投保客户对保险公司隐瞒了实情，风险较大的客户往往积极投保，而在投保后则缺乏必要的积极性去进行风险的防范。又如在银行与客户间，潜在的不良贷款来自于那些积极寻求贷款的人。如果发生了逆向选择，信贷资源就没有得到有效配置，一旦贷放出去，将可能形成不良资产，从而影响到金融体系的稳定。贷款者发放贷款之后，将面对借款者从事那些贷款者所不希望进行的活动，因为这些活动可能使贷款难以归还。一旦这些活动失败，将形成银行的不良债权，恶化银行的资产质量，也会影响金融体系的稳定。再如证券市场上内幕人员对公司状况的了解较外部人总有优势，证券商相对于一般投资大众更能掌握市场动态信息。

为纠正信息不对称的问题，政府的管制活动非常活跃，如强化证券市场信息披露制度、对内幕交易的制约，以及加强对信息通信产业和金融、证券、保险产业等的管制。总之，市场缺陷的存在是市场机制本身所无法克服的，它突出地表现为经济个体利益和社会整体利益的矛盾，这不仅增加了交易成本，劣化资源配置，而且有碍于社会经济的良性运行，损害社会整体利益。这就为政府管制的存在提供了必要的条件。而实际上，现代社会绝无纯粹的市场经济，而是一种混合经济，国家和市场在促进发展中相互作用，"看不见的手"和"看得见的手"同时发生作用。

四、金融监管的一般理论

对于金融监管的一般理论，在理论界至今尚无统一认识。理论的发展总是源于对实践的认识和总结，金融监管理论也是人们在长期的实践中不断总结和发展起来的，下面我们对几种主要的理论进行简单的介绍。

（一）社会利益论

社会利益论源于20世纪30年代美国经济危机。当时人们迫切要求政府通过金融监管来改善金融市场和金融机构的低效率和不稳定状态，并恢复公众对全国存款机构和货币的信心。该理论的要点是现代经济社会并不存在纯粹的市场经济，自由竞争的市场机制不能带来资源的最优配置，甚至造成资源的浪费和社会福利损失。为此，市场参与者就会集体要求作为社会公共利益代表的政府在不同程度上介入经济过程，通过实施管制以纠正或消除市场缺陷，从而改善"一般福利"和增进资源配置效率，社会利益论认为管制有利于整个社会，而管制成本却由社会的极小部分承担。论理论认为，整个社会的福利减去政府管制成本大于整个社会福利减去破产损失。值得指出的是，社会利益论为大萧条时期广泛的管制提供了一定的理论依据。

（二）社会选择论

社会选择论是从公共选择的角度来解释政府管制的，即政府管制作为政府职能的一部分，是否应该管制，对什么进行管制，如何进行管制等，都属于公共选择问题。因此，政府管制又被称为公共管制。该理论解释管制产生的根源和合理性的要点是：鉴于自由市场机制存在市场缺陷，为保证经济体系的高效运行和社会资源的有效配置，必然要求某些方面和某种程度的外部管制，而管制制度作为一种公共品只能由代表社会利益的政府来供给和安排，各种利益主体则是管制制度的需求者。管制者并不只是被动地反映任何集团管制的需求，它坚持独立性，努力使自己的目标促进一般社会福利。

（三）特殊利益论

特殊利益论的首位提出者是斯蒂格勒，佩茨曼在此基础上又提出了多元利益论。这些理论认为政府管制仅仅保护主宰了管制机关的一个或几个特殊利益集团的利益，对整个社会并无助益。因为政府官员是在一些特殊利益集团的帮助下当选的，当选后当然要予以回报。特殊利益集团，特别是财力雄厚、有能力帮助政治家当选的大企业集团，得到的回报格外多，政府管制表面上是为了公共利益，实际上成为某些特殊利益集团的工具，这样的政府是为特殊利益集团所俘虏的政府。另外，该理论还认为，管制造成了巨额成本，有害于社会公共利益。

（四）俘获理论

社会利益理论强调管制的原因和经济利益，而俘获理论则通过强调管制的代价与之抗衡。俘获论者认为，管制者与被管制者之间恰似猫鼠追逐。最初被管制者可能反对管制，但当变得对立法和行政的程序极其熟悉时，他们就试图影响管理者，通过法规或利用行政机器给他们带来更高的收入。管制者被利用的一种情形是经由管制机构和公司之间的人事活动，由此创造密切的联系和共同合作的要求。俘获论认为，管制的目的是为了生产者的利益而不是消费者的利益，既然被管制者可以通过疏通的办法让管制者为他们增加福利，那么管制也就失去了其存在的理由。因此，俘获论呼吁放弃政府管制。俘获论忽视了普通大众确实从某些像保护消费者一类的管制中得到好处的事实，只看到管制具有为被管制者所利用的可能性和管制目标未必是保护消费者的问题。

（五）管制新论

斯蒂格勒1971年发展了管制存在的供求理论来解释管制，他认为，什么地方出现管制，是因为那里有对管制的需求和供给。斯蒂格勒的理论被称为管制新论。管制新论承认，在某些情况下，管制可以使生产者和消费者双方得益。管制不仅是为被管制者主宰的，也会被不同的利益集团所利用，还为压力集团（它们可能并不打算直接从这项管制中得到利益）所利用，任何集团都可能是利益争端中的胜者。至于谁是胜者，取决于不存在管制时谁更生死攸关，其政治实力和市场余额的分配——利润和消费余额的分配如何。

斯蒂格勒和佩茨曼分别在1971年和1976年的论著中把管制看做存在着需求和供给的商品，被买卖的商品是向社会其他人的财富征税的权利，管制是那些想要获得利益的人所需要的。例如，生产者可能需要管制去限制那些经过疏通办法进行的不正当竞争，消费者需要管制去限制那些伪劣产品和劣质服务，政治家和官僚提供管制则是为了得到更多的竞选捐助、选票和办公津贴。按照他们的理论，管制是各不同社会阶层和政治力量之间的相互作用。由于管制对少数生产者的所得有大的影响，而对多数消费者的利益只是小影响，因此，管制生产者的影响是突出的。

关于管制的社会利益，管制新论认为，管制当局具有过度管制以回避个人责任的动机。卢埃林在1987年提出，管制永远不会为降低消费价格而提出，相反，总是为某种违约而实行的。结果，任何来自于管制的好处都被有关费用的增加所抵消。其他作者如凯恩和金呼吁管制机构间的竞争以避免过度管制。然而，管制者之间的竞争又会导致漫不经心的竞争。因为假如管制太严，被管制者可能被赶走。管制者所受到的压力可能最终引导他们降低其所追求的管制标准。

第二节　金融监管的目标与原则

一、金融监管的目标

（一）金融监管目标的演变

金融监管的目标是金融监管理论与实务的核心问题，对金融监管目标的认识直接决定或影响着金融监管理论的发展方向，也主导着具体监管制度和政策的建立与实施。

以20世纪30年代爆发的经济危机为界，此前，金融监管的目标主要是提供一个稳定和具有弹性的货币供给，并防止银行挤兑带来消极影响。30年代大危机之后，这场危机的经验教训使各国的金融监管目标普遍开始转变到致力于维持一个安全稳定的金融体系上来，以防止金融体系的崩溃对宏观经济造成严重冲击。

20世纪70年代末，过度严格的金融监管造成金融机构效率低下和发展困难，使得人们开始重新注重效率问题，这也成为金融监管的新目标之一。近年来，金融监管的目标则发展到有效控制风险、注重安全和效率的平衡方面。需要说明的是，现代金融监管目标并非以新的目标取代原有目标，而是对原有目标不断进行完善和补充，这些新目标的实质是对旧目标的继承和完善，是在实践中对旧目标的总结、提高和升华。当代金融监管目标具有多重性，即维护货币与金融体系的稳定，促进金融机构谨慎经营，保护存款人、消费者和投资者的利益，以及建立高效率、富于竞争性的金融体制。

（二）金融监管的目标

明确金融监管的目标是有效实施金融监管的前提，金融监管的目标是指监管当局对金融机构和金融活动所追寻的一种理想状态，金融监管的目标可以分为总体目标和具体目标。金融监管的总体目标是通过对金融业的监管，构建和维护一个稳定、健全和高效的金融体系，保护投资者的利益，推动经济和金融的发展。总体目标可以分解为以下几个具体目标：经营安全性、竞争平等性、政策一致性。

1. 经营安全性，就是促使银行业成员安全经营，防止倒闭，从而保障社会公众的利益和金融业的稳健运行。银行具有公共性，它接受存款，充当社会的支付系统，一旦个别银行倒闭，不仅会损害存款人利益，破坏整个社会的转账支付系统，甚至会带来挤兑而引发连锁性破产，导致金融风潮，对整个社会经济产生不利影响。一般来讲，商业银行是营利性企业，有完全独立的经营自主权，容易为追求高利润而进行高风险的信贷和投资，承担过大的经营风险，从而种下银行倒闭的祸根。因此，监督管理把维护经营安全作为第一目标。

2. 竞争平等性，就是通过金融监督管理制度创造一个平等竞争的环境。防止垄断，保护竞争，限制大银行不合理的扩张，保证银行顾客不受歧视，但是又防止过度竞争。鼓励商业银行在合理竞争的基础上提供高效率、多样化的金融服务，促进银行业的健康成长，从而提高社会的整体效益。

3. 政策一致性，就是通过监督管理，使商业银行的经营活动与中央银行实施的货币政策要求保持一致性。中央银行调节经济的货币政策必须通过商业银行和其他金融机构的经营活动来实现。但是，商业银行以盈利为主要目标，它的经营政策有可能与中央银行货币政策的要求产生矛盾，抵消甚至破坏中央银行货币政策的实施效果。把金融企业的微观效益同货币政策的宏观要求协调起来，并不能单纯依靠市场机制，必须通过监督管理，及时发现商业银行那些与中央银行货币政策相违背的经营活动，予以限制或取消，促使它们协助中央银行执行货币政策。从宏观管理的角度看，这一目的尤为重要。

各国历史、经济、文化背景和发展情况的不同，也使监管具体目标有所差异，侧重点会有所不同。世界上大多数国家的具体监管目标体现在中央银行法或银行季度管理法中。

根据美国1913年《联邦储备法》及有关法规，银行监管的具体目标有四个：维持公众对一个安全、完善和稳定的银行系统的信心，为建立一个有效的和有竞争的银行系统服务，保护消费者利益，允许银行体系适应经济的变化而变化。英国自2001年12月1日起，以《2000年金融服务和市场法》取代原来监管金融业的种种法规。根据该法，金融监管的目标和任务是：保持公众对英国金融系统和金融市场的信心；向公众宣传，使公众能了解金融系统及与特殊金融产品相连的利益和风险，确保为消费者提供必需的保护；为实现阻止金融犯罪提供帮助。可见，相对于其他国家而言，美国和英国的监管目标更侧重于保护消费者的利益，也更适合于银行的特性和时代的要求。

日本、德国、法国、加拿大、新加坡等国则侧重于维护商业性银行体系的正常运转，以促进国民经济的发展。日本的《普通银行法》第一条阐明监管是以商业性银行业务的公正性为前提，以维护信用、确保存款人的权益、谋求金融活动的顺利进行，并为商业性银行业务的健全而妥善的运营，有助于国民经济的健全发展为目的。德国的《银行法》第六条授权联邦金融管理局监管所有的信贷机构，以保证银行资产的安全、商业性银行业务的正常运营和国民经济运转的良好结果。

（三）我国金融监管的目标

我国金融监管目标的确定是随着经济的发展和经济模式的变化而变化的，体现了从计划经济走向市场经济的行进轨迹。

1986年1月颁布的《中华人民共和国银行管理暂行条例》第一条写道，制定条例的目的是为了加强对银行和其他金融机构的管理，保证金融事业的健康发展和促进社会主义现代化建设。在中国建立健全社会主义市场经济体制的过程中，金融监管工作既要保障国家货币政策和调控措施的有效实施，又要承担防范和化解金融风险、保护存款人利益、保障平等竞争和金融机构合法权益、维护整个金融体系的安全稳定、促进金融业健康发展的任务。

1994年8月颁布的《金融机构管理规定》则明确金融监管的目的是为了维护金融秩序稳定，规范金融机构管理，保障社会公众的合法权益。这体现了在20世纪80年代后期和90年代初期我国金融秩序比较混乱、金融机构不规范的背景下，金融监督的侧重点是维护金融秩序稳定，规范金融机构管理。

1995年3月颁布的《中华人民共和国中国人民银行法》第三十条规定，中国人民银行依法对金融机构及其业务实施监督管理，维护金融业的合法、稳健运行。

1995 年 5 月颁布的《中华人民共和国商业银行法》中，进一步提出了保护商业银行、存款人和其他客户的合法权益，规范商业银行的行为，提高信贷资产质量，加强监督管理，保障商业银行的稳健运行，维护金融秩序，促进社会主义市场经济的发展的金融监管目标。

2003 年 12 月 27 日颁布并于 2006 年 10 月 31 日修订的《中华人民共和国银行业监督管理法》第三条规定："银行业监督管理的目标是促进银行业的合法、稳健运行，维护公众对银行业的信心。银行业监督管理应当保护银行业公平竞争，提高银行业竞争能力。"

二、金融监管的原则

1997 年 9 月，世界银行和国际货币基金组织在香港年会上通过了巴塞尔委员会提出的《有效银行监管的核心原则》，这些原则的制定将是国际金融合作的一项重要成果，它涉及监管体系的基本因素，成为国际银行业监管共同遵守的原则。这些原则渗透和贯穿在监督管理体系全部工作的各个环节和整个过程的始终。其具体原则可以概括为以下几点。

（一）监管主体独立性原则

在《有效银行监管的核心原则》（以下简称《核心原则》）中明确，在一个有效的银行监管体系下，参与银行监管的每个机构要有明确的责任和目标，并应享有操作上的自主权和充分的资源。

促进有效银行监管需创造先决条件，这些条件主要有稳健且可持续的宏观经济政策、完善的公共金融基础设施、有效的市场约束、高效率解决银行问题的程序、提供适当的系统性保护（或公共安全网）的机制。

近年来，世界上一些国家不断发生金融危机，这些国家不断总结经验教训，推进金融体制重大改革，其中加强监管主体的独立性是重要一条。例如，在日本，随着 1998 年 4 月 1 日修改后的日本《外汇法》的实施，以自由、公平和全球化为宗旨的日本金融改革正式拉开了帷幕。重新修改后的日本《银行法》和《早期修正措施》也在同一天开始正式启动。新的日本《银行法》旨在加强日本银行作为中央银行的独立性，使日本银行更好地行使中央银行的职能。

（二）依法监管原则

《核心原则》中明确，适当的银行监管的法律框架是必要的，其各项条款应包括对银行的发照及持续监管，要求其遵守法律法规，保持安全稳健性，履行对监管者的法律保护。

显然，各国金融管理体制和风格各有不同，但在依法管理这一点上是共同的，这是由金融业的特殊地位所决定的。最主要的体现有两点：一是金融机构必须受国家金融管理当局的监督，不能有例外；二是金融监督必须依法执行。必须保持管理的权威性、严肃性、强制性和一贯性，才能保证它的有效性。而要达到这一点，金融法规的完善和依法管理是绝对不可缺少的。

（三）内控与外控相结合的原则

世界各国金融监管工作，从管理风格上来说，差异较大。美国和日本以外部强制监督管理为特征，而英国与许多西欧国家则更强调在诱导劝说基础上的自我约束、自我管理。这种不同的风格产生于不同的社会背景之下，前面已有分析。不同的监管风格各有利弊，可以相互补充。但是，无论是以外控为主还是以内控为主的国家，都需要外控、内控有机配合。例如，外部强制管理再缜密严格，也是有限的，假如管理对象不配合、不协作，而是设法逃避、应付，那么外部监督管理也难收到预期的效果；反之，如果将全部希望放在金融机构本身的内控上，则一系列不负责任的冒险经营行为和风险就难以有效地避免。因而，内控与外控相结合的原则非常必要。

外控机构，即发照机关必须有权制定发照标准并拒绝一切不符合标准的申请。发照程序至少应包括审查银行的所有权结构、董事和高级管理层、经营计划和内部控制，以及包括对资本金在内的预计财务状况等；当报批的所有者是外国银行时，首先应获得其母国监管当局的批准。在确保银行管理做到这一点方面，监管者起着关键的作用。监管程序的一个重要部分是监管者有权制定和利用审慎法规和要求来控制风险，其中包括资本充足率、贷款损失准备金、资产集中、流动性、风险管理和内部控制等方面。

内控即内部控制的目的是确保一家银行的业务能根据银行董事会制定的政策以谨慎的方式经营。只有经过适当的援助才可进行交易，资产得到保护而负债受到控制，会计及其他记录能提供全面、准确和及时的信息，而且管理层能够发现和评估业务的风险。内部控制包括三个主要内容：组织机构（职责的界定、贷款审批的权限分离和决策程序），会计规则（对账、控制单、定期试算等），“双人原则”（不同职责的分离、交叉核对、资产双重控制和双人签字等）。

（四）稳健运营与风险预防原则

金融机构要安全稳健地经营业务，是各国都要坚持的金融管理政策之一。安全稳健与风险预测及风险管理是密切相联的。安全稳健是一切金融监管当局监管工作的基本目标，而要达到这一目的就必须进行系统的风险检测与管理。因此，所有监管技术手段、指标体系，无一不是着眼于金融业的安全稳健及风险性预防管理。安全稳健并不是金融业存在与发展的终极目的，它的终极目的在于满足社会经济的需要，促进社会经济稳健协调的发展。

风险预防是监管者的重要权力。《核心原则》中指出，银行监管者必须掌握完善的监管手段，以便在银行未能满足审慎要求（如最低资本充足率）或当存款人的安全受到威胁时采取纠正措施。在极端的情况下，如果银行或其他金融机构已不具备继续生存的能力，在这种情况下，监管者可参与决定该机构被另一家更健康的机构接管或合并。当所有的办法都失败后，监管者必须有能力关闭或者参与关闭一家不健康的银行以维护整个银行单位的稳定性。

（五）母国与东道国共同监管原则

随着世界经济全球化的发展，跨国银行日趋增多，跨国银行的母国与东道国对其监管应有明确的责任。《核心原则》中指出母国监管者的责任是：银行监管者必须实施全球性并表监管，对银行在世界各地的所有业务进行充分的监测并要求其遵守审慎经营的各项原则，特别是其外国银行、附属机构和合资机构的各项业务。

东道国监管当局的责任是：银行监管者必须要求外国银行应按东道国国内机构所同样遵循的高标准从事当地业务，而且从并表监管的目的出发必须有权分享其母国监管当局所需的信息。

母国与东道国建立联系，交换信息，共同完成对跨国银行的监管。这种联系表现为，在东道国的监管当局发照之前要征求其母国监管当局的意见，在一些情况下，有些监管当局之间已经达成了双边协议，这些协议可以帮助确定分享信息的范围和一般情况下分享信息的条件，除非能就获取信息达成满足的协议，否则银行监管当局应当考虑禁止其国内银行在其保密法或其他法规不允许提供监管者所要信息的国家内建立机构开展业务。

第三节 金融监管体系

金融监管的组织体系，也称为金融监管体制，是指金融监管的职责、权力分配的方式和组织制度。由于各国经济金融的发展历史、政治、法律及文化传统各异，因而各国的金融监管体制也有所不同。金融监管的组织体系按不同划分标准可分为不同种类：一种是按监管主体的数量来分类，可以分为单一监管体制和多元监管体制，单一监管体制是指由中央银行或监管当局独家行使金融监管的职责，多元监管体制是指由中央银行和其他金融监管机构共同承担金融监管的职责；另一种划分方法是按照监管的业务范围来划分，可分为集中监管体制与分业监管体制，一般来说，实行单一监管体制的国家在监管范围上大都实行集中统一监管，而实行多元监管体制的国家在监管范围上大都实行分业监管，但这种对应也不是绝对的；还有一种是根据被监管机构的业务属性或机构属性划分，可以分为机构监管和功能监管。

一个科学合理的监管体制应具有前瞻性、有效性、灵活性等方面的特点。前瞻性是指能估计到未来相当一段时间内金融业的变化，并能在不断变化的环境中保持有效监管，不至于经常变换政策，或经常更换监管体制的安排；有效性是指监管体制的安排能够使金融监管当局以最低成本实现既定的监管目标，体制安排不仅要考虑技术上的可行性，还要考虑经济上的可行性；灵活性是指监管体制在不断变化的环境中能够自我调整、自我适应，既要防止监管松懈和对问题机构的过度宽容，又要避免不计成本的严厉管制带来的各种副作用，还要充分考虑未来监管的发展趋势。

一、集中监管体制和分业监管体制

（一）集中监管体制

集中监管体制是指由统一的监管主体对从事银行、保险、证券等不同类型业务的金融机构实施统一监管。实行集中监管体制的国家主要有英国、日本、韩国、澳大利亚、匈牙利、卢森堡、奥地利、比利时、荷兰、新西兰、瑞士等国。

影响一国金融监管体制的选择的因素是多方面的，理论上认为集中监管体制的优势在于：

1. 从规模经济和范围经济的角度看，集中监管体制可以降低监管者和被监管者的成本。集中监管体制下，监管机构充分利用共享资源，达到规模效应；与此同时，集中监管体制还可以以较低的成本为不同需求提供多种监管服务，实现范围经济。

2. 从监管冲突与监管疏漏角度讲，集中监管体制可避免分业监管体制容易引发的不公平竞争性、监管的重复交叉与遗漏等问题。监管冲突是由于不同机构的监管目标不同所致。监管冲突可能导致重复监管——相关监管机构部门都声称自己有管辖权，并给被监管者带来较高的成本；监管冲突还有可能导致监管疏漏——由于权责不清，部分监管事件可能给监管者带来不利影响，此时监管者会相互推诿。这在分业监管体制中普遍发生。

3. 从防范风险角度看，集中监管体制能较更有效地监督金融机构的所有业务经营，从而可更好地察觉不同业务部分潜在的支付危机。随着金融自由化和国际化的发展，金融创新和金融衍生产品层出不穷，金融机构之间相互渗透，传统金融机构间的功能边界逐渐模糊。从分业经营走向混业经营，金融机构之间以及金融机构不同业务之间的风险因素相互传递，变得更紧密相连。分业监管往往不能及时、有效地察觉和处置这些风险。

4. 从政策的稳定性角度看，集中监管体制下，监管政策具有一致性、稳定性、连续性，监管机构具有权威性、反应的及时性，能更加有效地利用监管资源。在日常监管中，单一全能监管机构可以用更加一致的监管原则、标准来加强监管，同时又能有效地考虑各业务品种的区别。

（二）分业监管体制

分业监管体制是根据金融业内不同的机构主体及其业务范围的划分而分别进行监管的体制，一般由多个金融监管机构共同承担监管责任。目前，实行分业监管体制的国家有美国、加拿大、法国、西班牙、芬兰等发达国家以及大多数发展中国家。

尽管集中监管体制受到青睐，并且实行集中监管体制的国家在不断地增多，但不少国家和地区依然坚持使用分业监管体制，甚至从总量上看还超过实行集中监管体制的国家。据统计，2002 年实行银行业和证券业统一监管、保险业单独监管的国家有 6 个，实行银行业和保险业统一监管、证券业单独监管的国家有 11 个，实行银行业单独监管、保险业和证券业统一监管的国家有 7 个，实行银行业、证券业、保险分业监管的国家有 33 个，另外有 22 个国家实行统一监管体制。

实行分业监管体制的理由。

1. 现在并在可预见的将来，银行业、证券业和保险业在其核心业务上仍会保持重要的区别。三者风险的性质不同，审慎监管就需要不同的方法。

2. 集中监管体制下，监管机构不可能有明确集中的目标和合理的监管，也不能在不同类型的机构和业务之间制定必要的区别。

3. 集中监管体制下，监管机构负责所有方面（系统、审慎和业务经营）和所有类型的金融机构，还会出现文化差异冲突。

4. 集中监管体制下，监管机构权力巨大且过于集中，缺乏权力的竞争和监督；更危险的是在执行监管时可能出现极端的官僚主义，对已出现的问题反应迟缓，降低监管效率。

二、机构监管和功能监管

（一）机构监管

机构监管（Institutional Regulation）是将金融市场上的金融机构按照从事行业的不同，划分为几种类型，然后对应不同类型的金融机构设置各类金融监管部门，划定每个金融监管部门的管辖范围，监管某一类型金融机构的监管部门不得越权监管其他类型的金融机构。换句话说，各监管部门的管辖范围是根据被监管金融机构的性质，如商业银行、证券公司、保险公司作为划分标准，而不以被监管金融机构是否从事其他行业的经营业务为标准。

通常来说，在机构监管模式下发展起来的各监管部门，因监管对象专业化经营，所以监管水平也高度专业化，在一定时期内极大地保证了金融体系的稳定和安全。在金融分业经营方式下，机构监管的基础是对金融机构性质差异的识别，金融业务越简单，分工越明确，行业界限越清楚，机构监管的效率就越高。在历史上，多数国家的金融监管体系都是从机构监管模式上发展起来的，由于这种模式更关注单个金融机构的实际经营状况，尤其适用于对银行的审慎监管，而银行资产在多数国家金融资产总量中占据主导地位，因此机构监管模式在较长一段时期被各国延续采用。此外，金融机构只需要接受一个监管部门的监管，可以避免监管部门的交叉监管和重叠监管，降低被监管者的成本，也间接降低了消费者的成本。

但是随着金融混业经营的深入，传统金融行业之间的界限日益模糊，机构监管的不足之处也显现出来。第一，不同金融机构经营同类金融业务，在机构监管模式下不能实现监管标准统一。如果一家银行和一家证券公司都经营证券承销业务，但按照机构监管模式，银行接受银行监管者监管，证券公司接受证券监管者监管，而监管者之间的监管规则和监管手段不尽相同，这就会出现同类业务按照不同的监管标准进行监管的情况，造成监管差别，进而某些金融机构可以借此获得特殊的竞争优势，打破市场公平竞争的局面。第二，从事混业经营的金融集团利用自身控股或关联关系，将其业务转移和分散，从而实现“监管套利”（Supervisory Arbitrage）的目的，比如将某项业务或产品从一个子公司或部门，转移到受监管最少或者监管成本最低的子公司或部门。第三，在机构监管模式下，每个监管部门为了实施对被监管机构的有效监管，在其部门内部必须安排一定的组织机构，比如监管规则的指定机构、监管执法机构、日常保障机构等，而事实上各监管部门内的一些机构在工作性质上是相同或类似的，这样其实是对社会资源的一种浪费。

（二）功能监管

功能监管（Functional Regulation），改变了机构监管模式的制定依据，它根据金融机构的基本功能设计金融监管模式，相似的功能应当接受相同的监管，即某一类具体的金融活动由同一个监管者负责监管。提出功能监管概念的代表人物是曾获诺贝尔经济学奖的哈佛大学商学院的默顿和博迪两位教授，其观点来自于有关金融体系的“功能观”学说。

基于功能划分的监管模式比机构监管模式更便于政府的监管。原因如下：第一，功能观点具有前瞻性，着重于摸清金融业务的规律，预测未来金融机构因业务发展可能出现的组织结构变化。而监管部门可以基于这些预测，设计更为灵活的监管规则和监管方式，而不是试图维持现有金融机构的组织形式。第二，从功能的角度制定监管的规则更持久，减少监管反复的成本，促进交易环境的相对稳定。尽管金融机构之间的界限被模糊混同，金融商品种类繁多，但是从功能的角度看其经营的业务和提供的服务却是同质的，并且在长时间内是相对稳定的。第三，功能监管模式下，金融机构无论如何转移其业务，最终都接受同一监管机构的监管，所以减少了被监管者机构“监管套利”的可能性。

功能监管模式大大地拓展了金融监管理论的范畴，把金融监管理论的研究推向了一个新的水平。同时在实践中，功能监管模式对美国和很多国家的金融监管法制产生了重大影响。1999 年美国国会通过的《金融服务现代化法》就是功能监管模式的法律实践。该法打破《格拉斯—斯蒂格尔法》以前的限制，允许保险、银行和证券公司相互成立联营企业，允许三种金融业务在金融控股公司内混业经营。在法律的名称上，银行业务改称为金融服务，就是要涵盖银行和非银行的全部金融活动。

但是在这种情形下功能监管模式也存在着明显缺点。不加区分金融机构性质的监管，由于同一监管对象经营多种业务，可能导致该监管对象被重复监管。功能监管模式的另外一个重要不足之处是，功能监管强调监管金融机构的业务种类，但是防范金融风险并不是仅靠监管金融机构的经营业务就足够的，导致金融机构出现问题甚至破产的因素有很多种，一个正常经营的金融机构可能因为突发性的挤兑而破产。纯粹的功能监管模式，不能从整体上认识监管对象所面临的风险，各个监管机构对于监管对象整体的风险管理水平、应对危机的能力和清偿能力没有全面的把握。所以功能监管并不足以覆盖整个金融体系的风险，尽管监管金融机构的经营业务具有重要意义，但当出现严重的风险时，确保金融机构的偿付能力比监管其经营业务更为重要。

由于机构监管与功能监管各有利弊，且都不完全适应现有的金融混业经营带来的监管需求。世界银行的 Charles Goodhart 和 Michael Taylor 于 1998 年和 1999 年分别提出了基于金融监管的目标来构建监管体系的思想。其核心观点是，设计监管结构的最高标准，应当是实现监管基本目标方面的监管高效率和监管有效性，因此理论上最适合的办法，是直接根据监管目标设计监管结构，使金融监管的三个方面，即系统监管、审慎监管和业务监管均能实现各自的目标。他们认为，实施有效监管的前提是，首先明确监管的目标，然后将实现监管目标的权力准确无误地授予监管机构；提高监管的有效性和监管透明性，就必须让监管者的权责明确；监管机构明确了各自的监管目标、权责，进而明确各自应当监管的重点，才会避免各监管目标之间潜在的冲突。对于混业经营的金融集团，适用单一监管是否比目标监管更有效这一问题，他们认为由于监管目标的不同需要，监管理念、监管规则和监管方法存在着较大差异，如果用单一监管机构进行监管，不利于解决由监管利益冲突所带来的问题。因此，在根据监管目标设立监管机构时，可能采用多个机构的选择。

三、主要国家监管体制的比较

（一）英国

20 世纪 70 年代以前，英国金融业务方面分工比较明确，实行分业经营，自律监管。20 世纪 70 年代以来英国金融业发生了巨大变化：银行业、保险业、投资业彼此渗透，越来越多的非金融机构经营金融产品和服务；金融机构之间或与其他非金融机构之间的兼并常伴随业务的重整和扩展；IT 业的发展带来了金融业的技术革命；英国政府也逐渐放松对金融领域的限制以引入竞争，为消费者提供更多选择，保持和强化英国金融业的竞争力。

1998 年 6 月 1 日之前英国实行的是分业监管：英格兰银行监督与管理委员会监管银行业，证券与期货管理局监管证券公司，财政部保险业董事会监管保险公司，投资监管局监管投资经理及基金经理，私人投资监管局监管退休基金顾问。1998 年英国将银行监管职能从英格兰银行分离出来，成立了金融服务监管局（FSA，简称金管局），统一负责对银行、证券、保险以及其他非银行金融机构的监管（见图 9 - 1）。

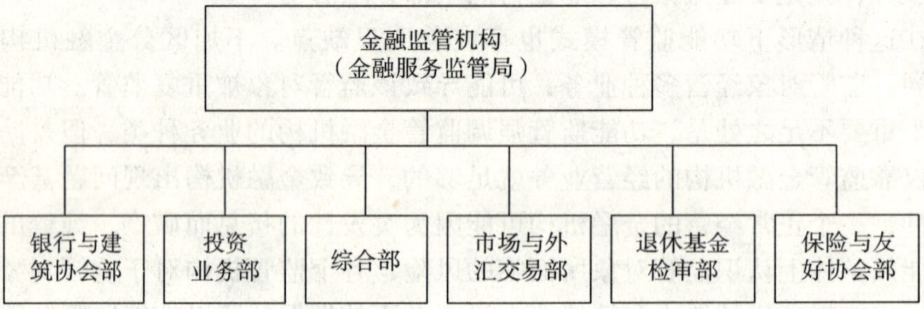

图 9 - 1　英国金融服务监管局结构示意图

金融服务监管局的运作非常成功。2000 年 6 月 14 日，《2000 年金融服务和市场法》在英国下议院获得通过，该法确认成立英国唯一的金融监管机构——金融服务监管局。2001 年 12 月 1 日，原有的监管机构一律停止运作，金融服务监管局开始全面行使其职能。《2000 年金融服务和市场法》是英国金融业的基本法，该法以法律形式确定了金融服务监管局是英国唯一独立的、对金融业实行全面监管的执法机构，明确了金融服务监管局以及被监管者的权利、责任及义务，统一了监管标准，规范了金融市场的运作。该法对英国金融业乃至世界金融业都产生了深远影响。

根据《2000 年金融服务和市场法》，金融服务监管局的监管理念是：（1）运用谨慎的规则来监管，而非以控制为基础去实现监管；（2）大量运用在外部的、保持一定距离的监管，而不是以到银行内部调查为基础去实现监管；（3）在监管中充分重视被监管者的会计报告；(4) 发挥专业人员的作用进行监管。

在新的环境下，英格兰银行、财政部、金融服务监管局三者仍然密切合作，但其分工亦很明确。英格兰银行负责英国金融体系和货币体系的整体稳定及其基础设施（如支付系统）的特殊支持，财政部负责法规和制度的整体框架建设和支持，金融服务监管局负责对金融机构、金融市场及服务于该市场的专业机构和个人、清算和支付系统、有问题的金融案例进行谨慎的监管。金融服务监管局现有2 200名雇员，70%来自于原英格兰银行的监管部门，其余来自其他监管机构。金融服务监管局是一个非营利性机构，经费来源完全靠收费，有很大独立性。

(二) 日本

从第二次世界大战后到日本金融改革前近半个世纪里，日本的金融体系是按照不同行业高度区分开来的，这主要是战后日本是在美国的管控下建立起了金融体系，因此其监管模式近乎完全效仿美国。

20世纪90年代初日本经历了银行危机和房地产泡沫破裂，政府下决心改变原有监管体制，实施一元化金融监管改革。1993年颁布的《金融系统改革法》原则上取消了银行与证券公司原有的界限，证券公司被允许提供诸如自动支取、活期存款等类似银行账户的服务。1996年出台了《日本金融制度改革——2001年东京市场的复兴》改革法案，标志日本版的"金融大爆炸"开始。1998年，日本参议院通过《金融体系改革一揽子法》，由涵盖证券交易法、银行法、保险法和投资信托法等24部与金融体系改革有关的法律组成，允许设立金融控股公司并提供一站式的金融服务。

以1998年的《金融体系改革一揽子法》为起点，日本开始对其金融监管体制进行大幅度的机构调整和改革。1997年，日本通过《金融监督厅设置法》及后续法案，削弱大藏省的监管权，将大藏省内的金融检查部、证券交易监督委员会以及银行、证券、保险各机构的监管职能分离出来，统一由金融监督厅负责执行，增强了监管机构的独立性，加强了风险管理和风险防范能力。2001年，金融监督厅正式更名为金融厅，即日本版FSA，接收了金融监督厅和负责政府向银行注资的金融重整委员会的全部职能。

金融厅现在全面负责日本金融监管职能，同时负责应对金融危机，而大藏省则主要承担制定金融政策和拟定金融立法的职能。2006年，日本通过了《金融商品交易法》，取代了原有的《证券交易法》，将《金融期货交易法》、《投资顾问法》等法律统合到该法中，将证券这一定义扩展为金融商品，原有证券交易改称为金融商品交易，证券交易所改称为金融商品交易所。

总体来说，目前日本金融监管体系在改革后有以下显著特征：第一，强化金融监管机构的独立性。金融厅脱离了大藏省的直属领导，成为日本金融监管最高权力机构，独立并全面实施金融监管职能。第二，实现统一监管。金融厅通过在监管部门内部设立负责协调各监管工作的总务机构，促进了监管机构内部的协调统一和信息共享，实现了统一监管，提高了监管水平。第三，改变了机构监管模式。金融厅改变了原有按照机构类型划分监管权限的机构监管模式，吸收功能监管的理念，按照监管业务的性质对其内部监管机构进行结构重组，成立专业监管部门。第四，减少行政干预，增强市场约束机制。金融厅遵照巴塞尔协议的要求，对金融机构运营的监管主要是通过加强信息披露和外部审计来实现，减少行政命令的直接干预。金融厅缩小了行政监管范围，更关注宏观方面如金融制度的确立、经营的合规性与稳健性、金融系统风险监管的内容，而不干预金融机构的正常经营业务。

（三）美国

美国金融监管是由多个机构进行的。从监管范围看，各监管机构虽有交叉，但都有各自的侧重点，基本属于分业监管体制。由于历史原因，美国的监管体制分为联邦和州两级，称为双线多头监管体制。联邦一级的监管机构：（1）联邦储备体系，负责监管联储会员银行及银行持股公司。所有国民银行（指依照联邦法律登记注册的银行）都必须加入联邦储备体系成为会员银行，而州立银行（指依照各州法律登记注册的银行）可自由选择是否加入。（2）货币监理署，负责审批和检查国民银行，侧重于检查银行内部是否有建立在风险管理基础上的完善的内部控制体系。（3）联邦存款保险公司，主要监督参加保险的非会员银行及州注册储蓄银行。（4）国家信用合作管理局，管理和监督信用合作社和协调各管理机构之间及同各州监督官员之间的关系。（5）证券交易委员会，是根据1934年《证券交易法》所设立的专门的证券管理机构，代表政府发布并解释有关证券的行政命令、决议和规定，并组织贯彻实施，对证券市场及证券交易进行管理，收集并传送信息。另外，在州这一级，50个州都有自己的银行立法和银行监管机构。双线监管体制造成联邦政府与州政府在监管方面形成了既重叠又竞争的关系，极大地影响了整个金融监管的效率。为解决这一问题，1978年美国成立了联邦金融机构检查委员会，该委员会成员由货币监理署、联邦存款保险公司、储蓄监管办公室、国家信用合作管理局的第一把手和美联储的一位理事组成，各家轮流担任主席，下设专职办公室和几个工作组，负责协调和统一联邦级监管机构的政策和活动。

1999年的《金融服务现代化法》对美国的监管体制产生了重大影响：第一，统一了监管理念和目标。过去，美国各领域的监管目标是不一致的，证券监管机构的目标是维护市场的公平与秩序，强调证券发行人和经纪人充分披露信息，不得有欺诈行为；银行监管关注银行系统的安全与稳健运营，监管者作为最后贷款人或作为存款保险的信用支持者对银行系统的监管深入到银行经营的各个方面；对保险业的监管主要体现在稳健经营与被保险人的利益方面，关注的是各保险公司的偿付能力。由于各监管机构的出发点和监管指标体系不同，操作方式不同，几家监管机构对同一实体的不同业务乃至总体状况所做出的判断结论可能存在较大差异。在新法基础上，不同监管机构和不同理念基本达到了统一。第二，美国的金融监管开始采纳功能监管模式，并辅之以伞形监管架构。由于新法废除了《1933年银行法》的分业经营限制，允许金融机构以设立金融控股公司的方式实施混业经营，为了适应这一变化，美国监管体制也进行了重大变革，这种变化的实质，是在不改变金融监管机构的条件下，通过修改授权法案，改革监管运行机制，而不是另起炉灶式的改革。金融控股公司作为监管的对象，因其包含银行子公司，而受到美联储的综合监管，而证券子公司、保险子公司则按照功能监管的原则，分别受其他监管机构管制。虽然《金融服务现代化法》明确提出了功能监管的理念，并引入功能监管的做法，但是，无法遁形的美国公司与金融丑闻告诉世人，实际情况远未实现功能监管的目标。它并没有建立起一个严格意义上的功能监管体制，没有从本质上改变美国现有的银行、证券和保险三足鼎立的机构监管模式，充其量也就是对于现有监管体制下权力分配的一个微调。

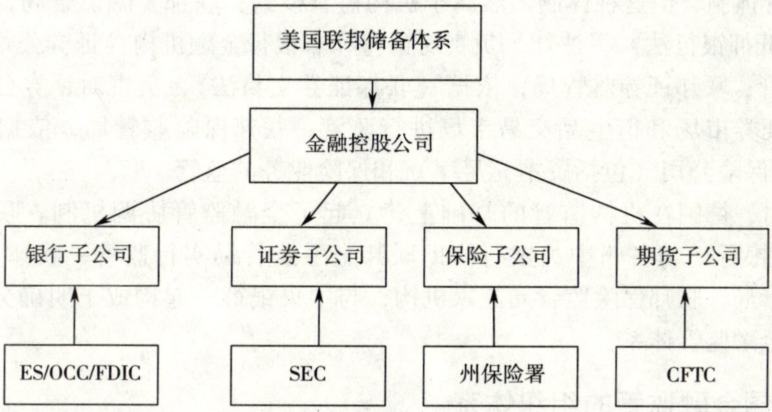

图 9－2 美国伞形监管模式

（四）德国金融监管体制

德国的金融体系一言蔽之，就是最纯粹、最极端的金融混业经营模式。不仅德国的金融机构可以实行混业经营，而且任何在德国获得经营许可的外国银行也都可以实行混业经营。在这种混业经营下，一家金融机构法人（通常是银行），可以拥有多个金融经营执照，从事各类金融业务，因此被称为全能银行。全能银行与金融控股公司的主要区别就在于，金融控股母公司与子公司之间只是控股与被控股的关系，各方都是独立的法人，各子公司仍然是分业经营，而在母公司层面才是混业经营，同时母公司还设立防火墙以防止各子公司之间业务混同。而德国《银行法》下的全能银行只有一个法人主体，既可以从事存储放贷和票据贴现业务，也可以同时进行证券投资、金融租赁业务，还可以控制非金融企业股权。

但是德国对于全能银行的监管却并不采用统一的监管模式，而是一种类似“混业经营、分业监管”的机构监管模式。在历史上，德国也曾经经历过完全由中央银行负责货币政策与金融监管职能的时期，没有专门的金融监管机构，呈现出统一监管的态势。但在 1961 年德国《银行法》颁布后，德国成立了独立的联邦银行监管局，直接隶属于财政部，多年来在银行监管中发挥着中心作用。而对于证券业务和保险业务，德国也成立了两个同样隶属于财政部的联邦监管机构，联邦证券监管局和联邦保险监管局，形成了银证保机构监管模式。

进入 21 世纪，德国政府为了提高本国的市场竞争力，加强德国在全球金融领域的地位，开始推进金融监管体制改革。2002 年德国《统一金融服务监管法》正式通过，新成立了德国金融监管局，取代了银行监管局，并吸收了联邦保险监管局、联邦证券监管局的部分职能。金融监管局直接负责监管国内 2 700 家银行、800 家金融服务机构以及

700家保险企业。金融监管局脱离联邦财政部的隶属管辖，成为独立的法人，仅在业务工作上接受联邦财政部的监督指导。在经费来源上，全部来自监管对象的缴费，其收费标准按照被监管者资产总量的一定比例收取，而支出只接受联邦审计院的审计监督，从而收支完全独立。总部设在波恩，无任何分支机构。金融监管局成立后，德国形成了现有的金融监管体制，但这种体制仍然属于机构监管模式：联邦金融监管局，依据《联邦银行法》、《抵押银行法》等法律，负责对银行和非银行金融机构（证券公司、保险公司除外）的监管；联邦证券监管局，依据《联邦证券交易法》，负责对证券公司和证券业务，以及对证券市场和衍生品交易市场进行监管；联邦保险监管局，依据《保险监管法》，负责对保险公司（包括资本充足率）和保险业务的监管。

与此同时，德国在机构监管的基础上建立起了金融监管协调机制。联邦中央银行（德意志联邦银行）与各州中央银行协助联邦金融监管局实行监管；联邦金融监管局、联邦证券监管局、联邦保险监管局三家机构，与中央银行一起构成了明确分工、相互协调的多层次金融监管体系。

四、我国金融监管的组织体系

我国的金融监管体制是在改革开放后，伴随着金融体制改革和金融体系的形成逐步建立和完善起来的。1984年1月，中国工商银行成立，专门办理工商信贷和城镇储蓄业务，同时，中国人民银行专门行使中央银行职能。由于政府的行政干预过多，中央银行缺乏足够的独立性，中央银行的金融监管，力不从心。

我国从1994年开始进行金融体制改革，改革的重点是加强中央银行独立性、专业银行商业化、整顿金融秩序和规范业务领域等。1995年3月18日，第八届全国人民代表大会第三次会议审议通过了《中华人民共和国中国人民银行法》。该法赋予了中国人民银行依法监督全国金融业的职责。该法第三十条规定：中国人民银行依法对金融机构及其业务实施监督管理，维护金融业的合法、稳健运行。

1992年底，国务院证券委员会和中国证券监督管理委员会在北京成立，负责证券发行市场和证券流通市场的监管。当时，由中国人民银行负责证券经营机构的审批和其业务范围的监管。1998年4月，国务院证券委员会与中国证券监督管理委员会合并，新的中国证券监督管理委员会成立，对证券经营机构的监管职能从中国人民银行转移到证监会，地方证券管理部门改由中央统一领导。1999年7月1日，《中华人民共和国证券法》实施，为证券业的监管提供了法律依据。此外，中国保险监督管理委员会于1998年11月18日成立，为国务院直属事业单位，是全国商业保险的主管机构，原中国人民银行依法监管保险业的职能移交给保监会。2003年4月26日，十届全国人大二次会议决定中国银行业监督管理委员会履行原由中国人民银行履行的监督管理职责。4月28日，中国银监会正式挂牌。银监会的成立是我国金融体制改革中极其重要的一步，是完善宏观调控体系、健全金融监管体制的重大决策。它的成立标志着中国人民银行集宏观调控与银行监管于一身的管理模式的结束，取而代之的是分业经营、分业监管体制的确立（见图9－3）。

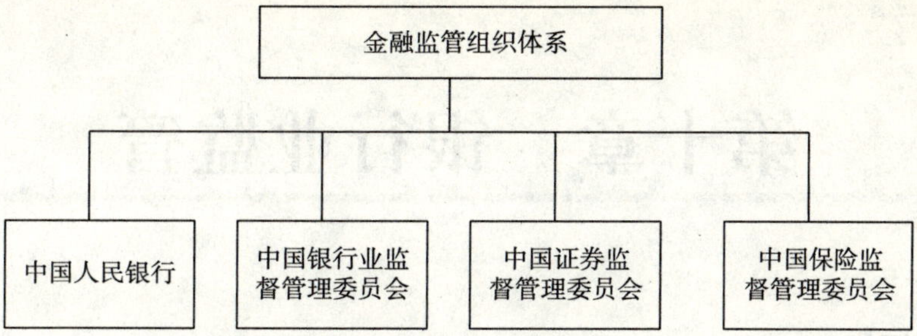

图 9-3 中国的分业监督管理体制

由于目前我国金融机构内部控制能力较弱、资本市场发育不成熟、金融风险防范监控体系不严密、金融监管水平低、金融立法滞后等原因，我国当前坚持分业经营、分业监管还是必要的。但随着金融自由化和金融创新的发展，混业经营和集中统一监管乃是大势所趋，我国应积极创造条件，适应国际金融监管的发展方向。

【复习思考题】

1. 什么是金融监管？为什么要进行金融监管？
2. 金融监管的总体目标和具体目标是什么？
3. 金融监管的基本原则是什么？
4. 试比较集中监管体制和分业监管体制的优劣。
5. 试比较功能监管和机构监管。
6. 试述中国金融监管体制的基本框架及未来发展趋势。

【参考文献】

[1] 王广谦:《中央银行学》，北京，高等教育出版社，2006。

[2] 陈学彬:《中央银行概论》，北京，高等教育出版社，2007。

[3] 曹龙琪:《中央银行概论》，成都，西南财经大学出版社，2003。

[4]《金融监管理论与实务》编写组:《金融监管理论与实务》，北京，中国金融出版社，1999。

[5] 白钦先:《金融监管的国际协调与合作》，北京，中国金融出版社，2003。

[6] 郭田勇:《金融监管教程》，北京，中国金融出版社，2009。

[7] 童适平:《中央银行学教程》，上海，复旦大学出版社，2004。

[8] 付一书:《中央银行学》，上海，复旦大学出版社，2007。

第十章　银行业监管

【本章概要】

现代金融业的发展不断强化银行业在经济体系中的核心地位，使银行业风险防范与控制问题日益突出。本章对银行监管机构对银行业实施的市场准入监管、日常经营监管与市场退出监管进行了介绍，并分析了巴塞尔协议对我国银行业监管的影响。

【要点提示】

1. 市场准入监管是银行业监管的首要环节，通常包括机构准入监管、业务准入监管及高级管理人员准入监管。

2. 风险监管是通过识别并评估商业银行所固有的各类风险，系统、全面、持续地评价一家银行的经营管理状况的监管方式。风险监管已经成为国际银行业监管的共识和发展方向。

3. 市场退出是监管机构吊销银行经营许可证，取消其作为金融机构的资格的监管行为。对于规范行业竞争，维护金融体系的平稳运行具有积极意义。

4. 巴塞尔协议是国际金融监管和风险管理的基本框架。巴塞尔协议在我国的实施将有助于推动银行监管技术进步，强化市场约束的有效性，增强银行体系的安全性。

【内容架构图】

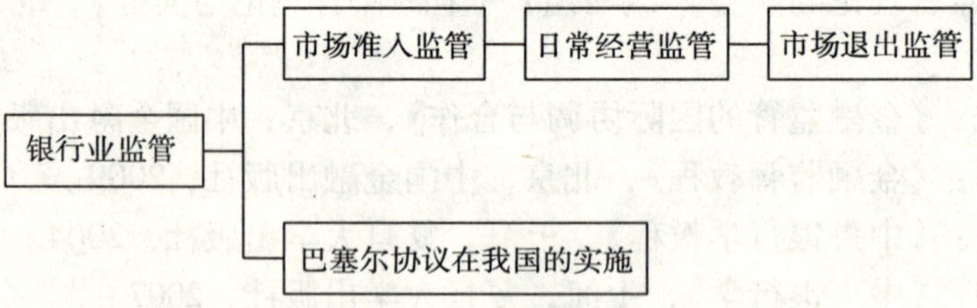

第一节 市场准入监管

在历史上，对银行的市场准入有过四种不同的原则。一是自由主义，法律对银行的市场准入不予规定，银行可以自由设立而毋须经注册登记的程序。二是特许主义，银行的设立必须经过特别批准，每设立一家银行就须颁发一道特许批准令。三是准则主义，法律规定银行的设立条件，只要符合法律规定的设立条件即可申请注册，毋须监管当局批准。四是核准主义，又称审批制，是指商业银行的设立除了要具备法律所规定的条件外，还须报请主管当局审核批准。审批制已经成为现代银行市场准入的通行制度。

我国1995年以后相继颁布了《中华人民共和国商业银行法》(2003年修正)、《中华人民共和国银行业监督管理法》、《中国银行业监督管理委员会关于调整银行市场准入管理方式和程序的决定》等法规文件，对银行业的市场准入问题作出了明确的规定。根据法律规定，我国设立商业银行应当经过中国银行业监督管理委员会批准，未经批准，任何单位和个人不得从事吸收公众存款等商业银行业务，任何单位不能在名称中使用“银行”字样。

一、银行业市场准入监管的基本内容

(一) 最低注册资本金限额

资本金在商业银行的经营活动中发挥重要作用。资本金的存在不仅对银行风险行为形成约束，减缓道德风险，还可以吸收意外损失，抵御风险，降低破产的可能性。另外，资本金向公众表明银行用自有资金承担风险的意愿和能力，对于建立和维护存款人信心也具有积极意义。因此，从保护存款人利益与维护金融体系稳定的角度出发，对银行注册资本金的审核成为目前世界各国对银行准入监管的重要环节。对注册资本金的审核主要涉及对最低注册资本限额的要求以及对资本来源的要求两个方面。

各国金融监管当局会根据本国经济发展水平等因素制定银行设立的最低注册资本限额。如美国的《国民银行法》规定，国民银行的起始资本在扣除筹建开支后须达到100万美元；英国规定设立银行需要500万英镑以上的资本额；德国要求办理存款业务的各类银行的最低资本金数额为600万德国马克；日本规定设立银行必须以合股公司的形式成立，其最低资本金数额是20亿日元；我国香港地区持牌银行的最低资本限额为3亿港元，台湾地区为100亿元新台币或2.94亿美元。我国《商业银行法》规定，设立全国性商业银行的注册资本最低限额为10亿元人民币，设立城市商业银行的注册资本最低限额为1亿元人民币，设立农村商业银行的注册资本最低限额为5 000万元人民币。注册资本应当是实缴资本。国务院银行业监督管理机构根据审慎监管的要求，可以调整注册资本最低限额，但不得少于前款规定的限额。

为确保资本的质量，防止银行股东的经营风险向银行转移，多数国家规定银行股东必须以自有资金向银行入股，如德国、瑞士、加拿大、俄罗斯、韩国、巴西、中国等；也有部分国家和地区允许股东使用借入资金作为首期缴付资本，如美国、英国、法国、日本、新加坡、我国的香港地区和台湾地区。

（二）高级管理人员素质

对银行高级管理人员的素质审核主要包括品质、能力、经验与信誉等方面。美国的商业银行审批机关主要考察高级管理人员的财产状况、信用情况、银行从业经历和其他行业工作经历，重点是信用情况。英格兰银行要求一家商业银行的业务经营至少由两名知识经验丰富、有管理决策能力的人进行有效的管理。日本银行法规定，银行业许可证的申请人须拥有足够的财产以能健全而有效地开展银行业务，办理该项业务的收支要具有良好的可行性，同时，申请人还须具有准确、公正、有效地开展银行业务的知识、经验以及足够的信用。

我国《中国银行业监督管理委员会中资商业银行行政许可事项实施办法》中对高级管理人员的素质要求包括：（1）具有完全民事行为能力的自然人；（2）遵纪守法，诚实守信，勤勉尽职，具有良好的个人品行；（3）具有与拟任职务相适应的知识、经验及能力；（4）具有良好的经济、金融从业记录；（5）熟悉经济金融的法律法规，有良好的合规经营意识；（6）能与金融监管机构进行充分的信息沟通，并积极配合金融监管机构的工作；（7）银监会规定的其他条件。拟任人有下列情形之一的，不得担任中资商业银行董事和高级管理人员：（1）有故意犯罪记录的；（2）对曾任职机构违法违规经营活动或重大损失负有个人责任或直接领导责任，情节严重，被有关行政机关依法处罚的；（3）在履行工作职责时有提供虚假材料等违反诚信原则行为的；（4）被金融监管机构取消终身的董事和高级管理人员任职资格，或累计2次被取消董事和高级管理人员任职资格的；（5）累计3次被金融监管机构行政处罚的；（6）与拟担任的董事或高级管理人员职责存在明显利益冲突的；（7）有违反社会公德的不良行为，造成恶劣影响的；（8）个人或其配偶有数额较大的到期未偿还的负债，或正在从事的高风险投资明显超过其家庭财产的承受能力的；（9）法律、行政法规及银监会规定的其他情形。

（三）银行经营范围

银行的经营范围一般在银行章程中予以明确，银行业监督管理机构在银行设立时即已对其业务范围作了规定。银行应当严格按照被批准的业务范围从事业务活动。在对银行经营范围的限定上，存在分离型与全能型两种业务制度。分离型业务制度是指以吸收存款为主要资金来源的商业银行不能同时经营证券投资、包销和买卖私人债券及股票的业务；同时，经营证券投资的投资银行也不得经营吸收存款、发放贷款等商业银行所从事的业务。全能型业务制度是指法律允许商业银行、投资银行和保险机构之间的业务相互交叉与融合的业务制度。

1929—1933年资本主义大萧条后，美国国会于1933年通过了《格拉斯—斯蒂格尔法》，在世界上最先确立了分离型银行业务制度。该制度要求商业银行与投资银行分业经营、分业管理，不允许商业银行购买股票，以证券作质押的贷款不得超过证券价值的50%，而且禁止投资银行与商业银行的业务交叉。这项制度随后被大多数国家所效仿。然而，从20世纪50年代开始，由于金融创新的大量涌现，银行在实践中出现了许多规避银行法规限制的业务活动，使得原来在商业银行与投资银行之间的业务界限越来越模糊。1986年，英国颁布《金融服务法案》，宣布银行业可以直接进入证券交易所进行交易，从而确立了英国金融业混业经营的新时代。日本于1992年通过《金融制度改革法》，准许不同行业的金融机构以子公司方式实行混业经营。1999年美国也通过了《金融服务现代化法》，废除了《格拉斯—斯蒂格尔法》，在法律上允许商业银行、投资银行和保险机构之间业务的相互融合，确立了全能型银行业务制度。

我国的金融业目前仍实行分离型业务制度，商业银行不得从事信托投资和股票业务，不得投资于非自用不动产，不得向非银行金融机构和企业投资。但是在混业经营的全球化背景下，我国的银行经营范围准入制度也将面临实践的挑战。

二、我国商业银行设立和开业的程序

1. 根据审批权限提出设立申请。设立商业银行必须向国务院银行业监督管理机构提出申请，并提交下列文件、资料：申请书，申请书应当载明拟设立的商业银行的名称、所在地、注册资本、业务范围等；可行性研究报告；国务院银行业监督管理机构规定提交的其他文件、资料。

商业银行根据业务需要可以在中华人民共和国境内外设立分支机构，设立分支机构必须经银行业监督管理机构审查批准。在中华人民共和国境内的分支机构，不按行政区划设立。商业银行在中华人民共和国境内设立分支机构，应当按照规定拨付与其经营规模相适应的营运金额。拨付各分支机构营运资金额的总和，不得超过总行资本总额的60%。

2. 设立商业银行的申请经审查符合《商业银行法》第十四条规定的，申请人填写正式申请表，同时提交相关的文件和资料。设立商业银行应提交：章程草案，拟任职的董事、高级管理人员的资格证明，法定验资机构出具的验资证明，股东名册及其出资额、股份，持有注册资本5%以上的股东的资信证明和有关资料，经营方针和计划，营业场所、安全防范措施和与业务有关的其他设施的资料，国务院银行业监督管理机构规定的其他文件、资料。

设立商业银行分支机构，申请人应当向国务院银行业监督管理机构提交下列文件、资料：申请书，申请书应当载明拟设立的分支机构的名称、营运资金额、业务范围、总行及分支机构所在地等；申请人最近两年的财务会计报告；拟任职的高级管理人员的资格证明；经营方针和计划；营业场所、安全防范措施和与业务有关的其他设施的资料；国务院银行业监督管理机构规定的其他文件、资料。

3. 经批准设立的商业银行，由国务院银行业监督管理机构颁发经营许可证并凭该许可证向工商行政管理部门办理登记，领取营业执照。

4. 开业和公告。取得营业执照后，商业银行即告成立，由国务院银行业监督管理机构予以公告。必须在取得营业执照之日起的6个月内开始营业，如果自取得营业执照之日起无正当理由超过6个月未开业的，或者开业后自行停业连续6个月以上的，由国务院银行业监督管理机构吊销其经营许可证，并予以公告。

第二节 日常经营监管

一、银行日常经营监管政策

风险监管是指通过识别商业银行所固有的风险种类，进而对其经营管理所涉及的各类风险进行评估，系统、全面、持续地评价一家银行的经营管理状况的监管方式。这种监管方式关注银行的业务风险、内部控制和风险管理水平，检查和评价涉及银行业务的各个方面，是一种全面、动态掌握银行情况的监管。风险监管已经成为国际银行业监管的共识和发展方向。巴塞尔银行监管委员会在总结各国监管实践的基础上，于1997年9月发布了《有效银行监管的核心原则》，该文件共25项内容，每一部分都贯穿着风险监管的主线。文件指出：监管程序的一个重要部分是监管者制定和利用审慎法规的要求来控制风险，其中包括资本足充率监管、贷款损失准备监管、资产集中度监理、流动性监理、风险管理和内部控制等方面。这已成为各国制定监管政策的主要内容。

（一）资本充足率监管

资本充足率是指资本对加权风险资产的比例，是评价银行自担风险和自我发展能力的一个重要标志。根据1988年巴塞尔委员会颁布的关于统一国际银行资本衡量与资本标准的协议规定，银行资本与加权风险资产的比例不低于8%，核心资本与加权风险资产的比例至少为4%。其中，银行总资本分为一级资本（核心资本）和二级资本（附属资本），资本的构成如表10－1所示。协议规定，二级资本的总额不得超过一级资本总额的100%，长期次级债务不得超过一级资本的50%，一般储备金/一般呆账准备金的数额不得超过风险资产的1.25%，以未实现的证券潜在收益形式存在的资产重估储备需打55%的折扣。

表10－1　　银行资本构成

资本	资本构成
一级资本	（1）实收资本：包括已发行并全额实缴的普通股和永久性非累积优先股；（2）公开储备：通过留存收益或其他盈余，如股票发行溢价、留存利润、一般准备金和法定准备金的增值而创造和增加的部分
二级资本	（1）非公开储备只包括虽未公开，但已反映在损益账上并为银行的监管机构所接受的储备；（2）资产重估储备包括银行自身固定资产的正式重估增值和有价证券名义增值；（3）一般储备金/一般呆账准备金是用于防备目前还不能确定的损失储备金或呆账准备金；（4）混合（债务/股票）资本工具是一系列同时具有股本资本和债务资本特性的工具，如美国的强制性可转换债务工具等；（5）长期次级债务包括普通的、无担保的、原始期限最少在5年以上的资本债券与信用债券
扣除	（1）一级资本中要扣除商誉；（2）总资本中要扣除对不并表的银行与财务附属公司的投资和对其他银行与非金融机构的资本投资

协议还规定了银行资产负债表内的资产风险权重，如表10－2所示。协议很重视表外项目给银行带来的风险，因此将表外项目也包括在衡量资本充足性的框架中，采用的办法是把表外科目中所有项目（包括创新金融工具）的本金数额乘以相应的转换系数，

乘出的数额按表内同等性质的项目进行加权，从而获得相应的风险资产额。协议将表外融资工具和方式分为五类，其换算系数如表 10－3 所示。

表 10－2　　资产负债表内的风险权重

风险权重	项目
0	（1）现金；（2）以一国货币计价并以该货币融资的对中央政府和中央银行的债权；（3）对经合组织中央政府和中央银行的其他债权；（4）以经合组织中央政府证券作为抵押或由经合组织中央政府担保的债权
20%	（1）对多边开发银行（国际复兴开发银行、泛美开发银行、亚洲开发银行、非洲开发银行、欧洲投资银行）的债权；（2）对经合组织国家注册银行的债权，以及由经合组织国家注册银行提供担保的贷款；（3）对经合组织以外国家注册银行剩余期限在 1 年以内的债权和由经合组织以外国家注册银行提供担保的剩余期限在 1 年以内的贷款；（4）对非本国的经合组织国家公共机构（不包括中央政府）的债权，以及由这些机构提供担保或以其所发证券为抵押的贷款；（5）托收现金
50%	（1）以已是或即将是借款者出租或使用的住宅为抵押的贷款
100%	（1）对私人部门的债权；（2）对经合组织国家之外注册银行的债权，剩余期限在 1 年以上；（3）对经合组织以外中央政府的债权（以本国货币计价的除外）；（4）对公共部门所属的商业公司的债权；（5）办公楼、厂房设备和其他固定资产；（6）不动产和其他投资（包括未并表的对其他公司的投资）；（7）由其他银行发行的资本工具（从资本中扣除的除外）；（8）所有其他资产

注：0、10%、20% 或 50%（由各国自行决定），对国内公共部门（不包括中央政府）的债权和由此类机构担保或以此类机构所发证券作为抵押的贷款。

表 10－3　　表外科目的信用风险换算系数

类别	信用换算系数	工具或方法
贷款的替代形式	100%	负债的普通担保、银行承兑担保（为贷款或证券担保的）、备用信用证
或有负债 条件：与特定交易有关	50%	履约担保书、投标担保书、认股权证（为特别交易开具的）、备用信用证
或有负债 条件：短期的可自动清偿与贸易有关	20%	（有海运或其他装运货物作抵押的）跟单信用证
承诺 条件：初始期限超过 1 年 票据发行便利（NIFS） 循环包销便利（RUFS）	50%	
同利率、汇率有关的项目	剩余到期日 1 年以下，利率合约 0，汇率合约 1%；1 年及以上，利率合约 0.5%，汇率合约 5%	汇率、利率调换期权和期货业务

但1988年的《巴塞尔协议》自身存在一些重要的局限性，例如风险权重的灵活度问题、对市场风险的忽视、对非经合组织国家风险权重歧视等，加之金融创新使银行业务趋于多样化和复杂化，使得旧协议难以解决银行实践中出现的新情况与新问题。2003年4月，巴塞尔银行监管委员会发布《巴塞尔新资本协议》。《巴塞尔新资本协议》相比旧版协议能够更全面、更敏感地反映银行面临的各种风险，从而提高资本对风险的敏感程度。但该协议对风险的计量方法也被认为存在负面激励等问题，导致资本在2007年次贷危机中没能发挥应有的作用。2010年12月，巴塞尔委员会公布《巴塞尔协议Ⅲ》，建立起资本监管的新框架（详见第四节）。

2004年，中国银监会颁布《商业银行资本充足率管理办法》，按照审慎原则确定了商业银行资本充足率计算方法，并借鉴《巴塞尔新资本协议》的“三大支柱”，构建了符合我国商业银行实际情况的资本监管框架。该办法规定，我国商业银行资本充足率不得低于8%，核心资本充足率不得低于4%。2011年4月，为稳步推进《巴塞尔协议Ⅲ》在我国的实施，推动商业银行增强风险管理能力，银监会发布《中国银行业监督管理委员会关于中国银行业实施新监管标准的指导意见》，提升资本监管要求（详见第四节）。

（二）贷款损失准备监管

贷款损失准备金是商业银行为抵御贷款信用风险而从利润中提取的用于补偿到期贷款不能收回的资金储备。因此，贷款损失准备是银行在贷款损失发生之前建立的缓冲损失的工具。近几十年来银行危机或破产的案例很多都与贷款准备制度的不健全或监管当局对银行计提贷款准备监管的滞后和纵容有关，如20世纪70年代美国储贷协会危机、20世纪80年代发展中国家债务危机和20世纪90年代日本银行业危机等。因此，建立有效的贷款准备制度已成为评价商业银行安全与稳健的基本指标。

贷款损失准备金的分类可以从两个角度来分析。从贷款分类或贷款信用风险的实现与否划分，准备金可以分为一般贷款准备金、专项贷款准备金。一般贷款准备金是针对正常贷款和关注贷款的总额计提的准备金；专项贷款准备金是银行针对某笔贷款或贷款组合（次级、可疑或损失贷款）已经出现但是还无法确认最后损失额度而计提的准备金。一般准备金是在考虑银行贷款损失的历史经验、目前经济条件、贷款政策和贷款集中程度等因素变化的基础上，银行管理者针对损失未实现的贷款总额计提；专项准备金则根据发生实际损失的某笔贷款或贷款组合计提。另外有些国家如西班牙，还计提动态准备金。其背景是专项准备金计提的“滞后性”和“顺周期性”，不能反映银行贷款的潜在风险及其对利润和收入的较大波动性的影响。动态准备金计提的基本原理是在经济扩张、银行贷款和收入增加时，银行预期未来经济收缩、贷款损失增加而多计提准备金。这种准备金用来弥补经济收缩时借款人违约增加而特种准备金不足对利润和收入产生的冲击。除了西班牙以外，英国、法国、葡萄牙等国家也开始探索和实施动态准备金制度。

从贷款业务来看，贷款损失准备金分为抵押贷款准备金、非抵押贷款准备金、行业风险准备金、国外企业贷款准备金或国家风险准备金等。英国的商业银行主要由传统商业银行和抵押银行组成，因此英国的金融服务管理局（Financial Services Authority,

FSA）对非抵押贷款和抵押贷款两类贷款的准备金的要求有很大的不同，抵押银行持有的一般准备金通常多于专项准备金，传统银行则相反。因此金融服务管理局对抵押银行贷款准备金政策的监管宽松很多。美国、日本等国家的商业银行除了要对单笔贷款、组合贷款计提信用风险类别的准备金外，银行要对暴露于转换风险下的贷款计提额外的准备金，即国外企业贷款准备金。计算此类准备金时银行除了考虑贷款本身的要素如借款人类型、期限、抵押物、特别信贷便利等因素外，还要分别考虑每个国家的特殊因素如贸易支付差额、外汇储备、过往国际支付的记录、未来国际支付的预测、政治经济情况等。法国、德国、意大利、荷兰等国还对国家风险单独计提准备金。

我国《银行贷款损失准备计提指引》规定银行应按季计提一般准备，一般准备年末余额不低于年末贷款余额的1%。银行提取的一般准备，在计算银行的资本充足率时，按巴塞尔协议的有关原则，纳入银行的附属资本。银行可参照以下比例按季计提专项准备：对于关注类贷款，计提比例为2%；对于次级类贷款，计提比例为25%；对于可疑类贷款，计提比例为50%；对于损失类贷款，计提比例为100%。其中，次级和可疑类贷款的损失准备，计提比例可以向下浮动20%。特种准备由银行根据不同类别贷款的特殊风险情况、风险损失概率以及历史经验，自行确定按季计提的比例。2011年4月银监会发布《中国银行业监督管理委员会关于中国银行业实施新监管标准的指导意见》，进一步强化贷款损失准备监管要求（详见第四节）。

（三）资产集中度监管

资产集中一般是指银行具有某一共同特性（如客户集中、行业集中、地区集中、国家集中或币种集中等）的贷款、贷款组合或各类授信业务的总量达到一定程度，从而使银行面临的信用风险聚集。

历史经验表明，资产集中是世界上大多数银行倒闭的最主要原因之一。有鉴于此，以巴塞尔委员会为代表的国际组织分别出台了一系列相关的监管标准和规定。这些国际组织在具体设定风险集中度管理指引时在授信限额、授信敞口及集团客户等方面表现出相当多的共同性与一致性。首先，在授信限额方面。巴塞尔委员会、世界银行和欧盟都建议，银行对单一私人部门非银行借款人以及对一个集团客户的敞口，都不能超过银行资本的25%。世界银行同时建议，对无抵押授信的限额，应当设定为不超过银行资本的15%。巴塞尔委员会认为，对银行的一些特定交易对手（如中央政府、公共部门以及银行同业）可以不设定限额，或者给予更高的额度。鉴于银行授信过于集中在特定的地区和行业可能产生风险，世界银行的指引建议，银行在任何地区、行业的敞口集中度超过资本的5%，都应当引起关注，并且要定期对这些地区和行业出现的可能影响偿还能力的风险因素进行评估。巴塞尔委员会则指出，通过反思1997年的亚洲金融危机，银行应当注意贷款增长速度，凡是贷款增长过快的地区和行业，都应当引起银行风险管理者的关注。其次，关于授信敞口的定义。巴塞尔委员会和世界银行都建议计算敞口时应当包括所有债权和交易，也应当同时覆盖表内和表外的各种交易，并将超过银行资本10%的敞口界定为大额敞口，欧盟还进一步要求银行按照指定的程序向监管当局报告大额敞口的状况。再次，关于集团户的界定。巴塞尔委员会在《有效银行监管的核心原则》第九条中强调，对集团户的界定不仅要考虑法律上的联系，还需要考虑财务上的联系。控制授信集中度的一个重要问题，就是如何识别单一借款人之间的潜在联系。在界定关系企业时，仅仅考虑那些需要并表的企业是不够的，那些拥有共同的所有者、共同的控制者、共同的管理层的企业，也需要引起关注。世界银行指出，判断企业是否同属一个集团的根本因素是所有权和控制权。欧盟对集团户的界定：（1）两个或者几个企业，其中的一个直接或者间接地控制其他的一个或者几个企业，从而使得整个集团构成一个单一的风险；（2）由于几个企业的联系相当紧密，以致其中一个企业出现财务问题，就会影响到其他企业的偿还能力，这些企业也被视为一个集团，形成一个单一的风险。

以巴塞尔委员会为代表的主要国际组织所制定的风险集中度管理原则在国际范围内产生了广泛影响。目前，大多数国家和地区的金融机构基本上都对大额敞口设定一个限额，设定标准通常与巴塞尔委员会的建议是一致的，即银行对于单一客户或一个集团的敞口不能超过银行监管资本的25%。中非银行委员会设定的对单一借款人的最大敞口限额是不超过银行资本的45%，西非经济与货币联盟的该项指标则高达75%，这显然是由当地的产业结构比较单一等因素决定的。美国在区分抵押贷款和无抵押贷款的基础上分别设定了大额敞口的限额水平，即对单一借款人的无抵押贷款不能超过银行资本的15%，而对抵押贷款的相关比率则调整到25%。另外，有的国家对总的敞口水平也设定了限额。例如，部分欧盟国家规定，银行的大额敞口总额不能超过银行资本金的8倍，俄罗斯、瑞士等国家也采用了类似的限制。

我国过去在对单一借款人和集团客户监管方面存在较大漏洞，特别是对集团客户的贷款存在标准不明、多头授信、风险高度集中等情况，严重影响银行业整体稳定。2003年银监会出台的《商业银行集团客户授信业务风险管理指引》（以下简称《指引》）对贷款集中度作出了明确要求，《指引》规定，当一家商业银行对单一集团客户授信总额超过商业银行资本余额15%以上或商业银行视为超过其风险承受能力的其他情况时，应组织银团贷款、联合贷款或贷款转让等措施分散风险。《指引》同时明确了集团客户的范围。2003年出台的《商业银行法》规定，商业银行贷款对同一借款人的贷款余额与商业银行的资本余额的比例不得超过10%。2006年1月实施的《商业银行风险监管核心指标（试行）》推出了较为完善的资产风险集中度监管体系。该体系将资产风险集中度的监管正式拓展至授信业务，既包含表内业务又涵盖表外业务，并规定单一集团客户授信集中度不超过15%、单一客户贷款集中度不超过10%、全部关联度不超过50%。

（四）流动性监管

流动性风险是指商业银行虽然有清偿能力，但无法及时获得充足资金或无法以合理成本及时获得充足资金以应对资产增长或支付到期债务的风险。流动性风险如不能有效控制，将有可能损害商业银行的清偿能力。流动性风险可以分为融资流动性风险和市场流动性风险。融资流动性风险是指商业银行在不影响日常经营或财务状况的情况下，无法及时有效满足资金需求的风险。市场流动性风险是指由于市场深度不足或市场动荡，商业银行无法以合理的市场价格出售资产以获得资金的风险。

流动性风险是商业银行日常经营中所面临的主要风险之一，对商业银行的支付能力和经营持续性有直接影响。2008 年全球金融危机更是表明市场流动性状况可以短期内逆转并维持相当长时间，再次凸显了流动性风险管理对于金融市场运行和商业银行经营管理的重要性。为了反映全球金融市场的最新发展，总结2008 年金融危机经验教训，巴塞尔银行监管委员会对其2000 年发布的《银行机构流动性管理的稳健做法》进行了重大调整，于2008 年9 月正式颁布了《流动性风险管理与监管的稳健原则》。该文件对银行业机构流动性风险管理稳健框架及其关键要素提出了一致的要求。这些要素包括董事会与高级管理层的监督、政策与风险承受度的制度、流动性风险管理工具的运用，如全面的现金流预测、限额及流动性压力测试，稳健的、多层次的应急融资预案的制定，以及保留充足的优质流动性资产以满足紧急流动性需求等。在该框架下，英国、美国、新西兰、澳大利亚及部分新兴市场国家纷纷探索建立本国新的流动性风险管理指引。

2009 年12 月，应二十国集团领导人峰会建议，在对各国经验进行总结的基础上，巴塞尔委员会颁布《流动性风险计量标准和监测国际框架（征求意见稿）》（以下简称《框架》），《框架》制定了两个在国际上统一的流动性风险定量监管标准，介绍了可供监管当局监测单个机构流动性风险的常用手段，即四个监测工具，并探讨了监管标准和监测工具的应用，使监管机构能评估银行流动性缓冲的有效性。其中，《框架》制定的两个流动性风险定量监管标准分别是流动性覆盖率（LCR）和净稳定资金比率（NSFR）。

2006 年中国银监会发布的《商业银行风险监管核心指标（试行）》中设置了流动性风险指标，衡量商业银行流动性状况及其波动性，包括流动性比例、核心负债比例和流动性缺口率，按照本币和外币分别计算。流动性比例为流动性资产余额与流动性负债余额之比，衡量商业银行流动性的总体水平，不应低于25%；核心负债比例为核心负债与负债总额之比，不应低于60%；流动性缺口率为90 天内表内外流动性缺口与90 天内到期表内外流动性资产之比，不应低于－10%。2011 年4 月银监会发布的《中国银行业监督管理委员会关于中国银行业实施新监管标准的指导意见》在借鉴巴塞尔协议关于流动性风险管理经验的基础上提出流动性监管改进意见（详见第四节）。

（五）风险管理

1. 信用风险。信用风险是指债务人或交易对手的违约行为可能招致损失的风险。2000 年9 月巴塞尔委员会发布了信用风险管理原则，指出良好的信用风险管理包括四个方面共16 项原则。四个方面包括：建立适当的信用风险环境，在健全的授信程序下运营，保持适当的授信管理、计量和监测程序，确保对信用风险的充分控制。

其中，要建立良好的信用环境就是要建立强有力的信贷文化。信贷文化总是或明或暗地体现了银行管理的一种哲学和信念，存在于信贷政策、程序、审计和控制的全过程。每家银行都有一套多年形成的主流习惯做法和思维方式，这些占支配地位的习惯与做法的总和，就构成了信贷文化。对信贷文化起关键作用的是银行最高层的管理人员，尤其是董事长、首席执行官或行长、首席信贷官或类似的角色。但这种思想需向下渗透，以得到各级管理骨干的支持。这就要求，一是董事会应肩负起审批整个银行信用风险战略和重大信用风险政策的责任，并且应该定期对其进行评估；二是高级管理层有责任执行经董事会批准的信用风险战略，制定识别、计量、监测、控制信用风险的政策和程序；三是银行应识别和管理蕴涵在所有产品和业务中的信用风险。

银行必须在健全和正确定义的授信标准下运营，这些标准包括一个清晰定义的目标市场，对借款人或交易对手的授信用途、结构以及还款来源的充分了解；银行应对单个借款人和交易对象，以及各组关联交易对象群体在银行账户、交易账户和表内外业务中的各类风险，按可比、有意义的方式进行加总，确定整体授信限额；银行应建立明确的审批新授信和对已有授信进行修订、展期和再融资的程序；所有的授信业务都必须在“保持一定距离”的基础上决策，对关联公司和个人的授信，设有特殊的监测，并采取适当步骤控制和化解“近距离”贷款的风险。

银行要保持适当的授信管理、计量和监测程序，就应建立对包含各种信用风险的投资组合进行持续管理的体系；必须建立监测单个授信情况的体系，包括决定所提取的准备金和储备是否充分；应鼓励开发和使用内部风险评级系统来管理风险，该系统应与银行活动的性质、规模和复杂程度相一致；应建立信息系统和分析技术，使管理层能够计量所有业务所蕴涵的信用风险，管理信息系统应能提供有关授信组合的构成，包括识别风险集中程度的充分信息；必须建立监测授信组合的整体构成及其质量的系统；银行在评估单个授信和授信组合时，应考虑经济形势可能发生的变化，并评估在不利条件下的授信风险。

要确保对信用风险的充分控制，银行应建立独立、持续进行的信用风险管理系统，评估结果应直接提交董事会和高级管理层；必须确保对授信业务进行恰当的管理，信用风险被控制在符合审慎原则和内部控制限额的范围内；应建立对质量恶化和有问题的授信进行及时补救的措施的系统；应运用压力测试，预测不同情况，特别是不利的市场情况对贷款组合造成的影响。

2005 年 12 月 31 日，中国银行业监督管理委员会发布《商业银行风险监管核心指标（试行）》（以下简称《核心指标》），替换原有《商业银行资产负债比例管理监控、监测指标和考核办法》，成为银行风险监管新的指标体系和标杆。《核心指标》设置了三个层次、四类风险的两级指标体系。三个层次是风险水平、风险迁徙和风险抵补，四类风险是流动性风险、信用风险、市场风险和操作风险。

《核心指标》中信用风险指标包括不良资产率、单一集团客户授信集中度、全部关联度三类指标：不良资产率为不良资产与资产总额之比，不应高于4%，该项指标为一级指标，包括不良贷款率一个二级指标，不良贷款率为不良贷款与贷款总额之比，不应高于5%；单一集团客户授信集中度是指最大一家集团客户授信总额与资本净额之比，不应高于15%，该项指标为一级指标，包括单一客户贷款集中度一个二级指标，单一客户贷款集中度为最大一家客户贷款总额与资本净额之比，不应高于10%；全部关联度指标是全部关联授信与资本净额之比，不应高于50%。

2. 市场风险。市场风险是指因市场价格的不利变动而使银行表内和表外业务发生损失的风险。根据基准市场价格的不同，市场风险分为利率风险、汇率风险、股票价格风险和商品价格风险。随着我国银行业改革开放的不断深化，以及利率市场化、金融创新和综合经营的不断发展，商业银行将越来越多地涉足有价证券、外汇、黄金及衍生产品交易，金融产品价格变动所引致的市场风险也不断显现和增长。

市场风险的管理技术，特别是定量管理模型（VaR 模型）在国际上已经日趋成熟。《巴塞尔新资本协议》未再特别强调市场风险，是因为自 1996 年的《资本协议市场风险补充规定》实施以来，大多数国家和地区的银行已经具备了较完善的市场风险管理体系。相比之下，我国在市场风险的管理和监管方面才刚刚起步，市场风险已成为我国银行监管体系中最薄弱的领域之一。因此，我国银行监管机构从 2000 年就开始对市场风险管理和监管问题进行调查研究，在研究巴塞尔委员会、发达国家和新兴市场国家市场风险审慎监管框架的基础上，于 2004 年制定了《商业银行市场风险管理指引》，提出商业银行应从以下基本要素入手构建市场风险管理体系：董事会和高级管理层的有效监控，完善的市场风险管理政策和程序，完善的市场风险识别、计量、监测和控制程序，完善的内部控制和独立的外部审计，适当的市场风险资本分配机制。

2006 年《商业银行风险监管核心指标（试行）》中设置了市场风险指标。市场风险指标衡量商业银行因汇率和利率变化而面临的风险，包括累计外汇敞口头寸比例和利率风险敏感度。累计外汇敞口头寸比例为累计外汇敞口头寸与资本净额之比，不应高于 20%，具备条件的商业银行可同时采用其他方法（比如在险价值法和基本点现值法）计量外汇风险；利率风险敏感度为利率上升 200 个基点对银行净值的影响与资本净额之比。

3. 操作风险。操作风险有间接和直接两种定义。间接方式把操作风险定义为除信用风险和市场风险以外的所有风险；直接方式典型的定义是英国银行家协会（BBA）作出的：操作风险是由于内部程序、人员、系统的不完善或失误或外部事件造成的直接或间接损失的风险。1998 年 9 月巴塞尔银行监管委员会首次发布《关于操作风险管理的报告》，也采用了这个定义，并按照发生的频率和产生损失的大小，将操作风险分为七类：一是内部欺诈，指由于机构内部人员参与欺诈、盗窃资产或违反规章、法律或者银行政策的行为带来的损失。二是外部欺诈，指由于第三方的欺诈、盗用资产、违反法律的行为带来的损失。三是雇用合同以及工作状况带来的风险，指由于违反关于雇用、健康及安全的法律或协议而造成的损失，以及对于个人伤害、差别待遇索赔的支付。四是客户、产品与业务活动带来的风险，指由于无意或粗心不能满足客户特定需求，或者由于产品性质、设计问题造成的损失。五是有形资产损失，指由于灾难性事件或者其他事件引起的有形资产损失。六是经营中断和系统错误，指由于业务异常与系统失误造成的损失。七是涉及执行、交割和流程管理的风险，指由于交易处理或者流程管理的失误以及与交易对手的关系破裂造成的损失。

2006 年中国银监会发布的《商业银行风险监管核心指标（试行）》中设置了操作风险指标，衡量由于内部程序不完善、操作人员差错或舞弊以及外部事件造成的风险，表示为操作风险损失率，即操作造成的损失与前三期净利息收入加上非利息收入平均值之比。2007 年 5 月，银监会发布《商业银行操作风险管理指引》（以下简称《指引》）规范与加强商业银行操作风险管理。该文件定义操作风险为由不完善或有问题的内部程序、员工和信息科技系统，以及外部事件所造成损失的风险。《指引》认为商业银行应当制定适用于全行的操作风险管理政策。操作风险管理政策应当与银行的业务性质、规模、复杂程度和风险特征相适应，且主要内容应包括以下五方面：操作风险的定义；适当的操作风险管理组织架构、权限和责任；操作风险的识别、评估、监测和控制/缓释程序；操作风险报告程序，其中包括报告的责任、路径、频率，以及对各部门的其他具体要求；应针对现有的和新推出的重要产品、业务活动、业务程序、信息科技系统、人员管理、外部因素及其变动，及时评估操作风险的各项要求。同时，《指引》还认为商业银行应当将加强内部控制作为操作风险管理的有效手段，与此相关的内部措施至少应当包括：部门之间具有明确的职责分工以及相关职能的适当分离，以避免潜在的利益冲突；密切监测遵守指定风险限额或权限的情况；对接触和使用银行资产的记录进行安全监控；员工具有与其从事业务相适应的业务能力并接受相关培训；识别与合理预期收益不符及存在隐患的业务或产品；定期对交易和账户进行复核和对账；主管及关键岗位轮岗轮调、强制性休假制度和离岗审计制度；重要岗位或敏感环节员工八小时内外行为规范；建立基层员工署名揭发违法违规问题的激励和保护制度；查案、破案与处分适时、到位的双重考核制度；案件查处和相应的信息披露制度；对基层操作风险管控奖惩兼顾的激励约束机制。

（六）内部控制

商业银行内部控制体系是商业银行为实现经营管理目标，通过制定并实施系统化的政策、程序和方案，对风险进行有效识别、评估、控制、监测和改进的动态过程和机制。内部控制是商业银行治理结构的重要组成部分，健全而有效的内部控制能有助于银行风险管理。

巴塞尔银行监管委员会自1974年成立以来，在其银行业风险管理的大量文件中都涉及了内部控制的思想。1997年《有效银行监管的核心原则》的“持续性银行监管的安排”部分，进一步拓展了银行内部控制的思想、理论与方法，提出银行监管者必须确定银行是否具备与其业务性质及规模相适应的完善的内部控制制度。这应包括对授权和职责分离的明确安排；将银行承诺、付款和资产与负债账务处理方面的职能分离；对上述程序的交叉核对；资产保护；完善、独立的内部或外部审计，以及检查上述控制措施和有关法律规章遵守情况的职能。1998年9月，巴塞尔委员会在参照先进内控理论特别是美国COSO报告的基础上发布了《银行组织内部控制系统框架》，系统地提出了评价商业银行内部控制体系的十二项指导原则，是商业银行内控研究历史性的突破。该框架将内部控制定义为由董事会、高级管理人员以及其他人员实施的一个过程，其目的是为了实现经营的效果与效率、会计与管理信息的可靠、完整与及时以及经营活动符合现行法律法规的要求。该定义进一步强调董事会和高级治理层对内控的影响，组织中的所有各级人员都必须参加内控过程，对内控产生影响。巴塞尔委员会把内控的三大目标分解为操作性目标、信息性目标和合规性目标。操作性目标不只针对经营活动，而且包括其他各种活动；在信息性目标中还把治理信息包括了进来，明确要求实现财务和治理信息的可靠性、完整性和及时性。《银行组织内部控制系统框架》还认同并发展了COSO报告对内部控制五大组成部分的表述，即管理层的督促与控制文化、风险的识别与评估、控制活动与职责分离、信息与交流、监督评审活动与缺陷的纠正，以上五大组成部分与三大目标有机结合，构成了内控的完整体系。

中国银监会参照巴塞尔委员会关于内部控制理论，于2007年7月发布了《商业银行内部控制指引》。文件明确了我国商业银行内部控制由五个要素构成，即内部控制环境、风险识别与评估、内部控制措施、信息交流与反馈、监督评价与纠正。内部控制环境是其他所有内部控制要素的基础，其子要素有价值观、激励与诱导机制、精神指导、员工能力、管理理念与经营风格、组织结构、规章制度与人事制度等，商业银行要有积极的内控环境，使整个组织中的员工具有控制觉悟和自觉的控制态度；风险识别与评估是识别和分析那些妨碍实现经营管理目标的困难因素的活动，是风险管理和决策的前提，其子要素包括关注对整体目标和业务活动目标的制定和衔接、对内部和外部风险的识别与分析、对影响目标实现的变化的认识和各项政策与工作程序的调整；内部控制措施是为了合理地保证经营管理目标的实现，指导员工实施管理指令，管理和化解风险而采取的一系列政策和程序，包括高层检查、直接管理、信息加工、实物控制、确定指标、职责分离等，是内控体系中的关键环节；信息交流与反馈存在于所有经营管理活动中，它使员工得以收集和交换为开展经营、从事管理和进行控制等活动所需的各类内部信息和外部信息；监督评价与纠正是经营管理部门对内部控制的管理监督和内部审计对内控的再监督与再评价活动的总称，它作为纠错机制，对内控缺陷和风险的发现、政策和程序的调整起着积极的作用。

二、现场监管与非现场监管

现场监管与非现场监管是银行业监管流程中的两个重要环节。在具体的监管工作中，通过非现场监管发现问题，可以有针对性地制订现场检查方案。而现场检查发现的问题又可以反馈给非现场监管人员进行风险的分析与判断。两者相辅相成，发挥风险预警及纠正功能。

（一）非现场监管

非现场监管是指监管机构根据银行定期上报的各类报表和数据信息进行系统分析、预测和监测，全面审查银行的财务健全性，并在第一时间对银行风险进行预警，具有全面性和连续性。非现场监管是监管流程中非常重要的环节。例如在美国货币监理署（OCC）的监管流程中，非现场监管的结论贯穿于监管流程各个环节。在制订监管计划和监管工作方案之前，要进行非现场监管分析，识别银行机构存在的风险问题和形成的原因。在现场检查环节，同样需要非现场监管结论的指引。在非现场监管分析中发现的一些问题，可能触发一次现场检查。

1995年，我国颁布《非现场稽核监督暂行规定》，初步建立起我国银行业非现场监管制度。1997年中国人民银行下发的《商业银行非现场监管报表报告书》和《商业银行非现场监管指标报表填报说明》对我国银行非现场监管报告制度作了规定。报告的内容主要通过季报表、半年报表和年报表来体现：季报表是全部境内机构的汇总报表，包括资产负债表、损益表、资本净额计算表、贷款质量指标报表、最大10家客户贷款比例指标报表、备付金比例指标报表、拆借资金比例指标报表、境外资金运用比例指标报表、存贷款比例指标报表、中长期贷款比例指标报表、短期流动性比例指标报表、监测性指标报表、股东贷款比例报表。半年报表是全部境内外机构的汇总报表，包括资产负债表、损益表、表内加权风险资产计算表、表外加权风险资产计算表、加权风险资产比例指标报表、资本充足率报表、最大10家客户贷款比例指标报表、国际商业借款指标报表、短期流动性比例指标报表、监测性指标报表、股东贷款比例报表。年报表是全部境内外机构及其附属公司的合并报表，包括资产负债表、损益表。银监会成立之后，在此基础上进一步完善和细化了非现场监管工作，使监管人员可以快捷、准确地对各银行业金融机构资本充足、信用风险、盈利性、流动性风险、市场风险情况进行评判和分析，提高了日常监管工作特别是现场检查工作的针对性和有效性。

（二）现场监管

为防止银行提供虚假的财务报表，银行监管机构也常常会进行现场监管。现场监管通过检查人员亲临现场，检验银行财务报表数据的准确性和可靠性，评估银行管理和内部控制的质量，检查银行遵守法律法规的情况，考察银行的整体经营管理风险，具有直观性、及时性、灵活性和深入性的特点。现场监管是银行监管的重要手段和方式，它有助于监管人员全面、深入地了解银行经营状况和风险水平，核实和查清非现场监管中发现的主要问题和疑点，从而对银行风险作出更全面和客观的评价。

现场监管的内容主要涉及资本充足率、资产质量、盈利能力、清偿能力、流动性、管理水平及内控制度等方面。我国现场监管又称为现场稽核，分为全面稽核和专项稽核。全面稽核的主要内容如下。

1. 业务经营合规性稽核。稽核内容包括国家货币、信贷、利率政策的执行情况，金融法律、法规及业务规章的执行情况，监管机构核准的业务范围的执行情况，资金运用总量约束情况，存款、借入款项及其他负债业务的合规情况，贷款、投资及其他资产业务的合规情况，对存款准备金、财政性存款等存款的划缴情况，同业拆借的合规情况，委托代理及其他业务的合规情况。

2. 业务经营风险性稽核。稽核内容包括风险管理机制的设立情况，资本的真实性与资本充足性情况，存贷款比例与中长期贷款比例的控制情况，资产流动性比例与贷款质量比例的控制情况，单个贷款比例与股东的贷款控制情况，备付金比例与拆借资金比例的控制情况，低质量资产的控制与处理情况。

3. 财务收支与盈利水平稽核。稽核内容包括各项业务收支盈利的真实性情况，风险准备金的提留与冲销情况，各项代办费、手续费的提留与冲销情况，专项资金的提取与使用情况。

4. 内部控制制度与经营管理稽核。稽核内容包括业务、财务、会计、统计报表的真实性情况，结算制度与结算纪律的执行情况，联行制度的执行和汇差资金的管理情况，现金管理的执行情况，管理层的业务水平和决策能力情况，内部制约机制的建立、健全和执行情况，内部稽核机构设置、人员配备及工作开展情况。

三、风险评估与监管评级

银行监管机构利用非现场监管所获得的信息对银行各业务线的风险水平、风险演化方向和风险管理能力进行评估，并依据风险特征有针对性地规划检查和投放监管资源，最后通过现场监管得到CAMELS等评级结果，并采取相应的监管措施，使监管工作更有计划性和前瞻性，能有效提高监管资源的利用效率。

（一）风险评估技术

在对非现场监管信息的分析与评价技术上，各国监管机构已积累了丰富的经验。SCOR（Statistical CAMELS Offsite Rating）是美国联邦存款保险公司（FDIC）研发的非现场评级工具。SCOR应用统计学模型技术对非现场报表数据进行处理，预测银行机构在下一次现场检查时，其CAMELS评级降级的可能性。其主要目的是估计非现场报表数据与现场检查结果之间的差异，作为现场检查的必要补充，为制订监管计划和现场检查提供建议。SCOR使用13个比率（与总资产比）来确定评级，这些项目包括总权益资本、贷款一般准备、逾期贷款、非生息贷款、拥有的不动产、贷款损失拨备、总费用、税前收入、非核心负债、流动资产、贷款和长期债权等。一旦SCOR指示某个银行可能发生降级的可能性，监管员就要复审最近的检查评级和可能的原因，并且打破常规，安排近期检查评级和提出监管意见。

GMS（Growth Monitoring System）和REST（Real Estate Stress Test）等风险评估预测系统也是美国联邦存款保险公司（FDIC）重要的非现场风险监控的基本工具。GMS是依据非现场数据和统计分析模型，用来识别那些过快增长和过度依赖非核心负债的银行。它使用的财务指标主要有非核心负债、贷款、资产等增长比率和贷款组合变化等。模型主要关注贷款增长和非核心融资之间的关系，识别那些可能发生风险的异常增长银行。REST是一个模拟分析模型，用来模拟如果发生房地产危机（像20世纪90年代新英格兰发生的不动产危机），银行业可能产生的风险暴露。模型主要依据非现场报表数据，预测一个银行在35年后的财务状况和CAMELS评级的变化。其主要目的是度量一个银行对房地产贷款的风险暴露，把那些对房地产市场不景气反应脆弱的银行识别出来，制定应对措施。

美国货币监理署（OCC）也开发了一系列如FINDRS（数据加工系统）、BERT（银行专家系统）、CANARY（风险识别系统）等非现场风险监测系统。FINDRS主要功能是对UBPR（银行业统一经营报表）数据进行加工处理，为监管人员提供方便、快捷的风险指标体系。BERT是一个监管专家系统，包括资深监管专家的知识、分析推理、解决问题的数据库、模型库，用来分析银行风险问题。CANARY是一个风险识别预警系统，包括一系列的风险预警指标，及时把一些关键指标异常、存在风险问题的银行识别出来，起到风险预警作用。

（二）CAMELS评级体系

监管评级是监管机构对商业银行的风险表现形态和内在风险控制能力进行科学、审慎的评估和判断，是实施分类监管的重要手段和工具。CAMELS评级体系是在现场检查基础上全面评估银行合规性、财务和运营状况等因素的总体框架，至今已有50多年的应用历史，并被世界上大多数国家的监管当局所采用。它最初由美国联邦储备委员会于1978年制定的《统一鉴别法》确定，规定了对商业银行的检查内容应主要包括资本充足性（Capital Adequacy）、资产质量（Asset Quality）、管理水平（Management）、盈利状况（Earnings）和流动性（Liquidity）等五个方面，因其英文第一个字母组合在一起为“CAMEL”，正好与骆驼的英文名字相同而得名。进入20世纪90年代，随着金融全球化发展等新情况的出现，金融资产价值受利率影响越来越大，美国联邦储备委员会及其他监管部门于1996年对骆驼评级体系进行了修订，增加了第六个评估内容，即市场风险敏感度（Sensitivity of Market Risk），主要考察利率、汇率、商品价格及股票价格的变化，对金融机构的收益或资本可能产生不良影响的程度。增加第六个评估内容以后的新体系即为CAMELS评级体系。CAMELS评级体系是目前美国金融管理当局对商业银行及其他金融机构的业务经营、信用状况等进行的一整套规范化、制度化和指标化的综合等级评定制度。由检查人员根据现场检查结果和主观判断，对每个方面分别给出相应的评级（15个等级，按降序排列），最后得出总体评级。CAMELS评级主要用来决定存款保险费率、衡量风险状况、制订监管计划和分配监管资源等。其优点是有效获得银行某一时点风险状况，不足是只能对一个检查时点进行评估，是一种非动态的评级，不能预测发展趋势。当前国际上对商业银行评价考察的主要内容基本上未跳出CAMELS评级体系的框架。

1. 资本充足性。资本充足性主要考虑以下几个因素：一是现有资本的水平；二是资本构成的质量，即银行资本构成的稳定性、市场价值及其流动性；三是银行财务状况对资本的影响；四是资产质量及其对资本的影响，包括不良贷款金额大小、结构和发展趋势以及资产减值准备的充足程度等；五是资产负债表的构成和表外项目构成，包括无形资产的数量和性质、市场风险、集中性风险和非交易性活动的风险程度及对资本的影响；六是银行进入资本市场或通过其他渠道增加资本的能力，包括控股股东提供支持的意愿和实际注入资本的情况；七是银行对资本的管理政策和情况，包括银行制订资本计划的程序和依据、银行派息的政策等。该项评价等级标准如表10-4所示。

表10-4 商业银行资本充足性评价等级标准

级别	资本充足性状况	等级标准
一	资本水平高	大幅超过《巴塞尔新资本协议》规定的标准，银行资本充足并预计至少未来12个月内保持或超出现有水平；银行有非常精密和高效的资本计划，资产质量和盈利能力良好，融资能力较强，大股东或母公司的支持强有力，银行其他所有应考虑因素评价正面有利
二	资本水平较高	大幅超过《巴塞尔新资本协议》规定的标准，银行资本水平令人满意并预计至少未来12个月内保持或超出现有水平；银行有比较精密和有效的资本计划，资产质量和盈利能力令人满意或好于平均水平，有进入资本市场筹资的一般能力，股东或母公司的支持令人满意，银行其他所有应考虑因素评价正面有利

续表

级别	资本充足性状况	等级标准
三	资本水平不甚满意	达到或略低于《巴塞尔新资本协议》规定的标准，不能完全支持银行风险状况，需要不断改善资本状况；银行在资本计划、资产质量和盈利等方面存在一些不足，在短期内会对资本构成负面影响；银行需要寻求股东或其他外来的援助；上述考虑的因素中有一两个因素不能达标，监管当局需要密切、适当关注这类机构
四	资本水平较低	低于《巴塞尔新资本协议》规定的标准，并且资本计划、资产质量和盈利等方面出现严重问题，且已对资本构成负面影响；银行需要立即寻求股东或其他外来的援助；上述考虑的因素中有多个因素不能达标，监管当局需要密切关注这类机构
五	资本水平很低	严重低于《巴塞尔新资本协议》规定的标准，需要寻求股东或其他外来的紧急援助，资产质量和盈利明显恶化，且资本计划很差，上述考虑的诸因素几乎都存在明显缺陷，监管当局需要强烈关注这类机构

2. 资产质量。资产质量评级时应考虑的因素：一是各种反映资产质量的比率和变化趋势；二是贷款审批标准是否恰当，贷款操作是否稳健，信贷风险识别机制是否可靠；三是表内、表外资产中各口径的问题资产的金额、结构分布、问题严重程度以及变化趋势；四是各类资产减值准备的充足程度；五是表外业务对信用风险的影响，包括表外贷款承诺、商业信用证、备用信用证、信贷额度或信用衍生工具等；六是资产多样化程度，贷款或投资的集中性程度；七是交易活动中对手的违约风险；八是管理层是否及时识别和催收不良资产；九是与资产业务有关的内部控制和管理信息系统是否完善；十是信贷档案管理中的问题数量及严重程度。该项评价等级标准如表 10－5 所示。

表 10－5　　商业银行资产质量评价等级标准

级别	资产质量状况	等级标准
一	资产质量非常好	资产组合风险很小，贷款和投资政策、程序及日常审批、风险管理操作等方面都非常稳健，有完整的文件和交易记录
二	资产质量较好	资产组合风险较小，贷款和投资政策、程序及日常审批、风险管理等方面都比较稳健，有一些较小的弱点或较等级一略高的风险水平
三	资产质量一般	预期资产质量会由于借款人偿还能力减弱或管理的不当（贷款发放不适当、文件记录不完整、贷款监控不严格）而在短期内恶化，如果两种情况同时存在则应给予更低评级，监管当局应关注此类银行
四	不良资产水平较高	不良资产处于中等及以上水平，且存在不按规定发放贷款、文件记录不健全和贷款管理不善等问题，如不采取措施，将会威胁其生存
五	资产质量很差	不良资产严重，资产质量很差，已经严重侵蚀了资本基础，并危及其持续经营

3. 管理。管理评价的参照因素主要有两个方面：一是董事会和管理层的能力和效率，具体包括银行整体表现、策略和业务计划及资本计划、董事会的监督和参与程度、管理层的能力、董事会和管理层的诚信、对监管当局的回应、盈利和资产质量、对《股份制商业银行公司治理指引》的遵守情况等。二是管理系统和内部控制的足够性，具体

包括董事会架构，如建立符合规定的独立董事、董事会不由个别人或团体控制并定期召开会议、有各类委员会审批政策和监督银行在政策框架内运作等；高级管理人员参与管理的程度及连续性；内部控制和风险管理系统的足够性；薪酬政策；遵守法律、规定的情况；政策和程序的足够性；管理信息系统和财务报告的足够性；合规和内部审计职能的足够性等。该项评价等级标准如表 10－6 所示。

表 10－6　　商业银行业务经营管理评价等级标准

级别	经营管理状况	等级标准
一	管理能力强	管理层和董事会管理效率高，反应迅速，能成功地应对经济环境的转变和在经营中所产生或预见的问题。银行内部管理系统非常健全
二	管理能力较强	管理层和董事会在管理评价参照指标的两个方面都存在着一些不足，但管理层处理特殊情况的表现令人满意
三	管理能力一般	管理层和董事会欠缺某些能力，或内部控制系统存在一些弱点。其管理能力一般或明显低于同类型、同规模机构的平均水平。因此，管理层对纠正不佳状况的能力存在一定程度的不足
四	管理能力较弱	管理层的能力或其履行职责的意愿存在严重问题。管理层经常不能稳健地管理银行，或不能履行其受托责任，存在利益冲突
五	管理能力很弱	管理层已被证明管理能力严重欠缺，或存在私下交易的情况，由于管理不善已导致银行出现严重问题，必须更换或增加管理人员

4. 盈利性。盈利性评价主要考虑的因素：一是利润的水平、趋势和稳定性；二是银行的成本、费用和收入状况以及盈利水平和趋势、留存利润补充资本的能力；三是银行盈利的质量以及银行盈利对业务发展的影响；四是预测系统、预测过程和管理信息系统的有效性；五是资产减值准备金支出是否恰当；六是市场风险如利率、汇率、证券价格等，或其他风险对利润可能产生的影响。评级标准如表 10－7 所示。

表 10－7　　商业银行经营盈利性状况评价等级标准

级别	盈利状况	等级标准
一	盈利水平高且稳定	在适当考虑资产质量和机构发展后，盈利仍足以为银行提供必要的准备金和积累所需的资本，银行主要盈利指标大大高于同类机构的平均水平和行业标准
二	盈利水平较高且稳定	通常银行能获得高于 15% 的资本回报率，并且一些主要盈利指标高于同类机构的平均水平
三	盈利水平一般	银行盈利仅够提供因正常经营所需准备金和机构发展所需资本，银行盈利可能停滞或出现不稳定的变化趋势，依靠非营业性收入来源，盈利持续低于可接受的或同类机构的平均水平，高股息分派比率及低于满意水平的资产质量等因素呈现不明朗的前景
四	盈利水平低、偶尔亏损	银行净收益出现无规律的波动，盈利走势向下，偶尔出现亏损，依靠非营业性收入或收入比前期出现重大的跌幅，一些主要盈利指标大大低于同类机构平均水平
五	持续亏损	亏损可能已经严重侵蚀了资本，并明显威胁银行的清偿能力

5. 流动性。流动性评价主要考虑的因素：一是资金来源的构成、变化趋势和稳定性；二是资产负债管理政策和资金的调配情况；三是银行对流动性的管理情况，包括是否建立稳定的流动性管理体系，是否较好地控制流动性风险等；四是银行以主动负债形式满足流动性需求的能力；五是管理层有效识别、监测和调控银行头寸的能力。评价等级标准如表 10－8 所示。

表 10－8　　商业银行资产负债流动性状况评价等级标准

级别	流动性状况	等级标准
一	流动性比率很高	流动性比率高，短期资产负债匹配良好，在其整体资产负债管理策略下，银行随时可以优惠条件从外部获取资金，流动性管理政策完善，流动资金风险、利率风险和货币风险的管理功能健全
二	流动性比率高于平均水平	流动性比率高于平均水平，但可能在流动性政策、遵守流动性目标水平、资产负债管理或利率风险和货币风险管理等方面存在轻微不足，可能需要依靠已建立的融资额度来应付现金的需求
三	流动性比率符合监管最低要求	短期资金错配情况略高于可接受的水平，流动性比率仅能符合监管要求，需要依靠高成本的融资，并且其额度和其他融资途径很有限，在流动性政策、资产负债管理及利率风险和货币风险管理等方面存在弱点或不足
四	流动性比率低于监管最低要求	短期资金的负缺口不断增加，流动性比率不符合监管要求，利用高成本融资开始出现困难，在流动性政策、资产负债管理及利率和货币风险管理等方面也存在较严重不足，需要立即采取纠正措施，寻求外来资金援助以满足到期资金支付
五	流动性资金缺口大	短期资金缺口大，需要立即寻求外部资金以应付到期债务，否则预期在短期内出现流动性危机

6. 市场风险敏感度。评价市场风险敏感度的主要参照因素：一是银行盈利性或资产价值对利率、汇率、商品价格反向变动的敏感程度，二是董事会和高级管理层识别、衡量、监督和控制市场风险敞口的能力，三是源自于非交易性头寸利率风险敞口的性质和复杂程度，四是源自交易性和境外业务市场风险敞口的性质和复杂程度。

评级机构将在汇总以上六项评级结果的基础上得出综合评级。综合评级的方法有两种，一是简单认定，即将上述六个方面简单平均得到综合评级；二是加权认定，即对上述六个方面赋予不同权重，加权平均后得到综合评级。对被检查银行的评级，一般来讲只作为监管当局内部掌握，不对外公布，主要作为考察银行遵守法规和经营管理情况的参考，以及制订监管计划的依据。综合评级标准如表 10－9 所示。

表 10 - 9　　商业银行综合评价等级标准

级别	等级标准
一	银行每一个方面都是健全的，所发现的问题都比较轻，能在持续经营中解决，对外来经济和金融动荡有较强的抵御能力，有能力应付环境的无常变化
二	银行具有良好的抵御经营环境起伏变化的能力，属于基本稳健型，但存在一些可在正常业务经营中改正、性质不严重的弱点，且这些弱点继续发展可能产生较大问题
三	银行勉强能抵御业务经营环境的逆转，明显存在较严重弱点，位于或低于平均水平，如控制不当，很容易导致经营状况恶化。总体状况非常脆弱，应予以特别监管关注。对于存在重大不遵守法律、法规的银行也应定为这一级别
四	银行存在比较多、比较严重的问题或一些不稳健的做法，且未得到满意的处理，如不及时采取措施，可能会损害银行持续经营的能力，存在倒闭的可能，监管当局应给予明确的整改方案，密切关注其动态。对于资本净值为正数但达不到资本监管要求的机构，通常也给予这个评级
五	银行业绩表现非常差，无论是缺点的特性和数量，或是不稳健做法都达到了非常严重的地步，以致需要从股东或其他途径获取紧急援助。需要对这类银行立即实施救助，否则其可能面临清算、挤兑或被兼并或收购等，要给予监管的持续关注。这一评级一般给随时或近期极可能倒闭的银行

（三）我国的银行监管评级体系

在世界银行的援助下，我国监管机构于 1994 年开始着手探索银行监管评级。随后几年时间里，首先在外资银行的监管中，小范围地逐步推广使用了以 CAMELS 评级体系为基础的监管评级。1994 年，中国人民银行出台的《商业银行资产负债比例管理考核暂行办法》（现已失效）中隐约可以看到 CAMELS 评级制度的影子。2000 年中国人民银行参照 CAMELS 评级制度制定了只针对四家国有商业银行的《商业银行考核评价暂行办法》（现已失效），采用定量模式，对资产质量、盈利能力、流动性及发展能力 4 个方面的 12 项指标进行定量考核。2003 年银监会成立并独立行使银行业监管职能后，不断改进和完善评级办法，并于 2004 年相继推出《股份制商业银行风险评级体系（暂行）》、《外资银行风险评价手册》、《农村合作金融机构风险评价和预警指标体系（试行）》（现已失效）等若干风险评价体系。这几个评级体系既考虑了定量因素，也突出强调了对管理能力的评价，特别是《股份制商业银行风险评级体系（暂行）》还在各要素评级中增加了大量的定性因素分析，实现了我国商业银行评级体系从单一定量模式到定量与定性相结合模式、从静态考核向动态考核的转变。

随着我国银行业改革的不断深化，商业银行同质化的特点和风险的共性因素不断增多，整合和统一监管评级体系的外部条件逐渐成熟。同时银行业监管信息系统及非现场监管报表指标体系即将投入使用，银行业监管方式和技术将发生新的变革，迫切要求建立并推行统一的监管评级方法。2005 年中国银监会统一中外资商业银行的监管标准，颁布了《商业银行监管评级内部指引（试行）》，自 2006 年 1 月 1 日起试行，正式施行后，《商业银行考核评价暂行办法》、《股份制商业银行风险评级体系（暂行）》、《外资银行法人机构风险评价体系》同时废止，农村信用社（含联社）仍执行《农村合作金融机构风险评价和预警指标体系（试行）》（现已失效）。规范商业银行监管评级，统一对同质、同类银行法人机构的评级方法和标准，不仅有利于监管人员在操作层面上更好地分析、判断和评价银行的风险状况，根据评级结果更科学地分配监管资源，有效实施分类监管，还将有助于科学地设计我国拟建的存款保险机制中的区别收费办法。

《商业银行监管评级内部指引（试行）》是在借鉴国际通行的骆驼评级法的基础上，结合我国股份制商业银行和银行监管队伍的实际情况设计出来的。它确定了具有中国特色的“CAMELS +”的监管评级体系，即对商业银行的资本充足、资产质量、管理、盈利、流动性和市场风险状况等六个单项要素进行评级，加权汇总得出综合评级，而后再依据其他要素的性质和对银行风险的影响程度，对综合评级结果作出更加细微的正向或负向调整。综合评级结果共分为6级，其结果将作为监管机构实施分类监管和依法采取监管措施的基本依据。对于评级结果为5级和6级的高风险商业银行，中国银监会将给予持续的监管关注，限制其高风险的经营行为，要求其改善经营状况，必要时可采取更换高级管理人员，安排重组或实施接管，甚至予以关闭等监管措施。

第三节 市场退出监管

一、对危机银行的处理

危机银行处理应遵循谨慎与效率相结合的原则，既要迅速控制危机发展，又要考虑危机处理成本。这就要求危机处理机构能根据问题银行的具体情况选择恰当的处理方式。

（一）临时流动性支持

对可能或已经丧失流动性的银行施以临时流动性援助是抑制危机升级最直接的方式，也是各国法律法规支持的通常做法。但这种处理方式需要投入大量资金，且容易助长银行的道德风险，并非适用于所有危机银行。获取临时流动性支持一般需要满足以下条件：在接受救助后的某一合理时段内可以恢复正常经营，丧失了临时流动性但仍具有资本清偿能力的危机银行，被救助银行不存在违规行为。实施临时流动性支持的主体通常是中央银行或政府，其具体方式有以下几种。

1. 中央银行提供贷款援助。作为“银行的银行”，中央银行的一项重要职能便是充当最后贷款人，向陷入流动性困境的商业银行提供紧急资金援助以维护银行体系安全。美国《联邦储备法》允许美国联邦储备银行可以向那些因意外情况而陷入流动性困境的银行提供资金支持。德国《联邦信用业法》规定，德意者联邦银行可通过限额之内的合格票据再贴现和证券抵押贷款的方式向各银行随时提供流动性支持。日本1983年修订的《普通银行法》规定日本银行可以通过信贷限额内的逐日放款帮助商业银行解决临时流动性困难，具体方式可以是票据再贴现，也可以是以合格证券为抵押的贷款。另外，在金融体系受到威胁时，经大藏大臣批准，日本银行也可以向有关金融机构提供特殊期限的贷款。法国《银行法》规定法兰西银行除了以合格商业票据为抵押的正常贷款之外，还可以通过购买不合格票据的方式向周转不灵的金融机构提供流动性支持。

2. 政府提供资金救助。政府提供资金救助的具体方式，一是直接向危机银行注入资金，如1993年法国政府提供35亿法郎抢救里昂信贷银行、1996年巴西政府紧急注资80亿里亚尔救助严重亏损的巴西银行等；二是采取向危机银行划拨、注入优质资产等注资方式，或采取直接减免有问题银行对政府或政府部门的债务等变相注资方式。

3. 同业救助。由于银行危机存在高度传染性，同业救助不仅是帮助问题银行摆脱困境的方法，也体现了健康银行确保自身安全的一种努力。1997年亚洲金融危机时美国新桥投资公司、高盛公司就分别注资救助过韩国第一银行、韩国国民银行。但是受到资金实力等因素的影响，同业间的救助行为通常是在监管当局的授意下进行的。例如，在日本20世纪90年代的银行业危机中，1996年倒闭的太平洋银行就曾经在日本银行的授意下接受过日本四大商业银行的联合资金援助。

4. 特别机构或专项基金提供资金援助。相比中央银行或政府直接提供资金支持，由一国中央银行、财政部等政府部门牵头商业银行建立特别机构或专项基金应对银行业意外流动性困境，可以减少公共资金投入，并有助于降低道德风险。德意志联邦银行牵头并出资30%与来自德国银行业各方面的银行合股组建了流动性资金贷款团有限责任公司，该公司可以向那些暂时遇到流动性困难的银行提供帮助，包括提供贷款、购买其票据等，但其原则上只给那些经营状况良好、具有偿付能力、只是临时有周转困难的银行提供支持。另外，比利时银行业共同出资，财政和银行业共同管理的拥有10亿比利时法郎的银行信用保证局也发挥对危机银行的流动性支持功能。

（二）担保

对危机银行的债务清偿提供担保是维护存款人利益、避免挤兑、防止危机蔓延的一项重要应急举措。政府通常是危机银行债务担保的主体，这种以国家信用为后盾的危机处理方式在稳定存款人信心方面发挥着其他方式所无法比拟的优势。存款保险制度是为危机银行提供担保的重要制度形式。在美国20世纪80年代的储贷危机中，存款保险制度对于防范大规模挤兑发挥了重要作用。日本的存款保险制度在其20世纪90年代的银行业危机之前的保险限额为1 000万日元，但由于此后危机的不断升级，特别是1997年北海道拓殖银行危机造成严重影响后，日本政府不得不通过《特别融资法》，对北海道拓殖银行所有客户的资产给予全额担保，2003年日本政府正式将有限担保制度转为总体担保制度。

（三）接管

商业银行已经或者可能发生信用危机，严重影响存款人的利益时，银行业监督管理机构可以对该银行实行接管。接管的目的是对被接管商业银行采取必要措施，以保护存款人的利益，恢复商业银行的正常经营能力。被接管商业银行的债权债务关系不因接管而变化。

美国《联邦储备法》规定，联储银行和联邦存款保险公司可以充当濒临倒闭银行的接管人，并在了解和调查被接管银行发生信用危机原因的基础上，根据问题所在，制定相应的对策来挽救被接管的银行，如暂时停止它们的业务、责令现存股东注入资金、暂时停止或免去银行的董事和高级职员等。日本《普通银行法》则规定，如果认为某家银行财务状况极差，大藏大臣可以命令接管其财产、暂停部分或全部业务、办理财产委托保管、撤销其经理层、审计人员乃至董事会成员的职务等，并根据被接管银行的整顿情况，认为有必要时可吊销其业务执照。德国《联邦信用业法》授权联邦银行监管署为避免有问题银行破产，可命令银行暂停与客户开展业务，禁止银行支付、清偿与债务无关的款项，禁止或限制银行负责人开展业务活动等。联邦银行监管署还可以申请该银行所在地法院任命必要的经营人员和有代表权的人员接管该银行，对其进行重整，以尽快使其摆脱濒临破产的困境。

监管当局、存款保护组织和其他特设机构是各国进行银行接管的主要部门。在美国，货币监理署、联邦储备体系、联邦存款保险公司、重组信托公司都可以是接管主体。接管机构一般设有期限限制，到期不能恢复正常经营的银行则必须以一定方式退出。接管期限是指接管决定执行之日起至接管终止之日止的时间。日本法律规定，被接管金融机构在接管机构的管理下，可继续存在两年，其间接管机构应尽快为其找到买家或合并伙伴，如无买家或合并伙伴，该金融机构便将作为一个整体而遭解散，也可在存款保险机构的领导下国有化经营三年时间。我国《商业银行法》规定，银行接管的期限最长不得超过两年。有下列情形之一的，接管终止：一是接管决定规定的期限届满或者国务院银行业监督管理机构决定的接管延期届满；二是接管期限届满前，该商业银行已恢复正常经营能力；三是接管期限届满前，该商业银行被合并或者被依法宣告破产。

二、银行市场退出监管

市场退出是指停止办理金融业务，吊销经营许可证，取消其作为金融机构的资格。银行危机一旦到了无法挽回的地步时，就必须以某种方式退出市场。以并购方式退出能够保全银行的运营基础，并保护存款人利益，通常被认为是一种较为优选的处理方法。但对于那些不适于采取并购措施或采取并购措施无效的濒临破产的银行，则只能依法进入破产程序或予以行政撤销。

（一）撤销

银行撤销是指银行在经营活动中违反相关法律、法规的规定，由主管机关下令撤销其经营许可证的行为。撤销实质上是金融监管部门行使管理权的一种行政行为，因此又叫做“行政关闭”。其目的是为了锁定危机银行的损失，防止危机的扩散，从而维护金融的稳定。撤销的主要原因包括银行不符合监管当局的授权标准、严重违反有关的金融监管法规、不能支付到期债务等。一般情况下，被撤销银行在没有被注销之前，仍然具有限制权利能力和行为能力，其相关的债权债务清算则由监管当局组织清算组进行。

（二）破产

破产是指银行作为一个独立的民事行为主体无法清偿到期债务而被依法宣告其法律地位终结，转入破产清算程序的一种处理方式。依法破产是分散、转移、化解风险的措施，有利于优化金融资源配置，加强其他银行经营者和普通存款人的风险意识和纪律约束。但是作为银行退出市场的一种极端手段，破产是各国都尽力避免的方式。破产将危害存款人利益，特别是不符合保险条件的债权人和超过保险限额的债权人将不可避免地蒙受损失，公众的信心将遭到严重损害。另外，由于银行业的高度关联，一家银行的倒闭很可能给整个银行体系带来负面影响，打破银行体系协作竞争机制的平衡。因此，监管当局应严格银行破产的条件，尽可能减小该方式造成的消极外部效应。例如，美国货币监理署和州监管当局如果认为对危机银行的挽救费用大于银行破产的清偿费用，或者经分析认为该银行的公众依赖度和需求度不高，银行倒闭的影响面不大时，才选择更具市场化的破产方式。

从保护存款人利益角度出发，各国监管当局在破产财产清偿顺序中都将存款人置于较优先地位。一般地，银行倒闭时的债务清偿顺序如下：支付清算费用；清偿所欠职工工资和劳动保险费用；支付个人储蓄存款本息，国内法人储蓄则根据清算后的净资产情况予以清偿；支付其他债务。如果清偿财产不足以支付同一顺序债务的，则按比例清偿。美国的《联邦储备法》还特别规定，如果会员银行宣告破产，并已指定破产产业管理人时，该银行持有的联邦储备银行的股票不得用来冲抵该行的负债，其已交股金以及自上次分红日起每月加付0.5%的金额，应首先用来偿付该行所欠联邦储备银行的债务。这样做的目的是为了保证联邦储备银行不会因为会员银行的破产而造成更大的损失，防止风险损失不合理地向联邦储备机构转移，同时确保联邦储备银行有足够的稳定资金以应对可能出现的系统性银行危机。

（三）并购

并购是合并与收购方式的总称，是指金融机构在不可救助、救助失败或金融监管机构接管失败等情况下，由另一家有实力、有意愿的金融机构全额收购其股份，或采取吸收合并的方式将其并入的行为。根据金融监管当局是否介入，并购可分为援助型并购和非援助型并购。援助型并购是指由存款保险机构或央行直接介入，帮助并购方吸收被并购方的损失，援助通常包括向并购方提供担保、承诺或同意负责弥补固定数额的并购损失，或由存款保险机构直接承担被并购方的不良资产及损失等。非援助型并购中，并购者全部承接被并购方的债权债务。非援助型并购方式不会增加存款保险机构和央行的资金支出压力。当然，这种并购方式有个前提，即对并购方来说，因此获得的有利条件或优惠应能覆盖并购所发生的成本。

第四节 巴塞尔协议在我国的实施

一、《巴塞尔新资本协议》要点概述

2003年4月，巴塞尔银行监管委员会发布了《关于统一资本计量和资本标准的国际协议：修订框架》，确立了国际金融监管和风险管理的新框架。《巴塞尔新资本协议》建立了有效资本监管的“三大支柱”，即最低资本要求、监管当局的监督检查、市场约束。《巴塞尔新资本协议》提高了资本监管的风险敏感度和灵活性，有助于商业银行改进风险管理和推动业务创新。

（一）最低资本要求

最低资本充足率要求仍然是巴塞尔协议的重要内容。在新框架中，委员会认为压倒一切的目标是促进国际金融体系的安全与稳健，而充足的资本水平被认为是服务于这一目标的中心因素。因此，对资本充足比率提出最低要求仍然是新框架的基础。新协议对最低资本要求的改进体现在以下两点：首先，新协议第一支柱对风险加权资产进行了修改，表现在明确提出将操作风险纳入资本监管的范畴，即操作风险将作为银行资本比率分母的一部分；其次，新协议分别为信用风险和操作风险的计量规定了三种方法，其中信用风险的计算可以使用标准法、内容评级初级法以及内部评级高级法，操作风险的计算可以使用基本指标法、标准法和高级计量法。

（二）监管当局的监督检查

监管当局的监督检查，是为了确保各银行建立起合理有效的内部评估程序，用于判断其面临的风险状况，并以此为基础对其资本是否充足作出评估。监管当局要对银行的风险管理和化解状况、不同风险间相互关系的处理情况、所处市场的性质、收益的有效性和可靠性等因素进行监督检查，以全面判断该银行的资本是否充足。在实施监管的过程中，应当遵循如下四项原则：第一，银行应参照其承担风险的大小，建立起关于资本充足整体状况的内部评价机制，并制定维持资本充足水平的战略。第二，监管当局应检查和评价银行内部资本充足率的评估情况及其战略，以及银行监测和确保满足监管资本比率的能力。若对最终结果不满足，监管当局应采取适当的监管措施。第三，要求监管机构应该根据银行的风险状况和外部经营环境，要求银行保持高于最低水平的资本充足率，对银行的资本充足率有严格的控制，确保银行有严格的内部体制，有效管理自己的资本需求。第四，监管当局应争取及早干预从而避免银行的资本低于抵御风险所需的最低水平，如果资本得不到保护或恢复，则需迅速采取补救措施。

（三）市场约束

市场约束的核心是信息披露。市场约束的有效性，直接取决于信息披露制度的健全程度。只有建立健全的银行业信息披露制度，各市场参与者才可能估计银行的风险管理状况和清偿能力。新协议指出，市场纪律具有强化资本监管、提高金融体系安全性和稳定性的潜在作用，并在应用范围、资本构成、风险披露的评估和管理过程以及资本充足率等四个方面提出了定性和定量的信息披露要求。对于一般银行，要求每半年进行一次信息披露；而对那些在金融市场上活跃的大型银行，要求它们每季度进行一次信息披露；对于市场风险，在每次重大事件发生之后都要进行相关的信息披露。

二、《巴塞尔协议Ⅲ》要点概述

2010 年 12 月，巴塞尔委员会发布了第三版巴塞尔协议（Basel Ⅲ），并要求各成员经济体两年内完成相应监管法规的制定和修订工作，2013 年 1 月 1 日开始实施新监管标准，2019 年 1 月 1 日前全面达标。第三版巴塞尔协议确立了微观审慎和宏观审慎相结合的金融监管新模式，大幅度提高了商业银行资本监管要求，建立了全球一致的流动性监管量化标准，将对商业银行经营模式、银行体系稳健性乃至宏观经济运行产生深远影响。

（一）资本监管新框架

1. 对监管资本的重新定义与新要求。新协议规定最高亏损吸收资本形式，即由普通股构成的核心一级资本占银行风险资产的下限将从现行的2%提高至4.5%；包括普通股和其他基于更严格标准的合格金融工具的一级资本，在同期内将从4%提高到6%。同时，取消二级资本结构中的所有子类别并且废除用于吸收市场风险的三级资本。这种对资本框架的再定义简化了资本结构，降低了附属资本的地位，突出了股东必须对银行直接承担风险的原则。

2. 资本留存缓冲被纳入资本框架。《巴塞尔协议Ⅲ》引入了全新的资本留存缓冲要求，这一改变使银行必须在最低资本充足率的基础上，建立总额不低于银行风险资产2.5%的资本留存缓冲资金池，巴塞尔委员会确定的资本留存缓冲应由普通股构成。资本留存缓冲主要用于经济下滑时，缓冲金融危机给银行带来的资本损失。

3. 逆周期资本缓冲成为备选工具。为了实现更广泛的宏观审慎目标，《巴塞尔协议Ⅲ》提出了0~2.5%的逆周期资本缓冲作为备选工具的要求。各监管当局可以根据自身判断，决定是否引入该工具。逆周期资本缓冲主要针对一国信贷高速扩张的情况。银行在信贷高速扩张时期计提超额资本，当信贷过快增长导致系统性风险出现，在经济下行期银行可以将逆周期资本缓冲用于吸收损失，以维护整个经济周期内的信贷供给稳定。

4. 对系统重要性银行的附加资本要求。《巴塞尔协议Ⅲ》引入了“系统重要性银行”这一概念。对业务规模较大、业务复杂程度较高，发生重大风险事件或经营失败会对整个银行体系带来系统性风险的银行，新协议提出其附加资本充足率要求为1%~2.5%，且附加资本必须完全由普通股权益构成。

5. 基于风险中立的杠杆比率。巴塞尔委员会提出基于风险中立的杠杆率，设定一级资本占非权重资产的杠杆比率下限为3%，即杠杆率=核心资本/表内表外总资产，表内资产按名义金额确定，所有的表外资产必须通过一定的系数转化计算，同时衍生金融资产也需要计入。

（二）流动性监管框架

着力强化流动性风险监管，并将流动性风险监管提升到与资本充足监管同样重要的位置，被视为是《巴塞尔协议Ⅲ》的一个重要监管进展。新协议引进两个新的流动性监管指标——流动性覆盖比率和净稳定融资比率。流动性覆盖比率是指优质流动性资产储备与未来30日的资金净流出量之比，主要描述短期特定压力情境下，银行所持有的无变现障碍的、高质量的流动性资产数量，以此应对资金流失的能力。净稳定融资比率是指可用的稳定资金与业务所需的稳定资金之比，衡量金融机构获得长期、稳定的资金与为了应对表外负债和承诺的潜在或偶然需求而需要增加的流动性这两者之间的比例。目前，巴塞尔委员会将两个流动性标准的指标最低值均设定为100%，并允许各国监管当局在此最低要求基础上增加额外的监管要求。除了流动性覆盖比率和净稳定融资比率这两个具有强约束力的标准外，《巴塞尔协议Ⅲ》还提出了四个辅助性的监测工具，即合同期限错配、融资集中度、与市场有关的监测工具及可用的无变现障碍资产，用以作连续的监测，以此来反映银行业机构的现金流、资产负债表以及某些市场指标的具体信息。

三、我国银行业新监管标准的主要内容

为推动中国银行业实施国际新监管标准，增强银行体系稳健性和国内银行的国际竞争力，中国银行业监督管理委员会于 2011 年 4 月发布《中国银行业监督管理委员会关于中国银行业实施新监管标准的指导意见》。

（一）强化资本充足率监管

1. 改进资本充足率计算方法。一是严格资本定义，提高监管资本的损失吸收能力。将监管资本从现行的两级分类（一级资本和二级资本）修改为三级分类，即核心一级资本、其他一级资本和二级资本；严格执行对核心一级资本的扣除规定，提升资本工具吸收损失能力。二是优化风险加权资产计算方法，扩大资本覆盖的风险范围。采用差异化的信用风险权重方法，推动银行业金融机构提升信用风险管理能力；明确操作风险的资本要求；提高交易性业务、资产证券化业务、场外衍生品交易等复杂金融工具的风险权重。

2. 提高资本充足率监管要求。将现行的两个最低资本充足率要求（一级资本和总资本占风险资产的比例分别不低于 4% 和 8%）调整为三个层次的资本充足率要求：一是明确三个最低资本充足率要求，即核心一级资本充足率、一级资本充足率和资本充足率分别不低于 5%、6% 和 8%。二是引入逆周期资本监管框架，包括 2. 5% 的留存超额资本和 0 ~ 2. 5% 的逆周期超额资本。三是增加系统重要性银行的附加资本要求，暂定为 1%。新标准实施后，正常条件下系统重要性银行和非系统重要性银行的资本充足率分别不低于 11. 5% 和 10. 5%；若出现系统性的信贷过快增长，商业银行需计提逆周期超额资本。

3. 建立杠杆率监管标准。引入杠杆率监管标准，即一级资本占调整后表内外资产余额的比例不低于 4%，弥补资本充足率的不足，控制银行业金融机构以及银行体系的杠杆率积累。

4. 合理安排过渡期。新资本监管标准从 2012 年 1 月 1 日开始执行，系统重要性银行和非系统重要性银行应分别于 2013 年底和 2016 年底前达到新的资本监管标准。过渡期结束后，各类银行应按照新监管标准披露资本充足率和杠杆率。

（二）改进流动性风险监管

1. 建立多维度的流动性风险监管标准和监测指标体系。建立流动性覆盖率、净稳定融资比例、流动性比例、存贷比以及核心负债依存度、流动性缺口率、客户存款集中度以及同业负债集中度等多个流动性风险监管和监测指标，其中流动性覆盖率、净稳定融资比例均不得低于 100%。同时，推动银行业金融机构建立多情景、多方法、多币种和多时间跨度的流动性风险内部监控指标体系。

2. 引导银行业金融机构加强流动性风险管理。进一步明确银行业金融机构流动性风险管理的审慎监管要求，提高流动性风险管理的精细化程度和专业化水平，严格监督检查措施，纠正不审慎行为，促使商业银行合理匹配资产负债期限结构，增强银行体系应

对流动性压力冲击的能力。

3. 合理安排过渡期。新的流动性风险监管标准和监测指标体系自2012年1月1日开始实施，流动性覆盖率和净稳定融资比例分别给予2年和5年的观察期，银行业金融机构应于2013年底和2016年底前分别达到流动性覆盖率和净稳定融资比例的监管要求。

（三）强化贷款损失准备监管

1. 建立贷款拨备率和拨备覆盖率监管标准。贷款拨备率（贷款损失准备占贷款的比例）不低于2.5%，拨备覆盖率（贷款损失准备占不良贷款的比例）不低于150%，原则上按两者孰高的方法确定银行业金融机构贷款损失准备监管要求。

2. 建立动态调整贷款损失准备制度。监管部门将根据经济发展不同阶段、银行业金融机构贷款质量差异和盈利状况的不同，对贷款损失准备监管要求进行动态化和差异化调整：经济上行期适度提高贷款损失准备要求，经济下行期则根据贷款核销情况适度调低；根据单家银行业金融机构的贷款质量和盈利能力，适度调整贷款损失准备要求。

3. 过渡期安排。新标准自2012年1月1日开始实施，系统重要性银行应于2013年底前达标；对非系统重要性银行，监管部门将设定差异化的过渡期安排，并鼓励提前达标：盈利能力较强、贷款损失准备补提较少的银行业金融机构应在2016年底前达标；个别盈利能力较低、贷款损失准备补提较多的银行业金融机构应在2018年底前达标。

（四）增加系统重要性银行监管有效性

1. 明确系统重要性银行的定义。国内系统重要性银行的评估主要考虑规模、关联性、复杂性和可替代性等四个方面因素，监管部门将建立系统重要性银行的评估方法论和持续评估框架。

2. 维持防火墙安排，改进事前准入监管。为防止系统重要性银行经营模式过于复杂，降低不同金融市场风险的传染，继续采用结构化限制性监管措施：一是维持现行银行体系与资本市场、银行与控股股东、银行与附属机构之间的防火墙，防止风险跨境、跨业传染。二是从严限制银行业金融机构从事结构复杂、高杠杆交易业务，避免过度承担风险。三是审慎推进综合经营试点。对于进行综合经营试点的银行，建立正式的后评估制度，对于在合理时限内跨业经营仍不能达到所在行业平均盈利水平的银行，监管部门将要求其退出该行业。

3. 提高审慎监管要求。除附加资本要求之外，监管部门将视情况对系统重要性银行提出更高的审慎监管要求，以提升其应对外部冲击的能力：一是要求系统重要性银行发行自救债券，以提高吸收损失的能力。二是提高流动性监管要求。三是进一步严格大额风险暴露限制，适度降低系统重要性银行对单一借款人和集团客户贷款占资本净额的比例。四是提高集团层面并表风险治理监管标准，包括集团层面风险偏好设定、统一的风险管理政策、信息管理系统建设、集团内部交易等。

4. 强化持续监管。一是监管资源向系统重要性银行倾斜，赋予一线监管人员更广泛的权力，加强对系统重要性银行决策过程、执行过程的监管，以尽早识别风险并采取干预措施。二是丰富和扩展非现场监管体系，完善系统重要性银行的风险监管评估框架，及时预警、有效识别并快速处置风险。三是进一步提升系统重要性银行现场检查精确打击的能力，督促系统重要性银行加强公司治理和风险管理，防止和纠正不安全、不稳健的经营行为。四是实现功能监管与机构监管相结合，采用产品分析、模型验证、压力测试、同业评估等监管手段，保证监管技术能够适应系统重要性银行业务和组织机构日益复杂化的趋势。五是指导并监督系统重要性银行制定恢复和处置计划、危机管理计划，增强系统重要性银行自我保护能力。

5. 加强监管合作。在跨境合作方面，建立对境外监管当局监管能力的评估机制，健全跨境经营系统重要性银行的监管联席会议机制，提高信息交流质量，加强在市场准入、非现场监管、现场检查以及危机管理方面的合作。在跨业合作方面，在国务院统一领导下，监管部门将加强与人民银行、证券监管部门、保险监管部门的协调配合，构建"无缝式"金融监管体系，改进对银行集团非银行业务的风险评估。

四、我国银行业实施新监管标准的战略意义

（一）实施新监管标准为商业银行改进风险管理提供了动力和工具

巴塞尔协议的风险监管框架是建立在风险管理理论和实践发展基础之上的，是对传统风险管理模式的革命性变革，代表了国际化大银行先进的风险管理理念和技术，为商业银行改进风险计量技术、健全风险管理组织框架、重组风险管理流程提供了直接借鉴，有助于商业银行风险管理科学化和精细化，及时揭示、动态监测信贷风险，约束商业银行信贷行为，促进银行盈利模式转变和经营行为理性化，推动银行业可持续和科学发展。

（二）实施新监管标准是提升我国商业银行国际竞争力的必然选择

我国加入世界贸易组织过渡期已经结束，外资银行将全面参与国内竞争；在中长期内，我国大型商业银行也将走出国门谋求国际化发展，在更大范围内、更深层次上参与国际竞争。推动国内大型商业银行实施新监管标准，将有助于引导这些银行提升风险管理能力，建立与此相关的产品定价机制、资本配置机制及绩效考核机制，尽快缩小与国际先进银行的差距，通过机制建设巩固并发展来之不易的改革成果，争取在未来的银行国际竞争中赢得优势，真正实现将大型商业银行办成抵御风险能力强、具备国际竞争力的现代商业银行的改革目标。

（三）实施新监管标准是增强银行监管有效性的要求

随着商业银行业务日趋复杂，传统的以外部约束为主导的银行监管手段的有效性日趋下降，监管当局不应再满足于事后查找问题的根源，应致力于事前发现商业银行管理方面的漏洞，并顺应市场发展，进一步鼓励市场创新。同时，应统筹考虑我国经济周期及金融市场发展变化趋势，科学设计资本充足率、杠杆率、流动性、贷款损失准备等监管标准并合理确定监管要求，体现逆周期宏观审慎监管要求，充分反映银行业金融机构面临的单体风险和系统性风险。

【经典案例】　　五银行授信 43 亿元铁本巨额贷款的前前后后

一、金融机构深陷铁本项目

2004 年 4 月 28 日，针对常州 6 家金融机构的查处风暴终于降临了。中行常州市分

行行长、党委书记王建国首先被撤职。6 家金融机构合力帮助一个注册资本 3 亿元的小型钢铁企业，运作一个远远超出其承载能力的总投资 106 亿元的大项目。

来自相关部门的统计表明，截至 2004 年 3 月 15 日，共计有 6 家金融机构向铁本公司及其关联企业提供授信总额共 43.4028 亿元。其中，中行 25.7208 亿元，农行 10.3106 亿元，建行 6.5608 亿元，广东发展银行 3 000 万元，浦发银行 5 000 万元，常州武进农村信用联社 105 万元。到 3 月底，43.4 亿元的授信戏剧性地缩水到了 36.9583 亿元，减少的部分包括广发银行收回以 100% 保证金开出的 3 000 万元承兑汇票。此时，卷入其中的还有 5 家金融机构。有关人士表示，这是因为铁本项目的风险暴露之后，各家银行意识到巨大的风险，加紧收回部分资金，特别是以承兑汇票、信用证等方式流出的资金。

但是，觉悟来晚了一步。目前，铁本公司的新建项目已经被国务院叫停，常州市政府宣布，将压缩项目用地规模，尚未占用的 1 647 亩土地立即复垦。对铁本公司的违规占地，按每平方米 4 元的标准处罚，而共有 20 多亿元资金已经变成了一幢幢高炉和厂房。原有企业将被保存下来，银行也将帮助老厂正常运转。至于几家银行能从新项目里收回多少资金，现在谁也说不准。

二、巨额资金如何流入

巨额授信是如何授予这个资本金仅 3 亿元的小型钢铁公司的呢？据知情人士透露，农行是铁本公司的开户行，也是在铁本老厂时期最早向其投入资金的银行。实际上，对于铁本新钢铁基地项目，此前农行按照每 100 万吨钢铁产量所需资金的比例，大致匡算出可向铁本投入 15 亿元，但出于风险等因素的考虑，最后只投入了 10 亿多元，这使得农行逃脱了更大的劫难。从 2002 年开始，建行、中行等金融机构鱼贯而入，相继与铁本建立信贷关系。2003 年下半年，随着铁本公司进入高速扩张时期，两家银行的贷款也迅速增加。此时，铁本公司和它的关联企业已经没有多少资产可供抵押了，结果相当部分的资金以信用贷款的形式流入了铁本，其中中行尤甚。现在，这部分贷款成了中行的心头之痛。

在国家有关部门严格控制钢铁投资和各银行狠抓不良贷款的双重压力下，这 6 家银行如何能将如此大笔资金大胆地投入一个民营企业的钢铁项目，从而深陷风险的旋涡？当地一位中行人士告诉记者，去年看来，铁本公司的这个新项目还是不错的，因为市场需求很强，钢铁价格连连上涨，估计资金的回报率会比较高。当时在他们看来，至少二三年内，这个项目不会有太大的问题，而且地方政府比较支持，过去也从来没有出现过这种（地方政府支持的项目出问题）情况。不过，他也承认，中行的授信资产保障不够，信用贷款多，抵押、担保贷款少，造成的风险敞口比例比较大。

一位农行常州市分行人士向记者解释，农行的贷款都是按项目的规模、产销能力向老厂发放的，而且都是以流动资金的名目，而不是固定资产投资。按照银行的规定，流动资金贷款是向借款人发放的用于正常生产经营周转或临时性资金需要的短期贷款，固定资产投资贷款则是用于固定资产项目投资的中长期贷款，以前者名义申请的短期贷款不能用于固定资产投资。但是，“铁本公司的违规挪用，以及贷后的监控不到位，使我们卷入了风波。”该农行人士无奈地说。

三、谁之过

对于银行资金如何陷入铁本旋涡的调查举步维艰，人们很难知晓其中决策的关键细节。但没有人否认，这是一场常州多家银行真正的滑铁卢之役。到底是银行内控机制的缺陷，还是地方政府的误导？抑或是时运不佳，恰好撞上了国家宏观调控的枪口？一位江苏银行业人士认为，原因是多方面的。最主要的是地方政府对项目的支持给银行造成了一种假象，以为政府大力支持的项目绝对没有问题。银行向铁本公司贷款时，铁本已经有了政府的批文，不幸的是后来证明这些批文是地地道道的越权审批。正是由于过于信任地方政府，所以不太重视贷前审查和贷后的监控。

另一位常州的银行业人士认为主要原因是有些银行的风险意识太弱了，为了争夺客户，不计成本地盲目投入。他说，在银行界有一个人所皆知却又很难迈过的误区，就是银行贷款的集聚效应。换句话说，一家银行给企业授信越多，或给企业贷款的银行多了，就会有更多的金融机构争先恐后地向这家企业贷款，因为前者的投入无形中提高了企业的信用等级，使其成了众星捧月的“优质客户”。但问题是，各家银行并不清楚其他同行给予同一家企业的贷款额度，最后各家的贷款合并之后，很可能远远超过这家企业的还款能力。铁本就是一个典型的例子。

此外，还有一种说法是，铁本公司提供的虚假财务报表也成为致命的诱饵。铁本公司提供给税务和银行等部门的报表大不一样，给银行的数据显然要乐观得多，但没有人知道这里面到底有多少水分。

一位江苏银监局官员认为，出现这类事件是偶然中的必然，在市场规则不健全的情况下，一个项目规规矩矩地上，可能要打通几十个环节，花费的时间长，所以有的地方政府就变通一下，搞一些违规操作。过去很多项目都是这么上的，而且大部分都成功了。这位官员认为，这个事件给银行很大的教训，有两个方面可以改进，以避免出现类似事件。其一，国家宏观调控部门应加强宏观预警和指导，让银行提早了解行业过热与否，避免盲目投资。前不久，国家发展改革委下发通知，要求各银行征订行业分析材料，正是帮助银行弥补行业分析的缺陷。“最关键的是，银行必须改变过去过度依赖地方政府的习惯，以为有地方政府支持，贷款就没问题了，从而陷入非规则游戏的陷阱。”他说，“法制越来越健全，银行必须按法制社会的规则办事，而不是依赖地方政府。”

资料来源：搜狐网，《21世纪经济报道》，2004-05-08。

【知识链接】　　巴塞尔银行监管委员会

巴塞尔银行监管委员会（以下简称巴塞尔委员会）于1974年由十国集团（比利时、加拿大、法国、联邦德国、意大利、日本、荷兰、瑞士、英国和美国）中央银行行长商议建立。如今，该委员会由来自比利时、加拿大、法国、德国、意大利、日本、卢森堡、荷兰、西班牙、瑞典、瑞士、英国和美国等13国（但仍惯称“十国集团”）的中央银行以及银行监管部门的高级监管代表组成，通常每年定期召开三四次会议，其秘书处设在国际清算银行（行址在瑞士的巴塞尔）。

巴塞尔委员会自成立以来一直以建议而非强制的形式推行其制定的关于国际金融监

管的一系列文件，该委员会没有任何凌驾于国家之上的正式监管权力，其所形成的决议不具备，也从未试图具备任何法律效力，但由于巴塞尔委员会成员国在国际经济、金融领域的重要影响和地位，以及巴塞尔委员会成立30多年来在国际金融监管方面的不懈努力和其取得的卓有成效的工作业绩，同时也由于经济金融全球化、复杂化带来国际金融竞争加剧、金融危机频发的现实，各国金融监管部门深刻认识到建立国际统一协调的监管标准和监管机制的必要性，这使得巴塞尔委员会在国际金融监管合作与协调方面事实上成为了全球最具权威的国际间银行组织，使其公布的有关国际金融监管和金融风险管理方面的一系列文件，受到世界各国金融界和监管当局的普遍重视或支持，或通过国内立法将其转变为具有法律效力的金融规范，或在金融及监管实务中努力实践巴塞尔委员会所颁布文件提出的要求，从而使巴塞尔委员会的系列文件在事实上成为具有约束性的建议或曰国际金融惯例。

【复习思考题】

1. 银行业的市场准入监管包括哪些内容？
2. 银行业风险监管的内容有哪些？
3. 现场监管与非现场监管的主要内容有哪些？
4. 试评述我国的银行监管评级制度。
5. 危机银行处理的一般措施是什么？
6. 银行有哪些市场退出方式？
7. 我国实施巴塞尔协议的意义是什么？

【参考文献】

[1] 郭田勇：《金融监管学》，北京，中国金融出版社，2004。

[2] 王广谦：《中央银行学》，北京，高等教育出版社，2006。

[3] 刘志友：《商业银行安全问题研究》，北京，中国金融出版社，2010。

[4] 国际货币基金组织：《金融体系稳健性的宏观审慎指标》，北京，中国金融出版社，2001。

[5] 中国银行业从业人员资格认证办公室：《风险管理》，北京，中国金融出版社，2007。

[6] 闫龙光：《美国银行业监管的发展创新》，载《银行家》，2006（1），102～105页。

[7] 綦相：《 流动性风险管理新规及其挑战》，载《银行家》，2010（6），23～25页。

[8] 陆军、李宇嘉：《国际贷款损失准备金制度的最新发展及其对我国的启示》，载《 国际金融研究》，2006（2），69～74页。

[9] 中国银行业监督管理协会网站，www. cbrc. gov. cn。

[10] 吴雨珊：《五银行授信43亿元铁本巨额贷款的前前后后》，载《21世纪经济

报道》，搜狐网，2004－05－08。

［11］《中国外汇》编辑部：《〈巴塞尔协议Ⅲ〉落地福兮祸兮》，载《中国外汇》，2010（11），12～18页。

第十一章　农村信用社监管体系

【本章概要】

农村信用社是支持我国农村经济发展的重要力量。风险防范与控制是农村信用社功能发挥和自身可持续发展的根本保障。目前我国已建立起以银监会和其他政府监管部门为主体，农信社内部监管、行业自律及社会监督为辅助的监管体系。多个层次的监管活动相互配合与补充，对农村信用社体系的安全稳定运行发挥了重要保障。本章对各层次的监管职责与特点进行了分析。

【要点提示】

1. 农村信用合作社是由社员入股组成，实行社员民主管理，主要为社员提供金融服务的合作金融机构。农村信用合作社是我国金融体系的重要组成部分，也是目前我国最主要的合作金融组织形式。农村信用社监管应遵循依法监管与严格执法原则、坚持合作制的原则、区别于商业银行的原则、分类监管原则以及内外监管并举的原则。

2. 内部监管是农信社风险防范的关键。监管机构对农信社内部控制的监管有助于农信社加强自我约束，并与外部监管协调配合确保理想的监管效果。

3. 行业监管促进农信社加强行业自律，保证行业坚持正确的经营方向，防范行业风险，是对其他监管防线的重要补充。

4. 我国当前建立起来的“国家宏观调控、加强监管，省级政府依法管理”的农信社外部监管体系，对深化农村信用社管理体制改革，规范并充分发挥有关方面对信用社监督管理和防范、化解风险具有积极意义。

【内容架构图】

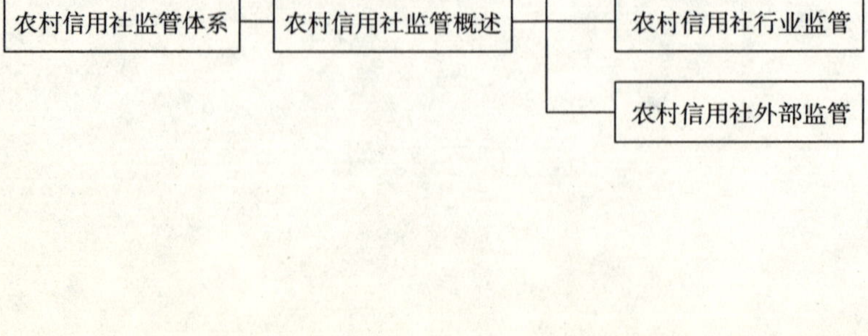

第一节 农村信用社监管概述

一、合作金融的产生与发展

合作金融是指按照国际通行的合作原则，以股金为资本、以入股者为服务对象、以基本金融业务为经营内容而形成的金融活动以及随之发展起来的金融合作组织。1995年，国际合作联盟对合作制确定了7条原则：自愿和开放的原则；民主管理，一人一票的原则；社员入股，按交易量分配的原则；自主经营、自担风险的原则；教育、培训的原则；合作社间的合作原则；关心社区发展的原则。

现代意义上的合作金融产生于19世纪中叶的欧洲。1849年，德国诞生了世界上第一家信用合作社，其创始人是威廉·雷发巽，德国也因此被公认为信用社的发源地。美国的农业信用合作体系是在政府的倡导下建立和发展起来的，分为联邦土地银行及基层合作社、联邦中期信用银行及生产信用合作社、合作银行三大部分。目前美国三分之二以上国民都是合作社社员，可以说美国的合作金融是现阶段世界上最为发达的。日本在第二次世界大战后制定了《农业协同组合法》，按照农民自愿自主的原则，登记成立农业协同组合。至1960年，日本已基本形成普及全国市、町、村所有农户的农协系统。该系统以信用、储蓄业务为主，兼营其他业务，既是一种农村合作经济的组织形式，又是一个为农民经济生活服务的事业团体和代表农民利益、指导农业生产的农业团体，受到日本政府的大力扶植。合作金融目前已在世界范围内获得较大发展，形成了相对独立的体系，在经济与金融活动中发挥着重要作用。

中国合作金融的实践始于中国华泽义赈救灾总会，它是于1923年6月在河北省香河县成立的第一个农村信用合作社。1927年2月中国共产党在湖北省黄冈县建立了第一个农民协会信用合作社。中华人民共和国成立以后，信用合作事业有了很大发展。目前，我国的合作金融形式具体包括农村合作金融和城市合作金融。其中，农村合作金融是中国合作金融的主要形式。农村合作金融机构包括农村信用合作社、农村信用合作社联合社与农村合作银行。农村信用合作社是中国金融体系的重要组成部分，也是目前我国最主要的合作金融组织形式。农村信用合作社由社员入股组成，实行社员民主管理，主要为社员提供金融服务。农村信用社是独立的企业法人，以其全部资产对农村信用社的债务承担责任，依法享有民事权利，承担民事责任。

农村信用合作社作为银行类金融机构有其自身的特点，主要表现在：第一，农信社由农民和农村的其他个人集资联合组成，是以互助为主要宗旨的合作金融组织，其业务经营是在民主选举基础上由社员指定人员管理经营，并对社员负责，其最高权力机构是社员代表大会，理事会负责具体事务的管理以及业务经营的执行。第二，农信社的主要资金来源是合作社成员缴纳的股金、留存的公积金和吸收的存款，贷款主要用于解决其成员的资金需求。第三，由于业务对象是合作社成员，其主要任务是依照国家法律和金融政策的规定，组织和调节农村基金，支持农业生产和农村综合发展，支持各种形式的合作经济和社员家庭经济，限制和打击高利贷。

二、我国农村信用社的发展沿革

新中国成立后，以对农村信用社发展具有重大影响的历史事件或改革措施为标志，我国农村合作金融的发展可以划分为以下几个阶段：

（一）第一阶段（1949—1957 年）

从新中国成立到 1958 年大跃进前，是我国农村信用社普遍建立和发展的时期。在这段时间里，信用组织的发展又可分为两个小阶段。1951—1953 年为试办阶段，各地普遍进行试点，培训骨干，摸索经验，为全面推行准备条件。至 1953 年底，全国共建立各种形式的信用合作组织 25 290 个。通过两年半时间的试办，基本上打开了局面，为全面推行奠定了良好基础。1954—1957 年为信用社大发展阶段。由于有了前段良好的基础，因而工作进展比较顺利。到 1956 年底，全国信用社已发展到 10 万多个，全国 80% 的乡都有了信用社。1956 年在农业合作化运动高潮中，中央决定撤区并乡，信用社也相应整合。到 1957 年底，全国共有信用社 88 368 个，信用社数量虽然在减少，但社员股金却由 1953 年的 1 100 元增加到 206 600 元，增长了 186. 8 倍。农村信用合作事业无论在组织上还是在业务上，均得到了迅速发展。

（二）第二阶段（1958—1978 年）

从 1958 年大跃进开始到 1978 年党的十一届三中全会前，是农村信用社历经波折的时期。1958 年人民公社化以后，农村财贸管理体制有了较大变更。银行营业所和信用社合并成为信用部，下放给人民公社领导和管理。这样就混淆了两种所有制的界限，造成财产资金和账务上的混乱。信用社增加了官办色彩，失去了经营自主权。在“文革”期间，信用社下放给贫下中农管理。信用社职工实行不脱产，走所谓“亦工亦农”道路，这使信用社再一次处于大动荡的旋涡中。

（三）第三阶段（1978—1996 年）

从十一届三中全会到 1984 年，是农村信用社恢复和发展的时期。国家决定把信用社交给农业银行管理。在农业银行的领导和管理下，农村信用社重新得到恢复和发展，但离合作金融组织的特性越来越远。从 1984 年提出对农村信用社进行重大改革到 1996 年国务院提出农村信用社与农业银行脱钩，是信用社向合作制道路迈进的初步改革时期。1984 年，国务院 105 号文件转发了《中国农业银行关于改革农村信用社管理体制的报告》，提出要把农村信用社办成真正的合作金融组织，恢复其合作性质，即恢复信用社组织上的群众性、管理上的民主性和经营上的灵活性。这一时期，农村信用社体制改革不断深化，各项业务得到了迅速发展。

（四）第四阶段（1996—2003 年）

从 1996 年国务院决定农村信用社与农业银行脱钩开始，农村信用社开始真正走向合作办社的道路。1996 年 8 月国务院下发了《国务院关于农村金融体制改革的决定》，强调指出改革的重点是改革农村信用社管理体制，把农村信用社改造成真正的合作金融组织，改革的步骤是农村信用社和农业银行脱离行政隶属关系，按照合作制原则进行规范，其业务管理和金融监管分别由农村信用社县联社和中国人民银行承担。经国务院批准，从2000年7月开始，人民银行和江苏省人民政府组织开展的江苏省农村信用社改革试点，在以县（市）为单位统一法人、试办农村商业银行以及省级联社等方面进行了有益探索。1999年到2000年间，全国还试点组建了65家市（地）联社、6家省级联社和5家省级信用合作协会。2003年上半年，又试点组建了浙江鄞州农村合作银行。

（五）第五阶段（2003年至今）

这是农信社深化改革的阶段。2003年6月，国务院下发《国务院关于印发深化农村信用社改革试点方案的通知》。文件指出，要按照“明晰产权关系、强化约束机制、增强服务功能、国家适当支持、地方政府负责”的总体要求，加快农村信用社管理体制和产权制度改革，把农村信用社逐步办成为农民、农业和农村经济发展服务的社区性地方金融结构，充分发挥农村信用社农村金融主力军和联系农民的金融纽带作用，更好地支持农村经济的结构性调整，促进城乡经济协调发展。这次农村信用社改革，重点解决两个问题：一是以法人为单位，改革信用社产权制度，明晰产权关系，完善法人治理结构；二是改革信用社管理体制，将信用社的管理交由地方政府负责。2003年银监会成立，对农信社的监管职能由中国人民银行转入银监会。2004年中央扩大了农村信用社改革试点范围。2005年1月《中共中央国务院关于进一步加强农村工作提高农业综合生产能力若干政策的意见》要求继续深化农村信用社改革，发挥其在农村金融的主力军作用。

三、我国农村信用社面临的主要风险

我国农村信用社目前存在的风险主要表现在以下几个方面。

（一）信用风险

信用风险是农村信用社最突出的风险。其原因主要有以下几点：首先，农村信用社各为法人，贷款过于集中，并且农村信用社产权组织形式的特殊性决定了其关联交易及关系人贷款的特殊性。其次，农村信用社在贷款时通常不使用常规的抵押方式，因为其借款客户一般是低收入者，无力提供常规抵押品，所以农村信用社不得不采用替代性方式来刺激借款者的还款动机，如借款者一旦违约就对其以后的贷款要求全部予以拒绝，或者采取农户联保的方式。我国农村信用社目前对超过小额信贷的贷款就采用农户联保的方式。这一方式有效的前提是农村信用社必须建立强有力的惩罚机制，以保证借款者对联保的无力或不愿还款的成员承担还款责任。如果惩罚机制过弱，一旦一个借款者不能还款，那么联保的其他借款者出于逆向选择都会停止还款，因为每一成员都担心由自己承担全部的还款责任。最后，由于农村信用社业务的地域限制和特殊的目标客户群限制，其贷款一般都发放给相对同质的客户，而同质借款者的违约风险具有高度相关性，同质的小客户群限制了农村信用社风险分散化的能力。

（二）治理风险

对完全由社员出资构成的农村信用社而言，在农村信用社净资产中，社员股金所占比例很少，在很多地方只占5%左右，而且在农村信用社赖以运转的资本中，股金无足轻重，绝大多数处于所有者虚置状态。绝大多数的积累作为不可分割的集体财产，同各个社员之间没有现实的财产所有权关系。对于社员来说，无论农村信用社经营状况如何，同社员有明确权益关系的股金都起不了多大作用，而且也不会给其切身利益带来重大影响。所有者缺位的状况造成农村信用社没有追求盈利和发展的动机，因此农村信用社的内部控制一般较为薄弱，大部分治理结构有其形而无其神，内部人控制现象普遍。

（三）流动性风险

从总量上来看，农村信用社普遍面临资金短缺的问题，受农村村级经济股份制改革、土地政策趋紧及物价上涨刺激消费、民间借贷活动等多种因素影响，储蓄存款增速下降，资金来源不足。由于相对缺乏稳定的资金来源，流动性风险较为突出。此外，农村信用社资产质量不理想，信贷资产结构不合理也是导致流动性风险存在的重要原因。

（四）管理风险

经营管理的风险是指由于长期受粗放式经营思想的影响，信用社往往偏重于业务发展的速度，轻视了业务发展的效益，注重量的扩张，而轻视了质的提高。具体表现在机构的急剧扩张，擅自设立分支机构；直接从事或者变相从事高息揽存和高息贷款等活动；违反资产负债比例管理的规定，形成严重的资产负债结构错配和资产总量规模的恶性扩张局面，导致大量不良资产的增加等。

（五）市场风险

近年来，随着利率市场化和人民币汇率形成机制改革进程加快，新型农村金融机构产生，市场竞争加剧。长期以来，农信社竞争力不足的现实将使其面临严峻的生存环境。同时，由于内控机制不健全，操作人员应对市场变化的经验不足，利率风险、交易对手风险等正逐步显现。

四、农村信用社监管原则

（一）依法监管与严格执法原则

对农村信用社的监管必须依据现行的金融法规，保持监管的严肃性、权威性、强制性和一贯性，而不能凭主观感受随意监管，甚至知法犯法、有法不依。坚持这一原则具体要做到如下内容：一是金融监管当局及其工作人员在执行监管公务时，应坚持依法办事、严肃执法；二是金融监管工作者自身应遵守各种法规，坚持执法的连续性、一贯性和不可例外性。

（二）坚持合作制的原则

国际合作联盟把合作制的主要特征概括为“由社员自愿入股、实行民主管理、主要为入股社员服务”，对合作金融的监管也要按照合作制原则来进行。

（三）区别于商业银行的原则

由于农村信用社的基础是农村，而农业受自然条件的因素影响较大，农村信用社的经营也有其脆弱的方面，因此，对农村信用社的监管应区别于商业银行，要充分尊重社员代表大会、理事会、监事会的管理和决策，这是信用社发展的重要条件。但伴随农信社的发展，需要根据实际情况，逐步实现农村信用社监管标准与商业银行监管标准的统一，把商业银行监管作为今后的监管标杆。

（四）分类监管原则

我国广大农村的经济发展水平差距很大，对农信社的监管要在总体上坚持统一监管标准的同时，根据各地农信社资本充足状况、资产质量状况、管理状况、流动性状况、市场风险状况等的监管评级结果及相关的实际情况采取不同的监管方式和监管措施，加强分类监管、差别监管，加强同质同类比较，使农村信用社监管逐步走向专业化、科学化。

（五）内外监管并举的原则

农村信用社的风险特征及经营状况与各地农村经济发展水平密切相关，具有多样性特点。另一方面，各地经济发展对农村信用社金融支持的需要也存在差异。采用内外监管并举的监管模式，构建法律监管、行政干预、行业自律及内部监管等多层次监管体系，才能有效应对不同地区、不同规模等不同特征农信社风险防范的要求。

第二节 农村信用社内部监管

一、内部控制的含义

较早的内部控制理论研究来自于审计领域。1936 年，美国注册会计师协会发布《独立注册会计师对财务报告审查》的文告，首次提出审计师在制定审计程序时，应考察的一个重要因素是审计企业的内部牵制和控制。1949 年，该协会作了题为《内部控制，一种协调制度要素及其对管理当局和独立注册会计师的重要性》的报告，对内部控制首次作出了权威性定义：内部控制包括组织机构的设计和企业内部采取的所有相互协调的方法和措施。这些方法和措施都用于保护企业的财产，检查会计信息的准确性，提高经济效率，推动企业坚持执行既定的管理方针。该定义的发布当时被普遍认为是对内部控制这一概念的重大贡献，因为在此之前内部控制概念几乎没有受到如此重视。

1992 年，美国国会反对虚假财务报告委员会下属的发起组织委员会发布的《内部控制——整合框架》（COSO 报告）构建了由三个目标和五大要素组成的内部控制框架。该框架的发布和广泛采用标志着内部控制开始在理论与实践中走出审计范畴，成为企业管理体系的有机组成部分，同时，该框架也为企业内部控制评价提供了指导。该报告认为内部控制有利于促进效率，减少资产损失风险，帮助保证财务报告的可靠性和对法律法规的遵从。COSO 报告认为内部控制有如下目标：经营的效率和效果（基本经济目标，包括绩效、利润目标和资源、安全），财务报告的可靠性（与对外公布的财务报表编制相关的，包括中期报告、合并财务报表中选取的数据的可靠性）和符合相应的法律法规。COSO 报告提出内部控制由五部分组成。

第一，控制环境（Control Environment）。它包括组织人员的诚实、伦理价值和能力，管理层哲学和经营模式，管理层分配权限和责任、组织、发展员工的方式，董事会提供的关注和方向。控制环境影响员工的管理意识，是其他部分的基础。

第二，风险评估（Risk Assessment）。它是确认和分析实现目标过程中的相关风险，是形成管理何种风险的依据。它随经济、行业、监管和经营条件而不断变化，需建立一套机制来辨认和处理相应的风险。

第三，控制活动（Control Activities）。它是帮助执行管理指令的政策和程序。它贯穿于整个组织、各种层次和功能，包括各种活动如批准、授权、证实、调整、经营绩效评价、资产保护和职责分离等。

第四，信息和交流（Information and Communication）。信息系统产生各种报告，包括经营、财务、守规等方面，使得对经营的控制成为可能。处理的信息包括内部生成的数据，也包括可用于经营决策的外部事件、活动、状况的信息和外部报告。所有人员都要理解自己在控制系统中所处的位置以及相互的关系；必须认真对待控制赋予自己的责任，同时也必须同外部团体如客户、供货商、监管机构和股东进行有效的沟通。

第五，监控（Monitoring）。监控在经营过程中进行，通过对正常的管理和控制活动以及员工执行职责过程中的活动进行监控，来评价系统运作的质量。不同评价的范围和步骤取决于风险的评估和执行中的监控程序的有效性。对于内部控制的缺陷要及时向上级报告，严重的问题要报告到高级管理层和董事会。

1998 年 9 月，巴塞尔委员会在参照 COSO 报告的基础上发布了《银行组织内部控制系统框架》。该报告规定了银行组织内部控制系统的目标，设计了内部控制的五个相互关联的构成要素，并系统地针对商业银行内部控制体系提出了十二项指导原则，是商业银行内控研究历史性的突破。该框架将内部控制定义为由董事会、高级管理人员以及其他人员实施的一个过程，其目的是为了实现经营的效果与效率、会计与管理信息的可靠、完整与及时以及经营活动符合现行法律法规的要求。该定义进一步强调董事会和高级管理层对内控的影响，组织中的所有人员都必须参加内控过程，对内控产生影响。《银行组织内部控制系统框架》把内控的三大目标分解为操作性目标、信息性目标和合规性目标。其中，操作性目标不只针对经营活动，而且还包括其他各种活动；在信息性目标中把治理信息也包括了进来，明确要求实现财务和治理信息的可靠性、完整性和及时性。五个要素为管理层的督促与控制文化，包括董事会、高级管理层及控制文化等；风险的识别与评估；控制活动与职责分离；信息与交流；监督评审活动与缺陷的纠正。十二条基本原则是董事会最终责任原则、高级管理层的执行原则、塑造控制文化原则、控制风险原则、控制结构原则、职责分离原则、信息获取原则、信息系统原则、交流沟通原则、整体有效性原则、独立内部审计原则、及时报告原则。

巴塞尔银行监管委员会要求监管当局对内部控制系统进行评价，在其第十二条原则中提到：监管者应当要求所有的银行，无论其规模的大小，应当建立一个与其性质、复杂程度和借贷活动固有的风险相一致的内部控制系统，并且对银行环境和条件的变化作出反应。如果监管者确认某一银行的内部控制系统对其特定的风险是不充分或无效的，他们应当采取适当的行动。评价标准和依据就是其所提出的目标和十二条原则。

二、我国农村信用社的内部控制

（一）银监会对我国农村信用社的内部控制监管

我国农村信用社对内部控制的认识及内部控制建设一直以来均是参照商业银行的规定来执行的。2007 年 7 月，中国银监会发布了《商业银行内部控制指引》（以下简称《指引》），对我国商业银行内部控制制度作出了进一步的指导和探索，农村信用社参照执行。《指引》对内部控制的概念进行了明确的阐述，指出内部控制是商业银行为实现经营目标，通过制定和实施一系列制度、程序和方法，对风险进行事前防范、事中控制、事后监督和纠正的动态过程和机制。概念突出了对内部风险的动态处理特征。《指引》具体探讨了商业银行及农村信用社等金融机构内部控制制度若干核心问题，具体表述如下。

1. 完善公司治理结构，重构组织机构的内外体系。内部控制作为一个制度范畴，就必须具备制度框架和传导路径。有效的内部控制必须建立在分立制衡的权力体系基础之上，并且通过分工明确、责任明确、稽核明确的结构体系来落实。《指引》明确提出这一点，并对董事会、高级管理层以及监事会的权责作了简要区分。但就我国目前情况来看，农村信用社在这方面仍有较大差距。问题的症结所在就是农村信用社产权制度仍在改革进程中，产权不清晰，不少基层信用社在多级法人格局下并不具备真正意义上的法人地位，信用社缺少行之有效的权力制衡机制和有力的激励约束机制，使其内部控制很难有效开展。

2. 严格实施授信内部控制。《指引》从第三章到第八章分别列举了授信、资金业务、存款及柜台业务、中间业务、会计、计算机信息系统六个领域的内部控制要求。授信内部控制要求共二十五条，针对我国目前银行内部控制最主要的环节是信贷管理。

（1）明确统一授信管理原则，并完善信贷管理的机构、体系建设。农信社应建立严格的授信风险垂直管理体制，对授信实行统一管理，设立独立的授信风险管理部门，对不同币种、不同客户对象、不同种类的授信进行统一管理；制定统一的各类授信品种的管理办法。

（2）强化了信贷管理体制的量化分析和信息化建设。银行应当以风险量化评估的方法和模型为基础，开发和运用统一的客户信用评级体系；健全客户信用风险识别与监测体系；建立资产质量监测、预警体系；建立完善的授信管理信息系统；建立完善的客户管理信息系统等。

（3）完善授信决策机制，明确授信风险责任制。《指引》明确规定，行长不得担任授信审查委员会的成员。同时，在《贷款通则》基础上，《指引》不仅重申了调查人员、审批人员、贷后管理人员的责任归属，而且明确了放款操作人员应当对操作性风险负责，高级管理层应当对重大贷款损失承担相应的责任。

（4）对单一客户的贷款、贸易融资、票据承兑和贴现、透支、保理、担保、贷款承诺、开立信用证等各类授信实行一揽子管理，确定总体授信额度；对集团客户实行统一授信管理，合理确定对集团客户的总体授信额度，防止多头授信、多头借款、多头互保等形式套取银行资金。

3. 内审监督与自身纠正的结合。内部审计部门应当有权获得商业银行的所有经营信息和管理信息，并对各个部门、岗位和各项业务实施全面的监控和评价。同时，内部审计应当具有充分的独立性，实行全行系统的垂直管理。配备充足的具备相应专业从业资格的内部审计人员，建立有效的内部控制报告和纠正机制。

（二）农村信用社内部控制建设的必要性

1. 加强农村信用社内部控制建设是农村信用社深化改革的需要。农村信用社改革的核心目标就是要实现农村信用社转换经营机制，增强服务功能。通过完善法人治理而形成“自主经营、自我约束、自担风险、自我发展”的良性循环机制，“自我约束”在整个经营机制转换中将起到至关重要的作用。

2. 加强农村信用社内部控制建设是提高核心竞争力的需要。目前，我国整个金融市场竞争日趋激烈，金融自由化、经济全球化的程度不断加深。受邮政储蓄银行的建立、农业银行股改等因素影响，农村信用社的经营压力不断上升。完善内部控制体系，加强内部控制建设，提升竞争力，已成为农村信用社所面临的紧迫任务。良好的内部控制可以通过价值观和风险观来引导员工的思想和行为，把岗位的基本要求转化成员工的内在素质，体现在他们的道德意识、职业习惯、思想观念、知识体系、思维模式、行为方式中，从而把员工的思想、观念和行为引导到农村信用社所确定的发展目标上来。

3. 加强农村信用社内部控制建设是金融监管的需要。“管内部控制”是中国银监会成立后提出的监管理念之一。健全的内部控制、有效的外部监管和良好的市场约束将构成农村信用社稳健运行的“三大支柱”。而其中有效的内部控制是提高农信社的核心竞争力的关键手段，是确保农村信用社稳健运行的内在动力。金融监管部门已从监管角度对金融系统内部控制提出了明确要求，农信社应尽快加强内部控制制度建设，以满足监管要求。

（三）我国农村信用社内部控制存在的问题

1. 对内部控制建设重视不够，尚未真正建立良好的体系。首先，表现在农村信用社对内部控制机制的指导思想不明确，内部控制意识淡薄，部分领导重业务发展，轻内部管理，对加强内部控制机制建设的重要性和重要作用认识肤浅，没有形成共识。认识上的差距，导致工作中对加强内部控制机制建设不够重视，经营管理还没有从粗放式的经营管理模式里走出来，管理的整体水平不高。其次，农村信用社内部控制建设多处于整章建制的初级阶段，在制度建设方面书面上的多，应付性、反应式的多，对合规经营的传统“硬控制”强调多，而对员工价值观、职业道德、人力资源管理以及管理层的经营理念等属于内部控制范畴的“软控制”重视度不够，尚未形成包括管理理念、职业道德、组织结构、权责分配体系和人力资源管理等内容在内的内部控制机制。最后，内部控制制度的全面性、系统性和效力不够，与科学、健全的内部控制体系尚有较大的差距。

2. 风险管理理念及手段落后。重经营合理性的控制和检查，重事后的检查和纠正，是目前农村信用社内部控制管理的重点，由合规性管理向风险管理转变的意识尚未真正形成，在风险控制手段上缺乏有力的措施。主要表现有以下几种情况：一是没有一套有效识别风险的预警体系，干部、员工的风险鉴别能力、化解能力以及自我约束能力较弱，存在经验管理强于制度控制现象；二是权力制约失衡，不能有效识别风险承担责任人，尤其是对高层管理人员的约束相对软化，造成风险度集中；三是重制度建设，轻执行落实，重事后检查，轻事前防范；四是各项制度之间缺乏足够的相互制约性，缺乏整合性；五是考核机制不完善，突出各项任务指标完成，忽视内部控制管理要求。

3. 控制行为分散，控制措施不到位。主要体现在以下四个方面：一是农村信用社内部的总体控制力不强，一些岗位上职责不清或未按规定分离现象较突出，尤其是较小的信用社，由于人员少，一人兼多职现象普遍存在，无法满足职责分离、相互制约的需要。在指标及业绩考核的压力下，一些领导或负责人缺乏诚信品质，违规经营，越权放款，钻制度空子，甚至弄虚作假，触犯法律。二是风险管理分散于各部门，衔接和制约不充分，集中与统一欠缺。内部控制的各类规章制度缺乏系统性、关键性、整合性，不少制度规定粗略化、大致化、模糊化，缺乏执行力。三是控制措施方面反应式、应付式控制活动多，主动性、预见性控制活动少，制度执行刚性不足，有令不行、管控不严的现象时有发生。四是责任追究制度不落实。在实际工作中没有真正树立从严治社的思想，对各种违规、违章行为，不是从农村信用社健康稳定发展的大局出发，依照规定严肃处理，而是大事化小、小事化了，甚至包庇隐瞒，搞内部消化，没有对当事人、有关责任人和单位负责人进行处理，从根本上动摇了制度的严肃性，导致规章制度无法落实，助长了违规、违章的歪风邪气。

4. 内部审计部门作用发挥不够，监督有效性还需提高。农村信用社的内部审计应是农村信用社内部一种独立的评价功能，以检查和评价其内部控制系统为主要工作方向，兼有建议或咨询职能。内部审计部门应当通过对信用社内部各部门及分支机构的定期专项稽核，了解内部控制制度及各项政策的执行情况，发现内部控制的缺陷，向管理层报告，同时根据专业知识和职业判断，提出改进内部控制的建议。而目前的农村信用社内部审计与其他商业银行相比明显存在着以下三方面的不足：一是内部稽核组织独立性不强、权威性不够，内部审计理念和手段落后及内部审计人员不足、素质较差等；二是在内部审计监督有效性方面对业务检查多，但查后跟进与问题纠正机制未得到落实，对内部控制薄弱点的监督评价力度不够，未能从源头上遏制各种风险，尤其是案件和不良资产的发生；三是内部控制作用未能得到很好发挥，内部审计“走过场、摆形式、当好人”的现象时有发生，一些严重的违法、违纪行为未能在内部审计中发现，而常靠外人检举或外部审计检查才暴露出来，一些违规行为被发现后未能得到妥善处理，对有关责任人追究不力。

（四）我国农村信用社内部控制的改革与完善

1. 加强各管理层对内控的关注和指导，明确各级内控管理的第一责任人，全面履行对内控工作的直接领导职责，注意内控中的每一环节。加强研究部署和督查内控工作，并对本级单位（部门）内控工作的有效性负责，对内控造成的重大损失承担责任。培养员工内控意识，提高员工的素质。提高员工内控意识的主要措施就是加强培训，除继续坚持业务培训、服务培训外，还应增加内控制度的培训，提高员工道德品质素质。每个员工都能很自觉地遵守内控制度，形成“全员抓内控建设，全员参与内控管理”的良好局面，使内控环节前移。

2. 构建科学合理的内控制度组织机构，进一步完善业务规章和操作流程，增强农村信用社风险识别能力。针对业务品种创新和操作流程的变化，及时梳理相关规章制度，建立、补充、修订和完善各类规章制度和办法，确保规章制度能覆盖各项业务控制的关键风险点。切实规范业务流程，按业务品种研究制定标准业务操作流程，细分业务操作过程中的风险点，将各种规章制度、风险防范措施嵌入每个操作岗位，形成统一、标准、完善的业务流程和岗位操作职责。积极探索符合农村信用社管理与发展的内控制度、操作流程，明确关键岗位、特殊岗位、不相容岗位的控制要求，形成职能分离、相互制约、稳健高效的业务运作关系，控制业务流程中的风险。

3. 建立健全风险定期分析报告制度和内控信息传导机制，提高风险管理综合能力。建立内控管理信息报告和反馈机制。各农村信用社、各部门及各联社要对本单位（部门）的内控现状、内控中存在的漏洞和隐患以及加强内控管理的措施等相关工作进行分析、总结，形成书面材料及时向上一级管理部门汇报。同时，上一级管理部门也要及时对基层反映情况给予意见反馈和指导，并加强系统内的经验交流，提高农村信用社整体内控工作的效果。

4. 建立健全内控激励约束机制，提高执行力。制定科学、合理的内控管理奖惩制度，建立起覆盖每位管理人员和员工的责任追究体系，将内控管理成效与考评机制相结合。把内控管理成效纳入高管人员考核和离任、责任审计中，并与干部使用、薪酬分配相挂钩；积极探索内控评价结果与各部门目标绩效考核挂钩的方式，引导和推动农村信用社经营目标的实现。

5. 构建独立、权威的内审体系。提高内部稽核的独立性和权威性，推进稽核管理改革，建立垂直的架构体系。

6. 正确处理业务发展与强化内控的关系，正确处理规范化操作与市场、效益、风险三者之间的关系。正确处理与员工的沟通、协调与和谐发展的关系。坚持以人为本，通过人性化管理，加强沟通和协调，创造一种民主和谐、制度严明的内控环境，使全体员工认真履行内控职责，自觉遵守各项法律法规和制度，推进各项业务的协调、稳健发展。

第三节 农村信用社行业监管

一、行业自律组织的内涵

行业自律包括两方面的内涵，一是行业内对国家法律、法规政策的遵守和贯彻，二是用行业内的行规、行约制约自己的行为。两个方面都包含对行业内成员的监督和保护的机能。行业自律公约，又称行业自主管理公约、公契，是指行业自律组织为了行业成员的共同利益、保障本行业的持续健康发展而制定的对全体行业自律组织的成员具有普遍约束力的行为规范，它是行业自律管理中普遍存在的一种规范性法律文件，作为行业会员权利行使和义务履行的基本规则，是行业自律管理顺利进行的重要保证。

成立金融业自律组织是各国加强金融业行业自律和服务的普遍做法。金融业自律组织一般由金融业同业自愿组成，以谋取和增进全体会员机构的共同利益为宗旨。金融业自律组织是金融监管体系的重要组成部分，它不仅可以解决金融同业之间的约束和自律问题，而且有助于加强金融业的监管，改善金融机构的经营环境。

二、行业自律组织的功能

（一）充当行业自律管理机构

充当行业自律管理机构是自律组织的基本功能。通过制定同业自律公约以及有关业务规章和收费标准，可以加强会员机构的自我约束能力，监督其遵守国家的有关法律法规，建立公正、合理、平等的市场竞争秩序，维护行业安全与稳定。

（二）充当同业之间的协调机构

对同业之间的协调主要涉及以下四个方面：一是行业内部的协调，行业组织可以依法公正地处理会员机构之间的业务纠纷和矛盾，确保会员机构之间保持良好的业务关系，建立公正、合理、平等的市场竞争秩序；二是负责行业与公众的协调，一方面可以使公众及时准确了解各家企业及整个行业的经营与发展状况，另一方面可以向会员机构及时反映社会公众对行业服务的意见和要求，增进会员机构与广大客户的联系；三是与其他行业的协调，协会可以代表整个行业与其他行业开展对话与合作，维护行业利益；四是与立法和司法机关、政府相关部门、监管当局沟通协调，协会可以向这些部门提供有关的行业咨询，反映行业诉求，为行业的健康稳定发展争取一个良好的法律和政策环境。

（三）充当行业服务机构

对行业会员提供的服务主要包括：提供信息服务，协会通过建立信息共享机制来加强会员机构间的信息沟通和交流，并为会员机构提供法律法规和政策制度的咨询服务；提供培训服务，协会可以参照国际惯例，并结合本国国情制定从业人员专业培训和考试办法，还可以举办针对高级管理人员和专业技术人员的培训，定期开展以提高业务水平为目的的研讨会；提供对外交流服务，广泛开展国际交流与合作，积极推动本国行业参与国际竞争。

（四）充当监管当局的助手

行业自律直接针对本行业的业务特点与风险特征，风险防范效率较高。通过监督会员机构自觉遵守国家有关法律、法规和政策，履行行业自律公约，规范业务活动，协助监管当局共同维护金融市场秩序。

三、我国农村信用社的行业自律

2005 年 12 月 26 日，中国银行业协会农村合作金融工作委员会成立，这标志着我国农村信用社“国家宏观调控、加强监管，省级政府依法管理、落实责任，信用社自我约束、自担风险”的监督管理体系中又增加了一个全国性的行业自律组织。全国各地的省级农信联社将可以加入协会，通过该模式在农村信用社领域内加强行业自律，从而形成农村信用社风险管控的“外部监管、内部控制、行业自律、社会监督”四道防线。

（一）我国农村信用社全国性行业自律组织的产生

伴随着经济改革进程的推进，我国农村信用社全国性行业自律组织的产生面临历史机遇。首先，社会主义市场经济体制的不断完善和政府职能的转变，为行业协会的发展提供了更为广阔的舞台。行业协会不仅是政府和社会、政府和市场之间交流、对话与合作的有效平台，而且是促进经济社会协调发展和构建和谐社会的重要力量。党的十六届三中全会、四中全会和党的十七大都把规范发展行业协会和市场中介组织作为完善基本经济制度，健全现代市场体系的重要内容。行业协会在促进市场经济发展和构建和谐社会中将承担着不可替代的重要作用。其次，银行业监管部门转移监管重点，分离行业自律职能，为农信社建立全国性协会提供了机遇和条件。银行业监管部门在“管法人、管风险、管内控、提高透明度”的监管理念指导下，将监管的重点转向法人监管、合规监管和风险监管，着力构建外部监管、内部控制、行业自律和社会监督相结合的银行业监管体系，将不属于监管部门监管职责范围内且又是银行业金融机构发展中需要协调解决的行业自律性工作，交由行业协会负责。

2005 年 12 月，中国银行业协会农村合作金融工作委员会成立。农村合作金融工作委员会是中国银行业协会下设的专业委员会，以促进农村合作金融机构稳健持续发展为宗旨，发挥协调、联络的职能，整合农合会员单位资源，畅通农合会员单位相互沟通渠道，配合有关部门维护农合会员单位合法权益，维护农村金融市场秩序，提高为农村合作金融机构服务的水平，推动农村合作金融机构发挥支农主力军的作用，支持农村经济全面可持续发展。

农村合作金融工作委员会的最高权力机构为会员大会，会员大会的执行机构为常务委员会，对会员大会负责。常委会在会员大会闭会期间负责领导农合委员会开展日常工作。常委会由 9 名常委组成，设主任 1 名、常务副主任 1 名、副主任 1 名。委员会的服务对象为自愿加入协会的各省（自治区、直辖市）农村合作金融机构（包括农村信用社联合社、农村合作银行、农村商业银行）会员单位，全国现有 30 家会员单位。

（二）中国银行业协会农村合作金融工作委员会的职责

农信社全国性协会建立后将充分发挥其自律、维权、服务、协调、培训、合作、交流、监督等行业自律组织的职能，真正使其成为农信社的权益维护者、诉求反映者、信息传播者、合作协调者、会员服务者、自律监督者、专项工作组织者，促进农信社实现科学发展。其工作职责包括：

1. 按照银行业自律公约制定实施细则，督促农合会员单位合法、合规经营，维护行业间合理有序、公平竞争的市场环境，推动企业合规文化建设。

2. 针对损害农合会员单位合法权益的行为，积极协调配合有关部门实施维权行动。

3. 接受农合会员单位委托，协调与政府及有关部门的关系，提出有关农村合作金融改革发展的法律法规、政策规划建议，为农合会员单位呼吁政策扶持，并协助银监会等部门落实有关政策、措施，争取有利于农村合作金融发展的外部环境。

4. 组织建立农村合作金融机构全国性综合业务服务平台，开展业务、技术、信息等方面的交流与合作，实现资源共享。

5. 协调农合会员单位之间关系，健全信息沟通交流机制，营造良好的业内环境；加强与社会各界沟通，引导社会舆论，维护农村合作金融机构声誉，树立良好的行业形象。

6. 组织农村合作金融机构高管人员培训，推动从业人员业务培训，提高人员素质；组织开展全国性的企业文化活动，培养健康向上的行业文化；组织开展境内外同业之间的交流与合作。

7. 完成协会交办的其他工作。

第四节　农村信用社外部监管

一、中国银行业监督管理委员会对农村信用社的监管

2004 年《关于明确对农村信用社监督管理职责分工的指导意见》规定，银监会及其派出机构依法行使对农信社的金融监管职能，承担监管责任。监管要求及方法基本借用对商业银行的监管，针对农村信用社的风险特点作相应的调整。

（一）机构的设立、变更与终止

2008 年中国银监会制定并颁布《中国银行业监督管理委员会农村中小金融机构行政许可事项实施办法》（以下简称《实施办法》），为银监会对农村信用合作联社及农村信用社的机构设立、机构变更、机构终止、调整业务范围和增加业务品种、理事（董事）和高级管理人员任职资格等事项实施行政许可提供了法律依据。

1. 机构设立。根据《实施办法》的要求，农村信用合作联社的设立应满足以下条件：（1）有符合规定的章程；（2）在农村信用合作社及其联合社全部自愿的基础上，以发起方式重组改制设立；（3）注册资本为实缴资本，最低限额为 300 万元人民币；（4）按股份合作制设立的，投资股占股本总额的比例不低于30%；按股份制设立的，股权按《公司法》设置；（5）有符合任职资格条件的理事、高级管理人员和熟悉银行业务的合格从业人员；（6）有健全的组织机构和管理制度；（7）有符合要求的营业场所，安全防范设施和与业务有关的其他设施；（8）有健全的内部控制，风险管理体系和良好的公司治理；（9）没有地方人民政府财政资金入股；（10）银监会规定的其他审慎性条件。农村信用合作联社设立信用社，农村信用合作社、县（市、区）农村信用合作社联合社、农村信用合作联社设立分社，申请人应当符合以下条件：（1）风险管理和内部控制健全有效，最近 1 年内未发生重大违法违规行为；（2）具有有效的管理信息系统；（3）资本充足率、不良贷款比例、盈利能力等主要监管指标符合监管要求；（4）具有拨付营运资金的能力，其中拨付单个信用社的营运资金最低不得少于 50 万元人民币，拨付单个分社的营运资金要与其经营规模相适应，拨付各分支机构营运资金总额不得超过

资本金总额的60%；(5) 银监会规定的其他审慎性条件。

《实施办法》要求设立农村信用合作联社时应当有符合条件的发起人，发起人包括：自然人、境内非金融机构、境内金融机构、境外金融机构和银监会认可的其他发起人。单个自然人投资农村信用合作联社，入股比例不得超过股本总额的2%，职工自然人合计投资入股比例不得超过农村信用合作联社股本总额的20%。省（区、市）农村信用社联合社、地市农村信用合作社联合社不得向农村信用合作联社入股。

2. 机构变更与终止。《实施办法》对机构变更与终止的行政许可事项进行了规定。农村信用合作社在发生变更名称、变更住所、变更组织形式、变更股权、变更注册资本、修改章程、分立、合并、收购和临时停业等时，应向银监会提出申请并获得批准。

当法人机构出现以下情形之一时，应向辖区内银监分局提出机构解散的申请：(1) 章程规定的营业期限届满或者章程规定其他的解散事由出现时；(2) 权力机构决议解散的；(3) 因分立、合并需要解散的。法人机构有下列情形之一的，在向法院申请破产前，应当向银监会申请并获得批准：(1) 不能支付到期债务，自愿或应其债权人要求申请破产的；(2) 因解散而清算，清算组发现机构财产不足以清偿债务，应当申请破产的。

（二）业务范围

经中国银监会批准，农村信用社可经营下列人民币业务：(1) 办理存款、贷款、票据贴现、国内结算业务；(2) 办理个人储蓄业务；(3) 代理其他银行金融业务；(4) 代理收付款项及受托代办保险业务；(5) 买卖政府债券；(6) 代理发行、代理兑付、承销政府债券；(7) 提供保险箱业务；(8) 由县联社统一办理资金融通调剂业务；(9) 办理经中国人民银行批准的其他业务。

《实施办法》要求农村信用社开办外汇业务和增加外汇业务品种、募集次级定期债务和发行次级债券、开办衍生产品交易业务、发行贷记卡、开办证券投资基金托管业务、开办离岸银行业务、开办证券公司股票质押贷款业务及其他业务时须向银监会提出申请并获得批准，同时对申请开办上述业务的农村信用社所需符合的条件作了具体要求。

（三）理事（董事）和高级管理人员任职资格

《实施办法》要求农村信用合作社、农村信用合作社联合社、农村信用合作联社、省（区、市）农村信用社联合社理事长、副理事长、独立理事及其他理事须经任职资格许可。根据《实施办法》的规定，申请理事（董事）和高级管理人员任职资格，拟任人应符合以下基本条件：(1) 有完全民事行为能力；(2) 具有良好的守法合规记录，具有良好的品行、声誉；(3) 具有担任金融机构董事（理事）、高级管理人员职务所需的相关知识、经验及能力，具有良好的经济、金融从业记录；(4) 个人及家庭财务稳健；(5) 具有担任金融机构董事（理事）、高级管理人员职务所需的独立性；(6) 银监会按照审慎监管原则确定的其他条件。

拟任人有下列情形之一的，不得担任农村信用社理事（董事）和高级管理人员：(1) 有故意或重大过失犯罪记录；(2) 担任或曾任被接管、撤销、宣告破产或吊销营业执照的机构的董事（理事）或高级管理人员的；(3) 违反职业道德、操守或者工作严重失职造成重大损失或者恶劣影响的；(4) 指使、参与所任职机构对抗依法监管或案件查处，情节严重的；(5) 受到监管机构或其他金融监管当局处罚累计达到两次的；(6) 有本办法规定的不符合任职资格条件的情形，但采用不正当手段企图获得任职资格核准的；(7) 银监会按照实质重于形式原则确定的未达到农村中小金融机构董事（理事）、高级管理人员在品行、声誉、知识、经验、能力方面最低监管要求的其他情形。

《实施办法》对农村信用社的高级管理人员的学历和从业年限也作了相应的要求。

（四）风险监管

作为银行类金融机构，中国银监会对农村信用社的监管基本参照对商业银行的监管。因此，农村信用社须在风险管理、资本充足率、损失准备金、资产集中度、资产质量及资产流动性等方面接受银监会的监管并达到相应的监管要求。但相比商业银行，农村信用社在经营管理等方面仍然存在一些特殊性，要求监管当局根据其实际情况实施差别化监管。中国银监会成立以来，陆续颁布了《农村信用社不良资产监测和考核办法》、《农村合作金融机构社团贷款指引》、《农村信用社监管评级内部指引（试行）》等监管法规，为农村信用社风险防范提供指引。

1. 资产质量监管。为加强对农村信用社的持续、审慎、有效监管，促进农村信用社提高资产质量，银监会于2007年3月出台《农村信用社不良资产监测和考核办法》。此前，监管机构对农信社不良资产的监管主要有两个指标，一是不良贷款余额，二是不良贷款占比。新的考核办法中，不良资产考核指标体系包括资产质量指标和贷款迁徙率指标。其中，资产质量指标包括不良贷款比例、不良贷款比例变化、不良贷款变化额、不良非信贷资产比例、不良非信贷资产比例变化、不良非信贷资产变化额等多项指标。非信贷资产分析将重点关注投资、待处理抵债资产、应收款等的变化情况。贷款迁徙率指标分析各类贷款形态之间的迁徙转化情况，重点分析向下迁徙的原因，包括正常贷款迁徙率、次级类贷款迁徙率和可疑类贷款迁徙率等指标。新考核办法避免了简单地按照贷款合同的约定时间计量风险，考虑了商品市场、股票市场、债券市场、货币市场甚至自然灾害等外部变化因素对信贷资产和非信贷资产内在价格产生的影响。另外，银监会于2006年正式启动农村合作金融系统全面推行贷款五级分类，新的考核办法就是在五级分类的基础上对不良资产进行监测，使资产质量的监测能在资产质量准确分类的基础上逐步得到规范。

考核办法规定，凡辖内不良贷款比例在25%或不良资产20%以上（含）且余额上升、年内新增贷款（不含贴现）不良率超过2%以上（含）以及被监管机构列为重点直接监测的地区或机构，所在地监管机构负责人须定期约见该地区行业管理机构主要负责人或被监测机构主要负责人，进行监管质询谈话，要求其采取有效措施降低不良资产余额和比例，明确管理责任；对不良贷款比例在25%或不良资产20%以内，但不良贷款余额或不良资产余额上升，不良贷款的结构呈现向下迁徙的或年内新增贷款（不含贴现）不良率在1%~2%的，所在地监管机构必须定期听取地区行业管理机构主要负责人或被监测机构主要负责人关于不良资产状况及风险化解情况的汇报，落实降低不良资产余额和比例的措施和责任；对不良贷款比例在25%或不良资产20%以内，不良贷款余额或不良资产余额下降，但不良贷款的结构呈现向下迁徙的，所在地监管部门必须定期听取地区行业管理机构或被监测机构分管负责人关于不良资产状况及风险化解情况的汇报，督促其采取多种有效措施清收盘活不良资产。

2. 社团贷款监管。为了更好满足农村企业客户的有效贷款需求，规范农村合作金融机构社团贷款行为，中国银监会于2006年发布了《农村合作金融机构社团贷款指引》。社团贷款，是指由两家及两家以上具有法人资格、经营贷款业务的农村合作金融机构，采用同一贷款合同，共同向同一借款人发放的贷款。《指引》对社团贷款的原则、贷款对象、期限、用途、社团贷款的组织筹备及管理等作出了具体规定。

3. 现场与非现场监管。拟定被监管机构的监控、监测和风险指标体系，汇总分析非现场监管数据，进行非现场监管，以省（区、市）为单位对被监管机构资金运营情况、资产质量及经营管理质量作出评价，定期撰写被监管机构的监管报告，对存在的问题提出改进意见；负责对被监管机构的现场检查，组织、指导派出机构开展对被监管机构的现场检查工作。

（五）风险处置

按照《中华人民共和国银行业监督管理法》有关规定的要求，银监会要定期对信用社的风险状况进行考核和评价，按照评价结果实施分类监管，并将考核评价结果通报省级人民政府和人民银行。对风险较高的信用社，要提出明确的监管措施和整改要求，并监督省级联社制定改进措施和风险处置措施。

对违反审慎经营规则、资本充足率低于2%、存在风险隐患的信用社，应当责令其限期改正，逾期未改正的，可以区别情形，采取以下措施：责令暂停部分业务、停止批准开办新业务；限制分配红利和其他收入；限制资产转让；责令控股股东转让股权或者限制有关股东的权利；责令调整理事或董事、高级管理人员或者限制其权利；停止批准增设分支机构。按上述措施整改后仍难以化解风险的信用社，应进一步采取停业整顿、依法接管、重组等措施。

对违法违规经营造成严重后果、已经发生支付风险或预警将发生支付风险，通过外部救助无法恢复其正常经营的信用社，可及时予以撤销。银监会作出撤销决定后，省级人民政府和银监会应联合公告，并由省级人民政府按照《金融机构撤销条例》的规定组织实施。信用社发生突发性金融事件，银监会及其派出机构应及时通报省级人民政府和人民银行，并协助省级人民政府按照既定的应急处置方案进行处置。

另外，银监会还应承担组织开展农村经济及农村合作金融改革的调查研究工作，对被监管机构的改革、发展提出指导意见；指导、规范被监管机构做好支持“三农”服务工作；督促和指导被监管机构完善法人治理结构，健全内部控制制度等职责。

二、中国人民银行对农村信用社的监管

1996年，农村信用社与中国农业银行脱钩，由中国人民银行承担对农村信用社的行业管理和金融监管。2003年，国务院设立银监会后，中国人民银行主要负责金融宏观调

控。但为了实施货币政策和维护金融稳定，中国人民银行仍然保留了必要的金融监管职责。根据2004年《关于明确对农村信用社监督管理职责分工的指导意见》的要求，目前中国人民银行对农村信用社履行如下监督管理职责。

1. 按照《中华人民共和国中国人民银行法》第三十二条的有关规定，人民银行应对信用社执行有关存款准备金管理规定、人民银行特种贷款管理规定、人民币管理规定、银行间同业拆借市场和银行间债券市场管理规定、外汇管理规定、清算管理规定以及反洗钱规定的情况等进行监督检查，督促其依法经营。

2. 在改革试点期间，对认购专项中央银行票据和使用专项借款的信用社，人民银行应按规定对其相关工作进行监督检查。

3. 根据银监会及其派出机构的通报，人民银行应跟踪信用社的风险变化情况，及时了解省级人民政府、省级联社和银监会对高风险信用社的处置措施及其落实情况。

4. 在信用社发生局部支付风险时，人民银行应当按照有关规定及时给予资金支持。信用社发生支付风险时，实施资金救助的顺序是：县联社按规定程序申请动用存款准备金，省级联社向人民银行申请紧急再贷款。其中，省级联社向人民银行申请紧急再贷款，需由省级人民政府承诺还款。

5. 信用社发生突发性支付风险时，人民银行应积极配合省级人民政府制订应急方案，并对发生支付困难县联社提出的动用存款准备金申请和省级联社提出的紧急再贷款申请按照有关规定及时审批。

6. 信用社撤销时偿还个人合法债务的资金，首先由省级人民政府组织清收变现拟被撤销信用社的资产；资产变现不足以清偿个人债务部分，由省级人民政府按有关规定向人民银行申请临时借款。

三、省级人民政府对农村信用社的监管

2003年，国务院颁布《深化农村信用社改革试点方案》，要求信用社的管理交由地方政府负责，由省级人民政府全面承担对当地信用社的管理和风险处置责任。

把对农村信用社管理的责任交由省级政府负责，主要基于以下考虑：一是国家监管机构对农村信用社是依法监管的关系，不能承揽对农村信用社的各项管理事宜；二是农村信用社是为社区服务的金融组织，虽然作为各自独立的金融企业法人，但其自我约束和自我发展的能力还不强，客观上也还需要对它进行相应的管理，尤其是风险的防范和违法、违纪、违规案件的及时查处等；三是农村信用社是农村经济的重要组成部分，同时也是地方性金融机构，服务对象是农民，服务区域在农村，服务目标是为了促进地方经济发展和社会稳定，因此，农村信用社的改革与发展不能割裂与地方政府的关系，地方政府也有责任加强对农村信用社的领导、管理和支持；四是随着金融形势的变化和政府职能的转变，省级政府已逐步具备了管理地方性金融机构的能力，交由省级政府管理，有利于明确管理责任，也有利于为农村信用社的发展创造好的环境。

按照政企分开的政府职能改革要求，地方政府对金融企业的管理只能是间接的、宏观的管理，而不能直接干预农村信用社的业务经营活动。实践也证明，地方政府对金融

业的过度介入，特别是将农村信用社交由地（市）、县、乡政府管理，容易导致对农村信用社业务经营的不适当干预，冲击农村信用社正常的业务经营。因此，国务院明确要求，对农村信用社管理由省级政府负责，省级政府不能把农村信用社的管理权下放给地（市）和县、乡政府。

农村信用社由省级政府管理，需要借助一个载体来进行。省级政府应明确一个专门的机构来统筹全省农村信用社的行业管理，促进农村信用社能更好地发挥作用。试点地区可按照精简、高效的原则，成立省级联社或其他形式的省级管理机构，在省（区、市）政府领导下，具体承担对辖内农村信用社的管理、指导、协调和服务职能。地（市）级也不再设立联社或其他形式的独立管理机构。

（一）省级人民政府对信用社的管理职责

1. 按照国家有关要求，结合本地实际，对当地信用社改革发展的方针政策、目标规划等重大事项进行研究决策，并通过省级联社或其他形式的信用社省级管理机构实现对当地信用社的管理、指导、协调和服务。

2. 督促信用社贯彻执行国家金融法律、行政法规和金融方针政策，引导信用社坚持为“三农”服务的经营宗旨，提供地方经济发展政策信息，指导信用社搞好金融服务；组织有关部门对信用社业务经营及管理行为是否合法合规进行检查。

3. 坚持政企分开的原则，对信用社依法实施管理，不干预信用社的具体业务和经营活动。

4. 按照有关法律、法规和行政规章，指导信用社省级管理机构制定当地信用社行业自律性管理的各项规章制度，并督促信用社省级管理机构组织落实。

5. 按照有关规定，组织有关部门推荐，并经银监会核准任职资格后，按规定程序产生信用社省级管理机构高级管理人员，负责对信用社省级管理机构领导班子的日常管理和考核。

6. 组织信用社省级管理机构和有关部门依法对信用社各类案件进行查处；负责对信用社省级管理机构主要负责人的违法违纪行为作出处理，并督促信用社省级管理机构和有关部门对信用社违法违纪人员作出处理。

7. 帮助信用社清收旧贷，打击逃废债，维护农村金融秩序稳定，为信用社发展营造良好的信用环境。

8. 信用社党的关系可实行省委领导下的系统管理，也可实行属地管理，地方党委要加强对信用社党的领导，做好信用社干部职工的思想政治工作。

（二）省级人民政府对信用社风险处置的责任

1. 组织协调银监会、人民银行、信用社省级管理机构等有关部门，制定当地信用社风险防范和处置的具体办法并组织实施。

2. 组织协调有关部门处置信用社发生的突发性支付风险。

3. 指导信用社省级管理机构做好信用社重组和市场退出的有关组织工作。

在信用社风险防范和清收旧贷、打击逃废债、维护农村信用环境等工作中，应充分发挥信用社所在地方各级人民政府的作用，共同营造信用社发展的良好环境。

四、省信用联社对农村信用社的监管

省信用联社是由省政府组建、经中国银监会批准设立，省内农村信用社县（市、区）联合社、县（市、区）联社、农村合作银行自愿入股，实行民主管理，具有独立法人资格的地方性金融机构，是全省农村信用社的行业自律管理与服务机构，依法接受中国银行业监督管理委员会及有关部门的监督管理。国务院将省农村信用社的行业管理权下放给省政府，省政府授权省信用联社履行对全省农村信用社管理、指导、协调、服务职能。按照2004年《关于明确对农村信用社监督管理职责分工的指导意见》的规定，省联社的具体职责包括：

1. 建章立制，加强监督管理。结合当地信用社实际，制定信用社业务经营、财务核算、劳动用工、分配制度、风险控制等管理制度并督促执行。

2. 指导信用社健全法人治理结构，完善内控制度，逐步形成决策、执行、监督相制衡，激励和约束相结合的经营机制。督促信用社依法选举理事和监事，选举、聘用高级管理人员。

3. 对信用社业务经营、财务活动、劳动用工和社会保障及内部管理等工作进行培训、辅导和稽核检查。逐步扩大对外部股东、社员代表、理事、监事的培训，提高其参与信用社决策的能力。

4. 改进和完善当地信用社的资金清算和结算的技术支持系统，提高资金清算和管理效率。办理或代理信用社的资金清算和结算业务。

5. 为当地信用社提供业务指导和信息咨询服务。及时提供资金需求信息，鼓励法人之间开展同业拆借等同业融资活动。在平等自愿、明确债权债务关系和法律责任的前提下，为基层信用社融通资金。

6. 代表信用社协调有关方面关系，维护信用社的合法权益。

7. 省级人民政府授权行使的其他管理职责。

省级联社应严格按照有关法律、法规和行政规章实施对信用社的管理工作，尊重信用社的法人地位和经营管理自主权。省级联社调剂当地信用社资金余缺，应当按有关规定办理，不得无偿调动信用社的资金。

省级联社还应督促高风险信用社制定并落实整改措施，指导县联社做好当地信用社的风险防范和处置工作。省级联社应指导县联社防范和处置金融风险。县联社负责组织实施当地信用社风险防范和处置工作。发生信用社突发性支付风险后，省级联社应迅速启动既定的风险处置预案，及时报告省级人民政府和银监会、人民银行，在省级人民政府的领导下，配合银监会、人民银行等有关部门，组织资金进行处置。突发性支付风险较小时，可由县联社直接向人民银行分支机构申请动用存款准备金；如果风险比较严重，仅靠县级联社动用存款准备金无法有效遏制风险时，应由省级联社在省级人民政府承诺还款的前提下，按有关规定向人民银行分行申请紧急再贷款。

在农村信用社自我约束能力增强后，省联社的未来职能定位应相应地从管理型联社向服务型联社过渡。

五、社会监督

社会监督是与法律监督相对而言的，社会监督是法律监督以外的全部监督形式的概称，是通过诸社会主体所实施的监督。它具有广泛性、多样性、民意性、非规范性和非专业性等特征。社会进步以及法治国家发达程度的重要标志之一，就是社会监督的形式增多以及社会监督力量的强化。社会监督不仅对体制内的职能性活动实施监督，而且还对体制内的监督性活动本身实施监督。根据监督主体的不同，社会监督可以划分为群众监督、社会团体监督和舆论监督三种。

社会监督是农信社外部监管体系中的重要力量。通过社会监督可以对银监会、中国人民银行、省政府、省联社等监管主体的监管活动形成重要的辅助，为社会公众提供更多的监督管理信息。社会监督还可以对上述监管主体的监管活动进行再监督，促使其依法行使监管权力，对防范腐败行为的产生具有重要的意义。

社会监督员制度是农信社实施社会监督的重要制度形式。通过社会监督员的监督，社会监督的部分民意得以进入农信社体制内和程序中，表现出其他社会监督形式所不具备的参与优势、知情优势和效力优势，构成社会监督的转换机制和输送机制，从整体上提升了社会监督的有效性和规范性。农信社应为实施社会监督员制度制订方案，明确社会监督员制度的目的、指导思想、基本原则、推行方式及内容、条件职责及管理模式等，在农村信用社外部社员代表中聘请社会监督员，加强对社会监督员的培训，推进农村信用社规范发展。

【经典案例】

案例一　信用社主任合法地"非法集资"1.98亿元

万荣原城北信用社主任席智民把信用社开成了自家银行，用农民的钱私自放贷。据当地媒体报道，案发前，席智民是个声名远播的"财神爷"。到银行存款一般都需要排队，而若找席智民存款，坐在贵宾间里喝喝茶，办好的存单就会送到手中。储户们根本没有想到，当他们轻松地喝完茶，付出真金白银后，得到的却是一份私制的假存单。2005年以来的存款，席智民根本没有存入信用社。公开资料显示，这笔钱共有241个户头，即241户被骗。但真实情况更为严重。

吸收存款时，中介人一再要求大额存款，起价最少10万元，上不封顶。许多储户为了达到要求，找到朋友、亲人共同存款。诸多外地储户不惜千里迢迢赶去受骗，是因为席智民给他们开出了丰厚的诱饵——到信用社存款不但能得利息，每存1万元还能拿到每月100元的好处费，比普通商业银行的同期贷款利率还要高出许多。这在山西的许多县市已是公开的秘密，甚至成为不少当地居民稳定的收入来源。

"把钱存在国家银行，收入高还没有风险。"这是诸多受骗者的普遍心理。许多人都是从其他银行取出存款，兴冲冲赶到万荣，将钱交到席智民为他们开设的贵宾账户内。

两年时间，利用这种手段，席智民非法吸储1.98亿元。案发后，其中1.8亿元已经无法追回。据知情人介绍，席智民高息吸收的存款主要用来放高利贷，他还利用自己掌握的巨额资金开办了一个煤矿。

"席智民也是被逼上梁山的。"知情人告诉记者，城北信用社在庞大的不良贷款面前，已经山穷水尽，现金不够支付到期存款。为了挽救自己的煤矿与信用社，席智民与该案另一主犯贾金昆议定，以城北信用社的名义，高息吸收存款，大部分用于填补信用社的窟窿，支付城北信用社正常到期的存款本息，剩下的用来私自放贷。

拆东墙补西墙，席智民在这条道路上越滑越远，这位人士介绍，案发后，城北信用社的贷款呆账已经高达70%～80%。即便如此，案发之前，席智民和他领导的城北信用社依然风光无限，获得上级有关部门一次次嘉奖。

案例二 忻府信用社"监守自盗"案

按照规定，信用社金库钥匙由会计和出纳两人分别保管，但忻府信用社营业部副主任杨福生兼任会计，出纳的钥匙长期放在杨福生处；会计总账、出纳现金账、库存现金账应该由3个人分别记录和保管，实际上也是由杨福生一人专权。所以，杨福生随时"想取多少款就取多少款，想填多少账就填多少账"。多年来账实不符，上级部门在查账时都没能查出问题，以至于1 000多万元陆续被杨福生支取用来炒股、赌博，最后案发时携50多万元潜逃，至今逍遥法外。

保德县信用联社原主任马治国懊悔自己看错了人，但他认为并非他一人之过，而是信用社长期在人事和金融管理方面不规范所致。据介绍，信用社职工大多是领导干部安排的，文化素质低，管理松散，有章不循，比如杨福生就是时任某银行行长的小舅子，只有初中文化水平，却一步步坐上了营业部副主任之位。

"现在农村信用社的管理太落后了，亟待改革完善。"运城市银监局局长卢文礼在接受《中国青年报》记者采访时说。他告诉记者，尽管信用社也建立了包括理事会、监事会、经营管理层的法人治理结构，具有县联社、市联社、省联社三级风险管理系统，但农村信用社在组织结构、业务流程、经营机制、风险管理等方面仍存在深层次的问题。

案例三 构筑农村金融机构风险防火墙

随着我国金融体制改革的进一步深化，国有商业银行在县域经济中的相继退出，给农信系统留下大量吸储空间——在山西省，农信社长期稳坐第二把交椅，其所吸纳的储蓄规模，在一般县域能占到一半以上。2007年统计数字表明，我国农村合作金融机构占据的市场份额为11%，是居于国有商业银行和股份制商业银行之后的第三大类金融机构。

"内部管理混乱，人员素质参差不齐，却又手握大笔资金，好比让一个3岁孩童手握100万英镑，不出事才怪。"这位稽核人员说。

据统计，2008年农村合作金融机构共发生各类案件208起，涉案金额达7.1亿元，其中100万元以上的案件67起，涉及金额6.4亿元，河北、山西、内蒙古、河南、湖南是重灾区。

据了解，银监会正着手制定更为严密的农村金融机构风险防火墙。在山西省银行业协会网站上，可以看到银监会正在酝酿出台《农村信用社风险管理与控制指引》，以建立全面风险管理体系。目前，这份文件已经下发到各省联社征求意见。

资料来源：中青网，《中国青年报》，2009－12－15。

【知识链接】 **贷款五级分类制度**

贷款五级分类是国际金融业对银行贷款质量的公认标准，它根据内在风险程度将商业贷款划分为正常、关注、次级、可疑、损失五类，其中后三类为不良贷款。这种分类方法建立在动态监测的基础上，通过对借款人现金流量、财务实力、抵押品价值等因素的连续监测和分析，判断贷款的实际损失程度，不再单纯依据贷款期限来判断贷款质量，能更准确地反映不良贷款的真实情况，从而提高银行抵御风险的能力。

一、正常贷款

借款人能够履行合同，一直能正常还本付息，不存在任何影响贷款本息及时全额偿还的消极因素，银行对借款人按时足额偿还贷款本息有充分把握。贷款损失的概率为零。

二、关注贷款

尽管借款人目前有能力偿还贷款本息，但存在一些可能对偿还产生不利影响的因素，如这些因素继续下去，借款人的偿还能力将受到影响，贷款损失的概率不会超过5%。

三、次级贷款

借款人的还款能力出现明显问题，完全依靠其正常营业收入无法足额偿还贷款本息，需要通过处分资产或对外融资乃至执行抵押担保来还款付息。贷款损失的概率在30%～50%。

四、可疑贷款

借款人无法足额偿还贷款本息，即使执行抵押或担保，也肯定要造成一部分损失，只是因为存在借款人重组、兼并、合并、抵押物处理和未决诉讼等待定因素，损失金额的多少还不能确定，贷款损失的概率在50%～75%之间。

五、损失贷款

借款人已无偿还本息的可能，无论采取什么措施和履行什么程序，贷款都注定要损失了，或者虽然能收回极少部分，但其价值也是微乎其微，从银行的角度看，也没有意义和必要再将其作为银行资产在账目上保留下来，对于这类贷款在履行了必要的法律程序之后应立即予以注销，其贷款损失的概率在75%～100%。

从2004年起，我国国有商业银行、股份制商业银行两类银行奉行国际标准，取消原来并行的贷款四级分类制度，全面推行五级分类制度。2006年2月，银监会举办首期农村信用社高级管理人员贷款五级分类培训班，正式启动农村合作金融系统全面推行贷款五级分类工作。银监会要求2006年底前农村信用社所有法人机构要全部完成贷款五级分类，用一年左右时间实现贷款四级分类向五级分类过渡，2007年实行贷款五级分类为主、两种数据共同报送的“双轨运行”制度。

【复习思考题】

1. 我国农村信用合作社的业务经营范围是什么？
2. 我国农村信用合作社经营管理中的主要问题与风险有哪些？
3. 农村信用合作社监督管理的基本原则是什么？
4. 我国农村信用合作社监督管理体系是怎样的？
5. 农村信用合作社内部控制的含义与要素是什么？
6. 我国农村信用合作社监督管理的主要内容是什么？
7. 农村信用合作社行业自律的意义是什么？
8. 如何加强对我国农村信用合作社的有效监督与管理？

【参考文献】

［1］郭田勇：《金融监管学》，283～288页，北京，中国金融出版社，2004。

［2］王广谦：《中央银行学》，326～329页，北京，高等教育出版社，2006。

［3］朱文瑄：《农村合作金融监管知识读本》，济南，山东大学出版社，2006。

［4］李宗怡、冀勇鹏：《农村信用社监管问题探讨》，载《金融理论与实践》，2003（4），41～44页。

［5］隆宗佐：《我国农村信用社目前存在的问题及对策》，载《陕西农业科学》，2001（12），29～32页。

［6］中国银行业监督管理协会网站，www.cbrc.gov.cn。

［7］李友：《农村信用社是如何被“硕鼠”搬空的》，载《中国青年报》，中青网，2009-12-15。

主编简介

卢亚娟，女，1966年11月生，江苏宜兴人，南京审计学院金融学院副院长，教授，博士，从事区域金融和农村金融研究。现为北京地方金融论坛专家委员会委员，江苏省金融学会理事，南京市金融学会理事，南京审计学院应用经济学硕士点“区域金融与区域经济”方向带头人，江苏省“六大人才高峰”培养对象，江苏省高校“青蓝工程”优秀中青年骨干教师，江苏省高校“青蓝工程”优秀学科梯队及江苏省高校“青蓝工程”科技创新团队（区域金融创新研究团队）核心成员。长期从事货币银行学、金融风险管理、信用风险管理等课程的教学，先后在《经济学动态》《中国农村经济》《财贸经济》《数量经济技术经济研究》《江海学刊》等杂志公开发表专业论文40余篇，出版专著1部，参编教材5本，主持课题7项，其中省级3项，横向课题1项。